INFERNO ATLÂNTICO

LAURA DE MELLO E SOUZA

INFERNO ATLÂNTICO

Demonologia e colonização
Séculos XVI—XVIII

COMPANHIA DAS LETRAS

Capa:
Ettore Bottini

Preparação:
Marcia Copola

Revisão:
Carmen S. da Costa
Eliana Antonioli

Dados Internacionais de Catalogação na Publicação (CIP)
(Câmara Brasileira do Livro, SP, Brasil)

Souza, Laura de Mello e
Inferno Atlântico : demonologia e colonização : séculos XVI-XVIII / Laura de Mello e Souza. — São Paulo : Companhia das Letras, 1993.

Bibliografia.
ISBN 85-7164-347-4

1. Brasil — Colonização 2. Brasil — História — Período colonial 3. Demonologia — Brasil I. Título.

93-2992 CDD-981.021

Índices para catálogo sistemático:
1. Brasil : Colonização e demonologia : História 981.021
2. Brasil : Demonologia e colonização : História 981.021

1993

EDITORA SCHWARCZ LTDA.
Rua Tupi, 522
01233-000 — São Paulo — SP
Telefone: (011) 826-1822
Fax: (011) 826-5523

A Fernando A. Novais

A comparação é a varinha de condão da História.

Marc Bloch

ÍNDICE

ÍNDICE

Esclarecimento sobre as citações

As citações *bibliográficas* em língua estrangeira foram traduzidas pela autora. As citações de *documentos*, mantidas na língua original, são traduzidas ao pé da página.

AGRADECIMENTOS

Agradeço à Fundação de Amparo à Pesquisa do Estado de São Paulo (FAPESP) por me ter concedido em duas ocasiões — 1987 e 1992 — passagem e auxílio para congressos, possibilitando-me, assim, apresentar trabalhos que, reelaborados, integram parte desta tese e, ainda, dar continuidade à investigação documental na Torre do Tombo. Pelo mesmo motivo, registro meu reconhecimento à Coordenação de Aperfeiçoamento de Pessoal de Ensino Superior (CAPES) (1988 e 1992) e ao Conselho Nacional de Desenvolvimento Científico e Tecnológico (CNPq) (1988), instituição à qual devo também o financiamento de atividades de pesquisa desde março de 1992, através de uma bolsa do tipo Laboratório Integrado.

Em parte desta pesquisa, tive a colaboração preciosa de Rodrigo Lacerda. Na defesa do trabalho como tese de livre-docência apresentada na Faculdade de Filosofia, Letras e Ciências Humanas da Universidade de São Paulo (USP), beneficiei-me das observações da Banca Examinadora composta por Maria Manuela Carneiro da Cunha, Gilberto Velho, Francisco Iglésias, Stuart B. Schwartz e José Jobson de Andrade Arruda.

Pelas sugestões e críticas feitas, sou grata a Leila Mezan Algranti, Lili Schwarcz, Mary del Priore, Fernando Torres Londoño, Marlyse Meyer, Ronaldo Vainfas e Luís Mott.

A Fernando A. Novais, além da leitura e das observações cuidadosas, devo minha formação intelectual. Por isso dedico-lhe este trabalho.

INTRODUÇÃO

Escritos em momentos diversos, os nove trabalhos que aqui se encontram têm a uni-los a mesma problemática: as relações entre o imaginário demonológico num sentido amplo e o mundo luso-brasileiro do Antigo Regime. Correspondendo a momentos distintos de minha formação intelectual, apresentam, creio, uma unidade interessante: podem ser lidos separadamente e, ao mesmo tempo, adquirem significado complexo no conjunto. Penso que formam um livro, mesmo se não no sentido mais convencional: as suas diferentes partes, vejo-as como capítulos.

Este livro um tanto fragmentado é tentativa de encaminhar melhor questões que me preocupam desde 1985, quando terminei a tese de doutorado, "Sabás e calundus — feitiçaria, práticas mágicas e religiosidade popular no Brasil colonial" — e o fato de citá-la no título original, depois alterado para publicação (*O diabo e a Terra de Santa Cruz*), não é fortuito. Naquela época, ainda não estava a par do que era o mundo mágico luso-brasileiro, e intuía processos que não conseguia explicar, por exemplo, que a chave estava na tensão entre Europa, África e América, captada por mim na oposição sabás/calundus. Nada mais tipicamente europeu do que a bruxa quc voava em vassouras, noturna e sinistra, chupando sangue de menino novo, misturando miolos humanos, asas de morcego e baba de sapo no caldeirão infernal. Nada mais brasileiro do que o candomblé, cujas raízes, por vias tortuosas (como são aliás as raízes), levam aos calundus que assombravam senhores de engenho, jesuítas e moralistas nos tempos coloniais. A oposição seria, entretanto, ilusória? O diabo espírito de porco que coalhava o leite e fazia desandar o pão não era uma espécie de Pedro Malasartes, de João Grilo? Exu não é bom e ruim? Ou melhor, ser bom ou ruim sequer se colocaria desta forma para os ritos afro-brasileiros? Mesmo na Europa, o diabo das gárgulas, monstruoso e horrível, não era também o diabo namorado e cortesão de Gil Vicente, ou o homem sedutor vestido de seda negra na versão do cineasta Marcel Carné em *Les visiteurs du soir*? Ou o simpático diabo popular do Carnaval, afeito a comilanças, libações etílicas, pândegas? Por fim, como mostrou Marlyse Meyer, Maria Padilha não é ao mesmo tempo amante de um rei de Castela, personagem de cancioneiro europeu e pombagira de umbanda, tendo cometido crimes em Niterói?

Onde termina a Europa, onde começa o Brasil? É possível pensar o que seríamos sem o colonizador português — ou mesmo sem Maurício de Nassau, sem Nicolau de Villegaignon, sem Thevet, Léry, Hans Staden, o pirata Knivet, todos nos contando suas impressões de europeus exilados nos trópicos, deformando irreversivelmente, ao registrar, o que viam, cheiravam e sentiam? É possível refazer em sentido inverso o percurso de nossos avós de Luanda, Mina, Guiné, atribuindo ao conjunto da cultura africana o significado que realmente viam nela os negros escravizados tornados brasileiros à força? É possível reconstituir, por meio dos fragmentos deixados pelos escrivães do Santo Ofício, as crenças quinhentistas tupis, chamando-as de milenaristas ou sincréticas?

Tudo indica que não. Mas, tomando de empréstimo a bela frase de Georges Braque, "não creio nas coisas, creio nas suas relações".

Na primeira parte deste livro, procuro justamente explorar as *relações*, ensaiar análises comparativas para melhor compreender as visões européias sobre a América — ou, com base no belo trabalho de Serge Gruzinski, a produção ocidental de *imagens* sobre a América —, mostrando que, se por um lado *leram* o Novo Continente através de referenciais próprios à sua cultura, acabaram, por outro, incorporando irreversivelmente elementos específicos das culturas que subjugaram, ou procuraram subjugar. Tal enfoque me foi sugerido por algumas análises da cultura popular, notadamente as de Jacques Le Goff — *Pour un autre Moyen-Age*, *L'imaginaire médiéval*, *La naissance du purgatoire* —, Carlo Ginzburg — *Mitos, emblemas, sinais* e *Os andarilhos do bem* — e Natalie Z. Davis — *Culturas do povo*, *Fiction in the archives*. Por trás de tudo, evidentemente, as concepções mais gerais da antropologia e certos clássicos da historiografia brasileira, como *Casa-grande & senzala*, de Gilberto Freyre, *Caminhos e fronteiras*, de Sérgio Buarque de Holanda, *Portugal e Brasil na crise do antigo sistema colonial*, de Fernando Novais. Por trás de tudo, igualmente, a preocupação em mostrar que uma análise de mentalidades e de imaginário pode ser *problematizada* e dialogar com a nossa tradição cultural. Desta, está incorporado ainda certo fraco pela *explicação*, mesmo que as conclusões fiquem um tanto soltas: todos os capítulos se referem a um momento *formativo*, quando as imagens européias sobre o Novo Mundo eram mais fechadas do que se tornariam depois; quando as especificidades do universo colonial ainda podiam ser registradas e captadas com maior frescor: enfim, quando as sínteses culturais, ou o processo de aculturação — para usar expressão que os antropólogos consideram problemática —, achavam-se em vias de se processar. Daí o corte cronológico dizer respeito ao período que abrange os séculos XVI, XVII e XVIII.

O primeiro capítulo é deliberadamente amplo, enfocando o mundo hispano-americano em toda a sua extensão geográfica: Espanha, Portugal, México, Peru, Brasil, América Central... Procura realizar a análise macroscópica das relações Metrópole-Colônia através da demonologia, sumariando quase tudo o que, em escopo mais específico, será abordado ao longo dos outros capítulos. No recorte da demonologia, devo muito aos belos trabalhos de Stuart Clark — "Inversion, misrule and the meaning of witchcraft", "The scientific status of demonology" — e às conversas que pudemos manter em congressos: foi graças a ele que alarguei meu enfoque do objeto, e pude enxergá-lo onde ele aparentemente não está. "O conjunto: América diabólica" é ainda tentativa de pagar parte da dívida que ficou pendente em "Sabás e calundus", quando acabei deixando a América hispânica fora da análise. Na incursão por este território, devo muito aos estudos estimulantes de Serge Gruzinski sobre o México — notadamente *La colonisation de l'imaginaire* —, e ao seu esforço em desvendar a *mestiçagem cultural* do Novo Continente.

Restringindo o âmbito da análise, o segundo capítulo faz um apanhado geral da religiosidade vivida na Colônia no primeiro século da ocupação portuguesa. Refere-se às zonas litorâneas e retoma questões que não foram, a meu ver, adequadamente desenvolvidas em "Sabás e calundus", reforçando as relações entre religiosidade e cultura popular à luz, sobretudo, da leitura do clássico de Mikhail Bakhtin, *A cultura popular na Idade Média e no Renascimento*. Há nesse segundo capítulo um documento que eu não utilizara anteriormente: o processo de Pero do Campo Tourinho, donatário de Porto Seguro. Quero ressaltá-lo porque, de certa forma, resume, do ponto de vista branco e europeu, as sínteses culturais possíveis de serem geradas com a colonização. Do ponto de vista indígena e mameluco, talvez tal mecanismo seja expresso de forma paradigmática pelas

Santidades. Naquele tempo, os africanos ainda contavam muito pouco na mestiçagem cultural: Tourinho e o Papa Antônio, ou Tomacaúna, ilustram, assim, as duas vertentes dominantes na Colônia no que diz respeito à religiosidade e à cultura popular quinhentista.

''Por fora do Império: Giovanni Botero e o Brasil'' é para mim um momento especial do trabalho, não talvez pelos resultados, mas pelo que sua elaboração representou em termos de descoberta e emoção intelectual. Foi uma empreitada detetivesca, nos moldes da atividade de pesquisa descrita por Ginzburg em ''Sinais: raízes de um paradigma indiciário'', ensaio de *Mitos, emblemas, sinais*. A parte das *Relazioni universali* de Botero referente ao Brasil me chegou pelo correio, na forma de um xerox enviado da Itália pelo amigo Robert Rowland, com um comentário irônico acerca da difusão da leitura diabolizada sobre a América portuguesa. Fiquei meses olhando para ela, pensando como poderia desvendá-la. Aos poucos, comecei a ter interesse por Botero, de quem não sabia quase nada. Fui me dando conta de que nunca se tinha estudado a filiação de suas informações sobre o Brasil — Federico Chabod o fizera para outras regiões —, e que talvez valesse a pena desvendar os meandros do olhar lançado por um italiano do Renascimento sobre um império estranho. A leitura de Botero sobre o Brasil fica, assim, como testemunho do fascínio que a América em geral e o Brasil em particular exerceram sobre os intelectuais europeus do Renascimento, ou a fatalidade de que assim fosse — mesmo quando eles pertenciam a paragens que não controlavam possessões americanas.

O quarto capítulo se baseia em dois textos anteriores sobre o degredo, desenvolvendo-os. Nele, o degredo é visto como mecanismo interno ao Império, extremamente eficaz do ponto de vista social e ideológico (ergástulo dos delinqüentes), extremamente importante do ponto de vista simbólico (ritual de purificação). É o contraponto interno ao olhar estrangeiro de Giovanni Botero, ilustrativo das confluências possíveis de universos culturalmente distintos: no degredo, ricos e pobres da Metrópole expressavam concepções idênticas, as tensões sociais se dissolvendo na condição comum de colonizador.

Na segunda parte do livro, debruço-me sobre o imaginário demonológico e o universo cotidiano. O recorte oscila entre a longa duração e a curta, como que tateando possibilidades de análise dos fenômenos culturais. ''Religião popular e política: do êxtase ao combate'' foi muito influenciado pela coletânea de Carlo Ginzburg, *Mitos, emblemas, sinais*, e ainda pelo clássico de Mikhail Bakhtin sobre Rabelais — obras que discutem questões teóricas com grande rigor. Beneficiou-se muito do primeiro curso de pós-graduação que dei na USP, em 1989, no qual discuti a questão dos níveis de cultura. Acabou sendo um exercício tão rígido, tão escolar que, talvez de forma compensatória, me atirou nos braços da longa duração, do ensaísmo e de um certo fascínio temeroso que nunca deixei de ter pela história francesa mais clássica das mentalidades: os estudos de Philippe Ariès, Robert Mandrou, Jean Delumeau.

Como muitos críticos — dentro e fora do Brasil —, penso que esta forma de fazer história tem defeitos que podem até ser graves: é freqüentemente indistinta, retórica, conceitualmente confusa. Mas, por outro lado, abre espaço à intuição e à sensibilidade, é democrática na utilização heterogênea e não hierarquizada das fontes, permite *ensaios*. O capítulo 6, ''Ambigüidade amorosa: de santas a mulas-sem-cabeça'', é, desta forma, quase um ensaio. Lida livremente com material iconográfico, sem ignorar certos procedimentos básicos da análise neste campo mas preferindo ver o registro artístico mais como indício de *sensibilidade* e de *circularidade* dos níveis culturais. Adota deliberadamente um arco longo de tempo, trata de grupos sociais distintos e remete a regiões geograficamente muito diversas. Na verdade, indaga sobre a possibilidade de um grande universo imaginário *comum*, e sobre a forma histórica de uma relação: a que existiu entre o lado positivo e o lado negativo do amor e da sensibilidade ocidentais.

O capítulo 7 — ''Mentes e corpos: os assaltos do diabo'' — baseia-se em processos inquisitoriais e em um documento notável que descobri em 1984 na Biblioteca da Ajuda, mas com o qual não pude trabalhar na ocasião. Deve muito ainda ao mesmo curso de pós-graduação já mencionado, quando, sobretudo através da leitura do livro intrigante de John Putnam Demos, *Entertaining Satan*, fiquei alerta para a questão do exorcismo e da possessão como fenômenos *distintos* da feitiçaria, apesar de relacionados a ela. Beneficiou-se igualmente de discussões com alunos que, sob minha orientação, estudam o problema da medicina e do maravilhoso no mundo colonial, cabendo ressaltar que, não existisse a associação estreita entre cura e possessão no mundo brasileiro contemporâneo, talvez o fenômeno permanecesse indecifrável para mim: um pouco da *história regressiva* de que falava Marc Bloch. Foi ela que me levou a recortar dois casos de possessão e exorcismo como bastante típicos de dois universos culturais distintos, mas intercomunicantes: Lisboa no final do século XVII, Salvador nas primeiras décadas do século XVIII.

Foi ela que me fez ver, com a ajuda de um artigo fundamental de Gilberto Velho, "Indivíduo e religião na cultura brasileira", a relação estreita entre sistemas cognitivos e sistemas de crenças.

O capítulo 8, "Em torno de um mito: a elipse do sabá", aproxima-se, mais uma vez, dos estudos de Carlo Ginzburg que procuram pensar a feitiçaria nas suas relações nem sempre óbvias com outros fenômenos: *Os andarilhos do bem* e *História noturna*. Inspirou-se também no lindo livro de Francisco Bethencourt sobre a feitiçaria portuguesa quinhentista, *O imaginário da magia*. Mas tem muito de pessoal, e dialoga, como "O conjunto: América diabólica", com "Sabás e calundus". Na medida em que procura *provar* a impossibilidade de se compreender o mito do sabá sem atentar para as margens do mundo em que ele ocorre, sem olhar para os lugares em que é quase insignificante — uma elipse —, fecha o universo de possibilidades aberto com o primeiro capítulo. A bruxa tão tipicamente européia tem um pé nos ritos ameríndios e nos africanos: não na sua estrutura mítica, mas no conteúdo imagético que lhe foi sendo atribuído a partir do século XVI. Se não podemos nos entender sem olhar para a Europa, a Europa também não se entende de forma integral se não olhar para a América. Neste capítulo, como no primeiro do livro, Portugal e Brasil formam um *continuum* contraditório e articulado, capaz de gerar especificidades de um lado e do outro do Atlântico, mas fecundo sobretudo nas *relações* que se oferecem no seio do Império colonial. Ensaiam-se ainda algumas considerações sobre o fenômeno da feitiçaria em Portugal: a curiosa persistência do mito, ou aspectos dele, no universo popular; a indiferença ante ele entre os inquisidores, sempre preocupados com a heresia subjacente ao pacto demoníaco, este sim grande vedete das inquirições do Santo Ofício.

Por fim, a rápida reflexão sobre a "Orgia dos duendes", de Bernardo Guimarães, corresponde à tentativa de pensar o problema das permanências e da longa duração: de que maneira um mito se perpetua e se transforma, adquirindo novos significados? De que maneira, ainda, tais metamorfoses são tributárias da mudança das formas de representação, a bruxa sabática dos processos sangrentos habitando, trezentos anos depois, o poema romântico? Por que, ao longo dos séculos, a detração do *outro*, humano ou imaginário, real ou inconsciente, assume as cores carregadas e sombrias do Inferno e de seus asseclas? As respostas podem ser tantas que só as indagações permanecem. Mas talvez a melhor forma de concluir seja mesmo perguntar.

Primeira parte

MACRODEMONOLOGIA

O diabo nas malhas do Antigo Regime

O demônio tem perspectivas amplíssimas sobre Deus, por isso se mantém tão distante dele: — o demônio, quer dizer, o mais antigo amigo do conhecimento.

Friedrich Nietzsche, *Além do bem e do mal*

1

O CONJUNTO
América diabólica

Dos son las iglesias de este mundo! La una es la catolica, la otra es diabolica [...] *[Y] como en la iglesia catolica hay sacramentos por Cristo* [...] *así en la iglesia diabolica hay excrementos por el demonio y por sus ministros ordenados y señalados.*

Martín de Castañega, 1534

O SUBSTRATO RELIGIOSO E MARAVILHOSO DA EXPANSÃO

Durante muito tempo, o descobrimento da América foi visto apenas como o grande feito do homem europeu que se tornava irreversivelmente moderno e crescentemente racionalista. Aprisionando e controlando pela primeira vez o espaço do globo, esse homem passava a ser senhor dos mares e subjugador das culturas estranhas, impondo por toda a parte seu credo, seus hábitos, sua visão de mundo. A descoberta da América apressaria inclusive a consolidação da moderna ciência, assentada no que hoje chamamos de paradigma galilaico; garantiria a vitória do cálculo matemático e de uma percepção ordenada do universo, onde fenômenos até então incompreensíveis ou explicados em chave maravilhosa passavam a ter explicação racional e razoável.

Se considerarmos o caso português, veremos que, enquanto as caravelas cruzavam os mares obedecendo a cálculos precisos, multidões se deliciavam, na Corte, com os espetáculos de Gil Vicente, onde se abria espaço às práticas cotidianas do povo comum, eivadas de magismo e de maravilhoso. Os processos quinhentistas da Inquisição atestam como era corriqueiro o recurso a filtros e poções mágicas, e difundida a crença nos poderes extraordinários do Demônio. Conforme ficou registrado por Camões no Canto V de *Os lusíadas*, os próprios marinheiros que partiam para a Índia, para a China ou para o Brasil viam com olhos apavorados certos fenômenos naturais como o fogo-de-santelmo ou a tromba marinha, então já inteligíveis e explicáveis ante olhos eruditos.[1]

Tensão entre o racional e o maravilhoso, entre o pensamento laico e o religioso, entre o poder de Deus e o do Diabo, embate, enfim, entre o Bem e o Mal marcaram desta forma concepções diversas acerca do Novo Mundo. Para os primeiros colonizadores e catequistas da América, que viveram numa época em que contendas religiosas dilaceravam a Europa, o recurso a tal embate não era simples retórica, mas índice de mentalidade onde o plano religioso ocupava lugar de destaque, mostrando-se presente nos mais diversos setores da vida cotidiana.

Foi assim que, ao lado da expansão de mercados, os portugueses objetivaram, com as navegações, difundir a fé católica. Na *Crônica do descobrimento e conquista da Guiné*, em meados do século XV, Gomes Eanes de Zurara já expressava o missionarismo luso:

> A quinta razão [das que moveram o infante aos descobrimentos marítimos] foi o grande desejo que havia [o infante] de acrescentar em a santa fé de nosso senhor Jesus Cristo, e trazer a ela todas as almas que se quisessem salvar, conhecendo que todo o mistério da encarnação, morte e paixão de Nosso Senhor Jesus Cristo, foi obrado a este fim, *scilicet*, por salvação das almas perdidas, as quais o dito senhor queria, por seus trabalhos e despesas, trazer ao verdadeiro caminho.

João de Barros, nas *Décadas*, abraçaria a mesma idéia de Zurara: diz que "Nosso senhor [o infante] como por sua misericórdia queria abrir as portas de tanta *infidelidade* e *idolatria* pera salvação de tantas mil almas que o demônio no centro daquelas regiões e províncias bárbaras tinha cativas, sem notícia dos méritos da nossa redenção", para tanto determinando a João Gonçalves e a Tristão Vaz que descessem pela costa africana, explorando-a com espírito entre comercial e cruzadístico.[2] Como outro grande herói da nacionalidade portuguesa, Nuno Álvares Pereira, o infante era cristão fervoroso, jejuando quase a metade do ano e fazendo repetidas esmolas. No contexto espanhol, é bem conhecido o lado místico de Cristóvão Colombo, que desejava, com o ouro da América, recuperar Jerusalém para a cristandade ocidental.

Descoberto o Novo Mundo e instaurado o processo de colonização, continuou a se desenrolar o embate entre o Bem e o Mal. Em 1546, Pero de Góis, o donatário da capitania de São Tomé, escrevia ao monarca português queixando-se do estado caótico a que se via entregue a jovem Colônia: "tudo nasce da pouca justiça e *pouco temor de Deus e de Vossa Alteza* que em algumas partes desta terra se faz e há, por onde se, de Vossa Alteza não é provida, perder-se-á todo o Brasil antes de dois anos". D. João III parece ter sido sensível também a estes apelos, e três anos depois enviava para a Colônia Tomé de Sousa, o primeiro governador geral, e mais os primeiros missionários, todos jesuítas. E esclarecia: "a principal causa que me moveu a mandar povoar as ditas terras do Brasil foi para que a gente dela se convertesse à nossa santa fé católica".[3]

A PRESENÇA DA DEMONOLOGIA NA AMÉRICA E SUA RELAÇÃO COM UMA CIÊNCIA DO OUTRO

A missão catequética fazia parte do contexto de transformação religiosa que, na Europa, propiciou o surgimento da religião reformada — o protestantismo — e ainda a profunda reestruturação que afetou a Sé romana. Em 1545, tinha início o Concílio de Trento, e a cristianização das populações de ambos os lados do Atlântico tornou-se um dos pontos de honra do programa tridentino. Antes mesmo do concílio, porém, os portugueses já se preocupavam com a conversão dos povos que submetiam — como se viu acima, nos tempos do infante d. Henrique —, e os espanhóis, no início do século XVI, enviavam missões para a América Central.

Da mesma forma, desde o século XIV o pensamento erudito europeu via-se às voltas com a ameaça de coortes demoníacas, formulando seus temores num corpo doutrinário que ficou conhecido como *demonologia*. Fundada por santo Agostinho, que deu estatuto concreto e multiforme ao demônio imaterial do Antigo Testamento, a demonologia se enriqueceu durante a Idade Média, sendo marcos nesta produção o *Formicarium*, de Nider, e o *Malleus malleficarum*, de Sprenger e Kramer. Nos séculos seguintes surgiriam seus maiores expoentes: a *Démonomanie des sorciers* (1580), de Jean Bodin; a *Daemonologie* (1597), de Jaime VI Stuart, depois Jaime I da Inglaterra; o *Tableau de l'inconstance des mauvais anges et des démons* (1612), do juiz Pierre de Lancre.

Com a descoberta da América, a demonologia parece ter sido a ciência teológica mais bem repartida entre conquistadores e colonizadores do Novo Mundo, dos cronistas e especialistas como os missionários e eclesiásticos em geral — Nóbrega, Anchieta, frei Vicente do Salvador, Acosta, Sahagún, Olmos, Las Casas — aos autodidatas como o soldado Cieza de León. Tal fato se explica porque, para os europeus do final da Idade Média e início da Época Moderna, o devassamento dos espaços trazia consigo sua cristianização e ordenação segundo padrões culturais únicos e hegemônicos, europeus, em última instância. A evangelização da Europa expulsara o demônio para terras distantes, da mesma forma como a intensificação do contato entre Oriente e Ocidente havia provocado a migração das humanidades monstruosas e fantásticas para a Índia, a Etiópia, a Escandinávia e, por fim, para a América.

A demonologia é hoje vista como um campo complexo do conhecimento, relacionada com o surgimento do moderno pensamento científico, voltada para a investigação acerca da causa dos fenômenos.[4] Bodin e Jaime Stuart foram também teóricos importantes do absolutismo monárquico, o que sem dúvida sugere vínculos entre a demonologia e a centralização política na Europa, confirmando ainda a hipótese de Trevor-Roper acerca da ambigüidade do século XVI — corroborada, aliás, por certos estudos sobre a natureza do Estado absolutista.[5]

Na península Ibérica, o alcance da demonologia não foi tão considerável quanto na Europa do Norte. Mesmo assim, na Espanha — onde os *tratados contra superstições* são a expressão local do fenômeno —, as publicações no gênero ocorreram com especial intensidade entre 1510 e 1618: seis títulos no século XVI, quatro no século XVII. Entretanto, tomando-se a demonologia como forma de conhecimento mais ampla, aumenta o número das obras que versam sobre o assunto, alinhando-se entre os demonólogos autores como Pedro de Valencia, Afonso de Salazar Frías, Francisco de Vitória, Andrés Laguna, Martín de Azpilcueta Navarro.[6] O tom geral dos escritos era anti-supersticioso, procurando diferenciar o que pertencia aos domínios da Religião e da Magia, de Deus e do Diabo, passando, a seguir, a condenar a superstição — identificada, pela maioria dos autores, antes com o que se opunha à ideologia da Igreja do que com o irracional propriamente dito: "num mundo em que as barreiras entre Magia, Religião e mesmo Ciência mal estavam traçadas, não era fácil esclarecer o que pertencia a uma e a outra esfera".[7] Para Portugal, não há ainda estudos que informem sobre uma eventual produção demonológica mais específica; no entanto, elementos de demonologia achavam-se presentes em inúmeros escritos quinhentistas e seiscentistas, como se procurará mostrar neste trabalho.

A demonologia surge, assim, como muito mais do que um conjunto de tratados referentes à perseguição de bruxas, e se espraia por outras obras além dos manuais de feitiçaria, sendo possível detectar uma demonologia em sermões católicos, nos textos de pregação protestante, enfim, em toda a produção epistolar e tratadística voltada para a descrição da natureza do continente americano e dos hábitos e costumes de seus habitantes. Neste sentido, parece-me que a demonologia deve ser compreendida nos quadros do que Certeau nomeou de *heterologia*, e em conexão com os textos de viagem quinhentistas que fundaram o olhar antropológico — textos que revelam uma observação assombrada pelo seu Outro, o imaginário, e que se constituíram no objeto de "uma 'cultura' assombrada pela sua exterioridade 'selvagem' ".[8] Na análise de outra estudiosa da literatura de viagens, elas se delineavam como "conquista do espaço da alteridade, como recuperação de *mirabilia* perdidas".[9]

Se a visão ocupava papel primordial na hierarquia renascentista dos sentidos, se o próprio conhecimento moderno se definiria pelo ato de possuir o outro por meio da visão, enfim, se viajar significava reconhecer ocularmente o Outro, cabe lembrar Merleau-Ponty quando afirma que a visão nos cativa não apenas por ser uma jornada em direção às coisas externas, mas também por significar *volta* a uma realidade de origem, representada nos objetos percebidos à distância. Na viagem, o viajante inventaria e descobre paulatinamente o seu lugar de origem, o lugar de onde procede, e estabelece uma relação especial com a viagem: "viajar é enxergar (ver), mas enxergar (ver) já é viajar".[10]

Relacionando-se, por um lado, com a investigação científica, a demonologia se relacionaria, igualmente, com esta *ciência do outro* que Certeau não teve tempo de aprofundar mas que delineou sob a designação de *heterologia*.[11] Na Europa, bruxos e bruxas constituíram esse *outro* que a cultura opunha a seus padrões, identificando-os, para alguns, com a anti-sociedade, ou com o estado de natureza.[12] Na demonologia de que se trata aqui — referida à alteridade americana —, a relação heterológica se verificaria sobretudo pela negação: nomeava-se e se classificava o Outro ameaçador com os elementos negativos e detratores por excelência disponíveis no âmbito da cultura dos conquistadores e colonizadores da América. Se a descoberta de novos mundos pôde revigorar os símbolos do maravilhoso, foi capaz também de fortalecer a demonologia européia. Mundo inquietante, capaz de seduzir e aterrorizar ao mesmo tempo — diz Giulia Lanciani —, o ultramar atlântico provocava vertigens no europeu do século XVI, impelindo-o a buscar referências em contextos tranqüilizadores, "concretos ou mentais — pouco importa". Recuperam-se então mitos familiares e muitas vezes antigos, que, "enxertados em húmus diverso", ajudam a compreender os enigmas do mundo, "transformando-se em instrumentos de conhecimento dentro de um horizonte de significação".[13]

Neste sentido, acredito ter a demonologia se desdobrado tanto nas cartas jesuíticas brasileiras como nos escritos de um Acosta ou de um Diego de Landa, alimentando-se das narrativas de viagem americanas para consolidar sua perspectiva heterológica da feitiçaria e práticas mágicas. Caça às bruxas, manuais demonológicos — por um lado — e extirpação das idolatrias, catequese, literatura moral sobre as Américas — por outro — serão aqui vistos, portanto, como as duas faces do que Certeau chamou de *heterologia*.[14]

A APROXIMAÇÃO COM O MODELO SABÁTICO

Foi sobretudo na caça às bruxas que se treinou o *olhar demonológico sobre a América*.[15] Muito curioso é o caso de Andrés de Olmos, autor de um *Tratado de las antiguedades mexicanas*, do qual se conhecem apenas fragmentos.[16] Antes de partir para a Nova Espanha, Olmos trabalhara com Zumárraga na repressão aos bruxos e bruxas de Biscaia, e, segundo Mendieta, tal ação parece ter agido favoravelmente no sentido de levar Carlos V a designar ambos para o ultramar — onde, em 1528, Zumárraga se tornaria o primeiro bispo do México. Na verdade, como observa Pierre Ragon, a distância entre uma bruxa basca e um índio idólatra podia passar por muito pequena para um espanhol do século XVI.[17] Olmos afirma: "há neste mundo duas congregações: uma é muito boa, a outra muito ruim. A que é muito boa se chama igreja católica, a que é ruim se chama igreja diabólica". Sua afirmação é muito semelhante à de fray Martín de Castañega, para quem haveria duas igrejas, uma católica e a outra diabólica, esta se voltando para excrementos enquanto a primeira se voltava para os sacramentos.[18] Castañega trabalhara no País Basco na mesma época em que Zumárraga e Olmos, e suas teses seduziram este último a ponto de fazê-lo adaptar em náuatle os onze primeiros capítulos do seu *Tratado muy sotil y bien fundado de las superstitiones y hechicerias...*, que se editara em Logrono no ano de 1529. Desta forma, Olmos aplicava aos idólatras do Novo Mundo o discurso de Castañega sobre os desviantes bascos, reutilizando as contribuições da demonologia em suas próprias investigações sobre a civilização asteca.

A atestar a difusão da demonologia pelos diferentes meios sociais há as opiniões do jurista Juan Polo de Odegardo, que, ao descrever práticas religiosas andinas em *Los errores y superstitiones de los indios*, incorpora elementos da feitiçaria européia: bruxas também cruzariam os ares dos Andes, falariam com o diabo, saberiam de coisas impossíveis de se saber por meios naturais.[19] Há ainda a descrição dos ritos tupinambás feita por um protestante, Jean de Léry, que, no conflito dos sentimentos contraditórios nele suscitados pelas danças, as defumações e os volteios dos caraíbas, confessou na *Histoire d'un voyage faict dans la terre du Brésil* que, "se no início deste *sabá*" se mostrara temeroso, acabara recompensado pela harmonia dos acordes, pelo impacto da música, pela cadência dos refrões que o encantaram.[20]

Procedendo de lugares diferentes, abraçando credos diversos, refletindo sobre contextos culturalmente distintos, Polo de Odegardo e Léry tiveram que recorrer a imagens que lhes eram familiares — a bruxa voadora, o sabá das feiticeiras — para poderem entender, de forma analógica, o que tinham sob os olhos. A familiaridade das populações mexicanas com o uso de substâncias alucinógenas suscitou, por exemplo, aproximações com a feitiçaria sabática. Ao descrever a confecção de um ungüento alucinógeno à base de insetos amassados, tabaco e alcalóides, Durán conjecturou que deveria ser semelhante ao utilizado pelas bruxas européias em seus vôos.[21] Mas nem sempre a demonologia se manifestou na forma sabática, e nem sempre se explicitaram as comparações com as bruxas que, na Europa, ardiam em fogueiras ou pendiam, aos milhares, de forcas. Do corpo doutrinário dos demonólogos, os proto-etnógrafos da América retiraram freqüentemente apenas um quadro explicativo mais geral, conseguindo, no interior dele, conservar bastante liberdade de espírito. Na verdade, o Novo Mundo funcionava como poderoso inspirador das elucubrações demonológicas: se na Europa os poderes repressores perseguiam superstições e *maleficia* que não chegavam a recobrir verdadeiras crenças religiosas heterodoxas, em terras americanas tinham que liquidar a herança de uma Igreja pagã, consubstanciada em crenças efetivas.[22]

Sem aludir ao vôo noturno ou ao sabá, muitos dos cronistas e eclesiásticos que descreveram as práticas mágico-religiosas americanas fizeram-no utilizando a terminologia que conheciam e empregavam para designar os agentes satânicos por excelência. Sacerdotes maias, incas ou astecas, xamãs, caraíbas e pajés tupis, enfim, todos os responsáveis pelo espaço sagrado foram quase sempre chamados de bruxos e feiticeiros — termo aliás empregado por muitos até os dias de hoje, mas que se cunhou no Quinhentos, no rastro da demonologia e da caça às bruxas européia.

Na *Informação da Terra do Brasil*, escrita em 1549, Nóbrega descreve os costumes religiosos dos índios chamando-os de feitiçaria, mais particularmente no que diz respeito ao xamanismo tupi: ''De certos em certos anos vêm uns feiticeiros de mui longes terras, fingindo trazer santidade e ao tempo da sua vinda lhes mandam limpar os caminhos e vão recebê-los com danças e festas, segundo seu costume; e antes que cheguem ao lugar, andam as mulheres de duas em duas pelas casas, dizendo publicamente as faltas que fizeram a seus maridos umas às outras e pedindo perdão delas''. Aqui, já haveria, talvez, uma ênfase em caracteres negativos do comportamento feminino: a inconstância e a lascívia que as aproximariam ainda mais das bruxas européias. Uma vez chegando ao lugar, prossegue Nóbrega, o feiticeiro é recebido com muita festa, entra em casa escura, começa a pregação milenarista junto à cabaça, prometendo profusão de alimentos, vida longa, juventude para as velhas. E, a seguir, dá-se a possessão:

> Acabando de falar o feiticeiro, começam a tremer, principalmente as mulheres, com grandes tremores em seu corpo, que parecem demoninhadas (como de certo o são), deitando-se em terra, e escumando pelas bocas, e nisto lhes persuade o feiticeiro que então lhes entra a santidade; e a quem isto não faz tem-lho a mal. Depois lhe oferecem muitas coisas e em as enfermidades dos Gentios usam também estes feiticeiros de muitos enganos e feitiçarias.[23]

O capuchinho Yves d'Evreux foi outro europeu pródigo em alusões aos feiticeiros tupis, com os quais os diabos mantinham comunicação constante, fosse por intermédio de demônios familiares em forma animal — morcegos, pássaros negros —, fosse por meio de uma voz saída das entranhas da terra, de dentro de um buraco, como a feiticeira de Endor que falara a Saul.[24] Os rituais dos sacerdotes com ervas, Evreux denominou-os ''cerimônias satânicas'' conhecidas por intermédio do Maligno, pois ''ayant toujours été enfermés dans cette grande et vaste prison du Brésil, sans aucune communication avec le vieux monde, ils ne pouvaient l'avoir apprise d'aucune autre nation''.[25]*

Mesmo sem aludir ao sabá, era ele que, com certeza, subjazia como paradigma em várias das descrições etnodemonológicas. Ainda no século XVI, o jesuíta Azpilcueta Navarro retratava o sabá, mas enunciava o inferno: ''Vi seis o siete viejas que apenas podían tener en pie dançando por el deredor de panella y atizando la oguera que parecían demonios en el infierno''.[26] No Peru seiscentista, outra descrição, agora contida num documento inquisitorial, inspira-se no sabá e nas práticas correntemente creditadas às bruxas européias, mas não os menciona:

> Iten, que muchas personas, especialmente mugeres fáciles y dadas a supersticiones, con mas grave ofensa de nuestro Señor, no dudan de dar, o cierta manera de adoracion al Demonio, para fin de saber de las cosas que desean, ofreciéndole cierta manera de sacrificio, encendiendo candelas y quemando incienso y otros olores y perfumes, y usando de ciertas unciones en sus cuerpos, le invocam y adoran con nombre de ángel de luz, y esperan de las respuestas o imágenes y representaciones aparentes de lo que pretenden, para lo qual, las dichas mugeres, otras veces se salen al campo de dia y a desoras de la noche, y tomam ciertas bevidas de yervas y raíces, llamadas el achuma y el chamico, y la coca, con que se enagenan y entorpecen los sentidos, y las ilusiones y representaciones fantásticas que allí tienen, juzgan y publican despues por revelacion, o noticia cierta de lo que a de suceder.

Apesar de não constituírem pacto explícito, tais procedimentos — ao lado de outros, como a astrologia — denotavam a intromissão oculta do Demônio nos atos humanos, ''aprovechándose de su fragilidad y poca firmeza en la Fé...''.[27]

A ENORME IMPORTÂNCIA DO DIABO E CERTOS ASPECTOS ESTRUTURAIS DA DEMONOLOGIA

Mas a grande vedete da demonologia americana é o diabo: é ele que torna a natureza selvagem e indomável, é ele que confere os atributos da estranheza e da indecifrabilidade aos hábitos cotidianos dos ameríndios, é ele sobretudo que faz das práticas religiosas dos autóctones idolatrias terríveis e ameaçadoras, legitimando assim a extirpação pela força.

(*) ''tendo sempre permanecido encerrados nessa grande e vasta prisão do Brasil, sem nenhuma comunicação com o velho mundo, eles não as poderiam ter aprendido com nenhuma outra nação.''

Com a cristianização mais homogênea do Velho Continente, como ficou dito acima, o diabo se mudara para o Novo. Mesmo em um Las Casas, que na *Apologetica historica*, de 1559, via ubiqüidade na ilusão demoníaca — considerando-a, diferentemente de outros etnodemonólogos, como bem repartida entre os diversos povos do mundo —, explicitava-se a associação entre a coorte infernal e a América. Para cá teriam os demônios voado em grandes quantidades por ocasião do advento da cruz, deixando para trás as regiões mediterrânicas. E aqui continuaria a luta cruzadística. Descrevendo a destruição da pirâmide de Pachacamac que, perto de Lima, fora levada a cabo em janeiro de 1533 por Fernando Pizarro e um bando de espanhóis sequiosos de tesouros, Miguel de Estete retrata, na *Relación de la conquista del Peru*, o triunfo final do Santo Lenho: após tudo destruído, os espanhóis ergueram a cruz no mesmo local em que, por tantos anos, o diabo reinara.[28]

Em outras plagas, o embate não teria tido igual sucesso. João de Barros foi, com forte evidência, o fundador de curiosa tradição, perpetuada por autores posteriores, em que a luta entre Deus e o Diabo aparece identificada ao surgimento da colônia luso-brasileira, e diretamente associada à crucifixão. Chegando pela primeira vez ao Brasil, dera-lhe Cabral o nome de Terra de Santa Cruz, em homenagem ao Lenho Sagrado. A necessidade de nomear a nova terra se colocou para Cabral quando partia para a Índia, a 3 de maio: mandou, então, "arvorar uma cruz mui grande no mais alto lugar de u'a árvore e ao pé dela se disse missa. A qual foi posta com solenidade de bênçãos dos sacerdotes: dando este nome à terra, Santa Cruz". O Santo Lenho inscrevia o sacrifício de Cristo na gênese da nova terra, que ficava toda ela dedicada a Deus, havendo grande esperança na conversão dos gentios.

> Per o qual nome Santa Cruz foi aquela terra nomeada os primeiros anos: e a cruz arvorada alguns durou naquele lugar. Porém como o demônio per o final da cruz perdeu o domínio que tinha sobre nós, mediante a paixão de Cristo Jesus consumada nela: tanto que daquela terra começou de vir o pau vermelho chamado brasil, trabalhou que este nome ficasse na boca do povo, e que se perdesse o de Santa Cruz. Como que importava mais o nome de um pau que tinge panos: que daquele pau que deu tintura a todos os sacramentos per que somos salvos, per o sangue de Cristo Jesus que nele foi derramado.

João de Barros, numa enigmática condenação do culto à atividade comercial, clamava contra o triunfo de princípios seculares sobre os religiosos, como a corrigir o rumo tomado pela expansão lusitana: "E pois em outra cousa nesta parte me não posso vingar do demônio, admoesto da parte da cruz de Cristo Jesus a todos que este lugar lerem, que dêm a esta terra o nome que com tanta solenidade lhe foi posto, sob pena de a mesma cruz que nos há de ser mostrada no dia final, os acusar de mais devotos do pau brasil que dela". E finalizava, celebrando o providencialismo da expansão: "E por honra de tão grande terra chamemos-lhe província, e digamos a Província de Santa Cruz, que soa melhor entre prudentes que brasil, posto per vulgo sem consideração e não habilitado pera dar nome às propriedades da real coroa".[29]

A força de tradição assumida pelas idéias do autor das *Décadas* sugere como era acentuada, na mentalidade quinhentista e seiscentista, a presença da explicação de cunho religioso para o descobrimento e a denominação da colônia brasileira, mostrando o outro lado da aventura marítima portuguesa. Escrevendo alguns anos depois, Pero de Magalhães Gândavo, para alguns "pai fundador" da historiografia brasileira,[30] mostrava-se igualmente inconformado com o nome que vigorava na designação da Colônia — *Brasil* —, acreditando não haver razão para negar à nova terra o nome original, nem para esquecê-lo "tão indevidamente por outro *que lhe deu o vulgo mal considerado*, depois que o pau da tinta começou de vir a estes Reinos [...]". A solução proposta pelo cronista para *magoar* "ao Demônio, que tanto trabalhou e trabalha por extinguir a memória da Santa Cruz e desterrá-la dos corações dos homens, *mediante a qual somos redemidos e livrados do poder de sua tirania*", era restituir à terra o nome antigo, chamando-a *Província de Santa Cruz*. Aos ouvidos cristãos, finalizava, era melhor som o nome "de um pau em que se obrou o mistério de nossa redenção que o doutro, que não serve de mais que de tingir panos ou cousas semelhantes".[31]

No início do século seguinte, frei Vicente do Salvador desenvolveria argumentação análoga à de João de Barros e Gândavo, inspirada, sem dúvida, na dos seus antecessores quinhentistas, e como que sintetizando-as:

> O dia que o capitão-mor Pedro Álvares Cabral levantou a cruz [...] era a 3 de maio, quando se celebra a invenção da Santa Cruz em que Cristo Nosso Redentor morreu por nós, e por esta causa pôs nome à terra que havia descoberto de Santa Cruz e por este nome foi conhecida muitos anos. Porém, como o demônio com o sinal da cruz perdeu todo o domínio que tinha sobre os homens, receando perder também o muito que tinha sobre em os desta terra, trabalhou que se esquecesse o pri-

meiro nome e lhe ficasse o de Brasil, por causa de um pau assim chamado de cor abrasada e vermelha com que tingem panos, que o daquele divino pau, que deu tinta e virtude a todos os sacramentos da Igreja [...][32]

As explicações de João de Barros, Gândavo e frei Vicente são, na verdade, uma só, girando em torno da identificação entre o surgimento da colônia luso-brasileira e a luta eterna entre Deus e o Diabo. Fato ímpar entre tantas terras coloniais, o Brasil seria a única a trazer tal tensão inscrita no próprio nome, que lembrava para sempre as chamas vermelhas do reino do inferno. Em períodos posteriores ao que aqui se estuda, a idéia do embate entre Bem e Mal como fundador da própria identidade "brasileira" continuou a ter força; em 1727 e em 1728, Sebastião da Rocha Pita e Nuno Marques Pereira, respectivamente, abraçariam a tradição inaugurada por João de Barros: sob a diversidade dos contextos, portanto, persistiam profundos traços mentais.[33]

O enraizamento dessa tradição ajuda a compreender melhor a leitura que os jesuítas catequizadores fariam da natureza brasileira, assolada sem trégua pela presença demoníaca, ou endemoninhada ela mesma. Afinal, fora a malfadada árvore de pau vermelho que roubara o nome santificado, atestando a insubordinação de um mundo natural muitas vezes caótico, desordenado e contraditório como o próprio demônio. Este habitava as terras brasileiras, perturbando, por exemplo, a serenidade das águas fluviais: em viagem missionária pelo interior, o padre Jerônimo Rodrigues deparou com um rio "tão perturbado, que parecia andarem ali visivelmente os demônios, que ali ferviam em pulos para o céu, que punha espanto".[34] Satanás encarnava-se ainda em baleias, desencadeava tempestades que comprometiam as missas campais dos missionários, convocava legiões de moscas que atordoavam os sacerdotes no ofício religioso, enfim, fazia com que fosse permanente na Colônia portuguesa o estado de guerra entre as forças do Bem e do Mal: "neste lugar tivemos muitos combates do demônio, e ainda agora temos", escrevia a Roma o padre Pero Correia.[35]

O teatro de José de Anchieta pôs em cena esta visão cruzadística, associando ao demônio os traços da cultura ameríndia e a Deus os da cristandade ocidental. Neste sentido, cabe destacar, entre suas peças, *Na festa de São Lourenço* e *Na Vila de Vitória*, escritas provavelmente entre 1583 e 1586, e ainda *Na aldeia de Guaraparim*. Nestas peças, entretanto, a demonização do indígena assumiu também coloração mais específica. *Na aldeia de Guaraparim*, por exemplo, demônios com complicados nomes indígenas reúnem-se em conciliábulos — o concílio do Mal, expressão do impulso demoníaco à revolta política. *Na festa de São Lourenço*, enuncia-se mais uma vez a identificação do índio ao demônio pela mediação da revolta política: Guaixará e Aimberê, chefes tamoios que haviam lutado em 1566-7, apoiando o invasor francês contra os portugueses e os jesuítas, aparecem como demônios de destaque, dotados de vários auxiliares, diabos menores de nomes indígenas. Ardendo por toda parte, assumindo, segundo Alfredo Bosi, papel central em *Na festa de São Lourenço*, o fogo, simultaneamente infernal e divino.[36]

No México, a atestar mais uma vez a difusão geográfica e social da etnodemonologia das Américas, um leigo como Alonso de Zorita se ressentia, na *Historia de la Nueva Espana*, da presença física do diabo na natureza, cada vulcão sendo, na realidade, uma boca do inferno.[37] No Peru, os primeiros missionários acusaram a atuação dos demônios no desencadear de vendavais terríveis, que tinham por objetivo impedir a evangelização dos povos andinos.[38]

Vendo a razão natural dos índios embotada pelo demônio — como Martín de la Coruña — ou lamentando o abandono dos americanos às hostes de Satã — como Sahagún —, os missionários e cronistas dos primeiros tempos da colonização tinham a convicção de enfrentar, no Novo Mundo, um velho inimigo.[39] Por um lado, tal certeza foi o mais poderoso obstáculo à compreensão em profundidade das sociedades indígenas. Por outro, mostrou que o desencantamento subseqüente à euforia do primeiro contato — comum tanto ao México quanto ao Peru e ao Brasil, e aqui muito bem representado na transição presente nos escritos de Manuel da Nóbrega ou de José de Anchieta — ancorou-se na própria linguagem demonológica.[40] Nesta, como viu Ragon, imperou um raciocínio explicativo assentado nos princípios de *inversão* e de *desordem*, e dominou uma *linguagem dos contrários*, conforme a análise brilhante de Stuart Clark.[41]

O recurso à *inversão* permitia dar conta de múltiplos fatos culturais concretos análogos às realidades européias mas opostos a elas devido à ação do Diabo no sentido de parodiar as honras prestadas a Deus. No México, por exemplo, os missionários recorreram com freqüência à inversão, as práticas religiosas dos autóctones sendo caracterizadas por oposição às católicas, numa perspectiva deliberadamente maniqueísta. O princípio da *desordem* mostrou-se particularmente fecundo para o etnodemonólogo do século XVI, possibilitando inventários exaustivos de hábitos e costumes dos quais não era necessário compreender os significados nem fornecer explicações, havendo, assim, maior liberdade para as descrições. No limite, tal atitude resultou num total desencorajamento ante o incompreensível, e na inutilidade da compreensão. O cronista dominicano Diego Durán, por exemplo, desencorajado ante um conhecimento incompleto do náuatle, acaba rejeitando as fórmulas sagradas dos nauas como vazias de significados, da mesma forma como, na Europa, se rejeitavam os *gribouillis* dos feiticeiros: "que el demónio que se les enseñó solo les entiende".[42]

A desordem demoníaca está presente, por exemplo, nas descrições feitas pelos jesuítas Luís da Grã e Fernão Cardim dos hábitos que envolviam a alimentação e a moradia entre os tupis do Brasil: "nem sei outra melhor traça do inferno que ver uma multidão deles, quando bebem", escrevia o primeiro a santo Inácio de Loyola. Como o povo do inferno, os índios viviam junto ao fogo de dia e de noite: "porque o fogo é sua roupa, e eles são mui coitados sem fogo [...] e toda a casa arde em fogos", considerava Cardim no seu *Tratados da terra e gente do Brasil*.[43]

A linguagem dos contrários, por fim, seria possivelmente o elemento mais importante da demonologia, elo de ligação entre ela e todo um universo mental característico do mundo moderno, presente tanto no teatro elisabetano de Shakespeare e Ben Johnson quanto nas concepções revolucionárias de um mundo às avessas, de um País de Cocanha, na prática debochada do charivari, na carnavalização própria à cultura popular; quanto nos sermões e pregações ameaçadoras de católicos e protestantes; quanto, ainda, nas copiosas descrições dos missionários-etnógrafos e dos demais cronistas das Américas que trataram das práticas religiosas ameríndias — conhecidas, no mundo hispano-americano, por *idolatrias*.[44]

DEMONOLOGIA E IDOLATRIA

José Acosta, missionário jesuíta que atuou na América já no final do século XVI, ilustra magistralmente a tendência em demonizar as práticas religiosas do Novo Mundo. Eis alguns dos títulos das partes de sua *Historia natural y moral de las Indias*, Livro V, cap. XI: "De cómo el demonio ha procurado asemejarse a Dios en el modo de sacrificios, religión y sacramentos"; cap. XV: "De los monasterios de doncellas que inventó el demonio para su servicio"; cap.

XVI: "De los monasterios de religiosos que tiene el demonio para su superstición"; cap. XVII: "De las penitencias y asperezas que han usado los indios por persuasión del demonio"; cap. XXIII: "De cómo el demonio ha procurado remedar los sacramentos de la santa Iglesia"; cap. XXIV: "De la manera con que el demonio procuró en Mexico remedar la fiesta de Corpus Christi, y comunión que usa la santa Iglesia"; cap. XXVIII: "De algunas fiestas que usaron los de Cuzco, y cómo el demonio quiso también imitar el misterio de la Santíssima Trinidad".[45]

A caracterização das idolatrias pré-colombianas assentou-se em fundamentação bíblica, nos doutores da Igreja, especialmente santo Agostinho. Amalgamando a herança bíblica com a filosofia religiosa dos antigos, interpretando as escrituras de forma pessoal, ele forneceu ao humanismo cristão da conquista os elementos exegéticos necessários à definição de idolatria. Não por acaso, santo Agostinho foi, junto com santo Tomás, o principal autor em que beberam os modernos teóricos da demonologia.[46]

O demo era o pai que alimentava as idolatrias. Elas se assentavam, para os europeus, na paródia demoníaca, na macaqueação grosseira das obras de Deus, expressas nos sacrifícios humanos, na antropofagia, na sodomia, na adivinhação, onde o diabo intervinha oralmente. A idéia de idolatria mostrava-se presente até nas considerações compadecidas de um André Thevet, para quem, destituídos da verdadeira razão e do conhecimento de Deus, os índios se tornavam presas das ilusões fantásticas e das perseguições que lhes infligia o Maligno. Viviam aterrorizados, temendo o escuro e levando consigo um fogo quando saíam à noite, atolando-se no engano da idolatria e adorando o Diabo por meio de seus ministros, os pajés.[47]

Se a idéia de idolatria variou entre os etnodemonólogos da América, cabe aqui destacar, mais uma vez, o papel decisivo de José de Acosta. Diferentemente de um Las Casas, para quem ela acabava preparando o ameríndio para a recepção da fé católica, Acosta achava que, apesar de aptos a receberem a fé, os índios se entregavam a idolatrias demoníacas: era assim o demônio, e não a torre de Babel, que explicava a diversidade das divindades e dos cultos. "Expulso pela chegada do Cristo, o demônio se refugiara nas Índias, delas fazendo um de seus bastiões. A idolatria não é, pois, apenas uma forma errônea de religião natural. Ela não é natural, mas diabólica." Subscreve, desta forma, a definição bíblica segundo a qual a idolatria é o começo e o fim de todos os males.[48]

De qualquer forma, a concepção de que as práticas religiosas de incas e astecas eram idólatras mostrou-se presente em todos os autores que escreveram sobre as colônias espanholas. Na *Historia general de las cosas de Nova Espana*, Sahagún achava que os ídolos indígenas eram representações de demônios reais. No conhecido "Colóquio dos Doze", já se encontrava presente a demonização das idolatrias, os diabos impelindo os homens a adorarem "a coisas de barro", "ao sol, à lua, às estrelas, às pedras, às árvores, à ave, à serpente".[49] Trabalhando com manuscritos nauas — que compreendia com dificuldade — para escrever seu próprio texto, Durán via nos ideogramas representações de Satã. O costume inca de enterrar os vivos era tido por Cieza de León, na *Crónica del Peru*, como determinado pelo extraordinário poder que a ilusão demoníaca ocupava na vida dos gentios, decorrente da falta de orientação religiosa que tinham. A posição de Cieza é bastante nuançada devido à admiração que nutria pelas realizações políticas e econômicas das populações andinas: demonizada se mostrava, portanto, no seu caso, unicamente a religião.[50] No México, autores seiscentistas se estenderam sobre a questão da idolatria: Ruiz de Alarcón, Jacinto de la Serna, Pedro Sanchez de Aguilar, Gonzalo de Balsalobre, Diego Jayme Ricardo Villavicencio, a freqüência da produção sobre o assunto contrastando com o caráter assistemático das campanhas extirpadoras.[51] Mais uma vez, como os demonólogos europeus, alguns destes homens — no caso, Ruiz de Alarcón e Jacinto de la Serna — fundamentavam as informações sobre práticas idólatras com base em experiência própria, como visitadores gerais das dioceses; mais uma vez, pois, aproximam-se o registro etnográfico e a teorização demonológica.

O demônio era o inimigo pessoal de cada um desses evangelizadores, de cada extirpador que o perseguia e combatia por toda parte onde se encontrava, nos ídolos que se fazia preciso quebrar e na alma dos índios, de onde deveriam ser expulsos. Os casos de possessão demoníaca proliferaram no Peru sobretudo na primeira metade do século XVII, e se mostraram mais comuns entre os índios. O demo habitava seus corpos para melhor assegurar ou defender o império da idolatria, e certos monges se tornaram verdadeiros especialistas na arte do exorcismo, que assim veio a ser uma técnica privilegiada da extirpação, o que é compreensível dado o aspecto espetacular dos combates exorcistas, e o fato de Deus sempre triunfar no final.

No mundo hispano-americano, portanto, desde muito cedo os catequistas e os funcionários da Coroa moveram luta encarniçada contra manifestações religiosas autóctones, dando destaque especial aos templos e ídolos. É bem conhecida a ordem de Zumárraga para destruir templos astecas e, sobre seus escombros, levantar igrejas católicas. Numa carta famosa datada de 12 de junho de 1531, ele se jactava da destruição de mais de quinhentos templos e 20 mil ídolos. Dois anos antes, Martín de la Coruña declarara também em carta que uma das principais ocupações de seus discípulos era derrubar ídolos e arrasar templos, no que aliás eram dirigidos por ele próprio. Ainda no México, em 1576, Bernardino de Sahagún fundamentava a destruição das idolatrias com base na necessidade de impedir o contágio dos ''costumes da república'' e afirmar uma ''outra maneira de civilização que não tivesse nenhum ressaibo de coisas de idolatria''.[52]

A destruição dos ídolos era ainda mais importante do que a dos templos, pois era fácil escondê-los.[53] A dos livros sagrados também não ficava atrás: missionário no Yucatán e na Guatemala, Diego de Landa, depois segundo bispo da península, queimaria — conforme seu próprio testemunho — ''um grande número'' de livros sagrados, inviabilizando para sempre a melhor compreensão da cultura maia; entre os argumentos que apresenta na sua *Relación* para justificar o feito, está presente o viés demonológico: ''não continham nada em que se não pudesse ver superstição e mentiras do diabo''.[54]

Utilizada por Las Casas ainda no século XVI, foi, entretanto, apenas no Seiscentos que ganhou força nos processos de idolatria a casuística do pacto demoníaco. Em terras mexicanas, o princípio do pacto foi tudo o que as práticas autóctones conseguiram então conservar do repertório diabólico cristão imposto pelos catequistas e extirpadores.[55] Todavia, acusações de pacto estão entre as culpas que Landa atribuía aos índios maias ainda no século XVI, em 1562.[56] No Peru, onde o movimento de extirpação talvez tenha sido mais espetacular, Igreja e Estado se uniram no combate, que foi sistematizado por meio de Visitas, freqüentes sobretudo entre 1610 e 1671. Primeiramente, a repressão religiosa se limitou a destruições, saques, incêndios de templos, túmulos, estátuas, objetos sagrados e valiosos. Mas a partir do I Concílio de Lima, em 1551, procurou-se normatizar e uniformizar a repressão aos ritos de iniciação religiosa, às danças sagradas e, sobretudo, aos cultos incas dedicados aos ancestrais. Em autos-de-fé, os inquisidores destruíam santuários e estátuas sagradas, queimando as múmias dos antepassados da comunidade num espetáculo particularmente dramático por acreditarem os incas ser necessário preservar o corpo para a ressurreição. Queimando as múmias, os espanhóis privavam os antepassados da possibilidade de vida eterna.

No campo das extirpações violentas, cabe lembrar os acontecimentos que sacudiram a península de Yucatán em 1562, quando Diego de Landa e seus franciscanos infligiram torturas tão terríveis aos índios que pelo menos 158 deles morreram. O caso teve repercussões no ultramar, designando-se para averiguar os procedimentos dos franciscanos o bispo Toral, que os acusou de má evangelização: Landa caiu em desgraça, voltou para a Espanha e escreveu a *Relación* para se justificar. Em petição de 15 de setembro de 1562, dizia ser impossível proceder de forma estritamente jurídica com relação aos índios: eram todos idólatras e culpados, e, a se aplicarem as leis, o trabalho de investigação não terminaria nem em vinte anos, "e nesse tempo todos teriam se tornado idólatras, e ido para o inferno...".[57]

Mas as estratégias da extirpação também se fizeram de forma menos espetacular, se bem que igualmente dramática. Ainda no Peru, são exemplares os sermões de Avendano aos índios: "Digam agora, meus filhos, de todos os homens nascidos nesta terra antes que os espanhóis nela pregassem o Santo Evangelho — quantos se salvaram? Quantos? Quantos foram para o céu? — Nenhum. Quantos Incas foram para o Inferno? — Todos. Quantas rainhas? — Todas. Quantas princesas? — Todas. Porque adoraram os demônios nos *huacas*".[58]

Para os índios, a idéia de inferno não era indiferente, mesmo que sua apreensão dele fosse distinta. Em Mixtón, na Nova Galícia, ocorreu no ano de 1541 uma rebelião de caráter religioso, pela liberdade de culto e contra o catolicismo. Os revoltosos mataram missionários, queimaram cruzes, entregaram-se a cerimônias sacrílegas, parodiando a missa com adoração de uma *tortilla*, fazendo sacrifícios e danças pagãs. Em Tequila, apedrejaram frei Juan de la Esperança e lhe machucaram terrivelmente a boca, para que nunca mais voltasse a falar de seu Deus e ameaçar os índios com seu inferno.[59]

Medo do inferno, assim como do diabo, já eram, entretanto, decorrências do processo colonizador, ou, como formulou Serge Gruzinski, do processo de *ocidentalização* do Novo Mundo.[60] O diabo parece ter sido estranho tanto para os tupis do Brasil quanto aos nauas, maias, incas e demais povos americanos. O cosmos maia era neutro, as forças e os seres sagrados "não eram nem bons, nem ruins, mas apenas caprichosos".[61] O *Mictlan* naua, associado pelos catequistas ao inferno cristão, era um dentre outros lugares que abrigavam mortos, e, confusão entre as confusões, tratava-se, originalmente, de um lugar gelado.[62] A cosmologia das populações andinas não contava com a noção de mal personificada num ser satânico, sendo, ao contrário, dotada de visão "dialética" do universo, "na qual forças opostas eram vistas como recíprocas e complementares, necessárias à reprodução da sociedade como um todo''. Divindades andinas podiam até personificar poderes aterradores e destrutivos, mas tais atributos em nada se assemelhavam ao que os cristãos chamavam de *demoníaco*. Da mesma forma, foi após o contato com os espanhóis e seus mecanismos coercitivos e repressores de combate às ''idolatrias'' que ocorreu, nos Andes, uma feitiçaria *negativa*, as ''bruxas'' chegando, inclusive, a confessar pactos com o diabo. Concepções andinas referentes à cura, adivinhação, sortilégios viram-se engolfadas por transformações profundas, inerentes ao processo colonizador. ''Os espanhóis criaram bruxas no Peru, onde, antes, nenhuma existia.''[63]

O triunfo do diabo cristão no imaginário das populações americanas autóctones acabou sendo, assim, um subproduto da idéia que os europeus e sua Igreja tinham da idolatria: fenômeno nitidamente demarcado por barreiras próprias a uma concepção binária do universo, o céu se oponto ao inferno, a natureza à cultura, o ser ao parecer, o espiritual ao temporal. Como o caráter intrinsecamente cambiante e pluridimensional das idolatrias escapava aos extirpadores, eles procuraram varrer suas manifestações do solo americano. E cito textualmente as palavras de Gruzinski, neste campo, mais do que ninguém, inspirador: ''Spécificité que les extirpateurs convertissent en irrationalité. Plasticité vite mise au rang de la légèreté et de l'inconstante. Une fois de plus la logique des uns devanait la déraison des autres''.[64] Procurando colonizar o universo sobrenatural dos indígenas, os europeus acabaram abrindo caminho à sua demonização.[65]

Cabe ressaltar, entretanto, que Portugal e Espanha não agiram uniformemente ante as práticas ameríndias. Não houve, pelo menos no tocante ao Brasil, nada que se assemelhasse às extirpações movidas pelos espanhóis nos domínios de seu império. A própria designação de *idolatria* quase não aparece nos escritos portugueses. A dimensão menos trágica e mais pragmática do enfrentamento lusitano com os índios faz pensar na explicação lapidar de Sérgio Buarque de Holanda — pobreza imaginativa — e talvez recupere aspectos da análise de Gilberto Freyre — a colonização mais plástica encetada pelos lusos. Seu quase-alheamento ante a questão das idolatrias pode ser decorrente da pobreza da teologia em Portugal, onde, ao contrário do ocorrido na Espanha, não se produziram trabalhos de peso, quer sobre matéria religiosa, quer sobre superstições, quer, ainda, sobre a questão da liberdade e da humanidade dos índios. Não existe um Acosta luso que explicite as relações entre idolatria americana e demonologia européia; não existe, igualmente, um Las Casas: em terras portuguesas, as polêmicas em torno do direito natural foram tênues.[66]

CONCLUSÕES: A IMPORTÂNCIA DA AMÉRICA PARA A COMPREENSÃO DA DEMONOLOGIA E DA CAÇA ÀS BRUXAS EUROPÉIA

Num campo de estudo ainda pouco freqüentado, não há como se furtar às hipóteses quando se procura concluir. A constatação mais geral é de que, hoje, tornou-se impossível estudar a demonologia européia sem atentar para o papel nela desempenhado pela América, essa ''porção imatura da Terra'', como dizia o contemporâneo John Donne. Mais ainda: todos aqueles que documentaram hábitos, crenças e ritos americanos podem ser chamados, sem constrangimento, de *etnodemonólogos*.

Descendo um pouco às matérias mais específicas, cabe considerar a relação entre essa etnodemonologia americana e a natureza da feitiçaria e da produção demonológica nos países ibéricos. Como já foi bastante repisado, práticas de feitiçaria e escritos teóricos no ramo foram relativamente pouco importantes nessa região, não se podendo compará-los com a perseguição desvairada do Norte da Europa, nem tampouco com a abundante produção erudita dos nórdicos no tocante às coisas do diabo e seus asseclas.

Apesar disso, foi a região fronteiriça entre a França e a Espanha, o Labourd indefinido e enigmático visitado pelo juiz Pierre de Lancre, que forneceu matéria-prima a um dos mais importantes tratados demonológicos modernos, o *Tableau de l'inconstance des mauvais anges et des démons*, editado pela primeira vez em 1612. Para De Lancre, a descrição etnológica funciona como vasto feixe de argumentações válidas, ''verificáveis porque vistas'', que têm por objetivo convencer mesmo os mais incrédulos da existência dos bruxos.[66a] Ele também é *etnodemonólogo*, e a analogia entre seu tratado e a produção ibero-americana acima estudada não é gratuita, o próprio juiz nos dando a chave para tal inferência quando, ao delimitar a *alteridade* dos laburdinos, compara-os aos selvagens da América: ''Et comme les Indiens de l'île Espagnole prenant la fumée d'une certaine herbe appelée Cohoba, ont l'esprit troublé, et mettant les mais entre deux genoux et la tête baisée, ayant ainsi demeuré quelque temps en extase, se lèvent tout éperdus et affolés contant merveilles de leur faux Dieux qu'ils appèlent Cemis, tout ainsi ne font nos Soccières qui reviennent du Sabat''.[67]*

A argumentação presente no *Tableau* é um exemplo perfeito das faces múltiplas do *colonialismo como sistema*, ou da outra face do *processo de ocidentalização*, corroborando a idéia aqui desenvolvida de que a América teve papel fundamental na demonologia européia.[68] Se a descoberta da América colocara os europeus diante de um outro que o negava e o justificava — era o estado de natureza que conferia identidade ao estado de cultura, era o espaço do paganismo e da idolatria que dava sentido à ação catequética —, tal feito acarretara igualmente o desabamento, sobre o Velho Continente, de seus demônios internos, expusera seus nervos e suas entranhas.[69] O discurso de De Lancre revela a vitalidade do imaginário, tão eloqüente na sua linguagem simbólica: ''[...] la dévotion et bonne instruction de plusieurs bons religieux ayant chassé les Démons et mauvais Anges du pays des Indes, du Japon et autres lieux, ils se sont jétés à foule en la Chrétienté; et ayant trouvé ici et les personnes et lieu bien disposés, ils y ont fait leur principale demeure, et peu à peu se rendent maîtres absolus du pays [...]''.[70]** Os demônios que os colonizadores viram nos ritos andinos, brasílicos ou nauas voltavam, em legiões, a fustigar o imaginário do Velho Continente. Entre os séculos XVI e XVII, surpreendentemente, Huitzilopochtli é a designação de demônio na Alemanha.[71]

As práticas mágicas da fronteira franco-espanhola fecundaram o tratado de Pierre de Lancre, que as aproximou dos ritos ameríndios de que ouvira falar, ou dos quais eventualmente lera algumas descrições. A relação entre Olmos, Zumárraga e Martín de Castañega foi mencionada acima; nos anos que seguiram a descoberta da América, e ao mesmo tempo em que se processava a colonização, prolifera-

(*) ''E da mesma forma que os índios da ilha Hispaniola ao aspirar a fumaça de uma certa erva ficam com o espírito alterado, e colocando as mãos entre os joelhos e de cabeça baixa, tendo assim permanecido algum tempo em êxtase, levantam-se completamente desvairados e transtornados, contando maravilhas sobre seus falsos Deuses que eles chamam Cemis, assim agem nossas feiticeiras que voltam do sabá.''

(**) ''[...] a devoção e bom ensinamento de vários bons religiosos tendo expulsado os Demônios e anjos maus do país das Índias, do Japão e de outros lugares, eles se lançaram em multidão sobre a Cristandade; e tendo aqui encontrado pessoas e lugar adequados, fixaram sua principal morada, e a pouco e pouco se tornam senhores absolutos da região.''

ram os tratados anti-supersticiosos. Neste contexto, parece evidente que as descrições pormenorizadas das *idolatrias* americanas — presentes em Acosta, Sahagún, Nóbrega e tantos outros — alimentaram os tratados de superstição, fornecendo-lhes argumentos preciosos no sentido de classificar as práticas *supersticiosas* em oposição às católicas, fortalecendo ideologicamente o papel da Igreja.

Algumas vezes, como no texto de De Lancre — ou como, ainda, na passagem em que Léry associa o ritual tupi do litoral brasileiro ao sabá europeu das bruxas —, a relação entre os ritos ameríndios e a demonologia é inequívoca. No caso dos manuais de superstição, o vínculo não está explícito, mas, sem dúvida, existe. Depois de 1492, superstição, no mundo ibérico, teria seu sentido ampliado, devendo ser examinada em chave múltipla. Por quê, e como?

Analisando a feitiçaria como *objeto-limite* que impele o historiador a se mover nas fronteiras do que é histórico, Carlo Ginzburg fornece uma chave de leitura também para a demonologia.[72] Por sua vez, a metodologia própria aos historiadores da arte mostra que, nas representações iconográficas, nada pode ser representado em si, mas sempre com referência a certos códigos pictóricos, que são do domínio dos homens cultos — o público — e muitas vezes também do povo num sentido lato.

Um exemplo de tal procedimento é a bela leitura de Charles Zika acerca do canibalismo, "Body parts, Saturn and cannibalism: visual representations of witches' assemblies in the Sixteenth Century". Com base na análise de representações iconográficas, Zika procura repensar a abordagem da feitiçaria através de suas conexões com as imagens e os temas do canibalismo e de Saturno, do qual são igualmente tributárias as representações de ameríndios que começam a se difundir na Europa sobretudo após a publicação do livro de Hans Standen. É sugestivo e intrigante que o tema do canibalismo só tenha entrado na iconografia européia na segunda metade do século XVI, quando o sabá era ainda muito pouco representado; grandes pintores de bruxas, como Franz Fanken (1581-1642) e David Teniers (1610-90), só atuariam durante o século XVII. Sendo portanto prévia à do sabá, a representação do canibalismo se atrela a variados discursos literários e visuais da época: o festim camponês e a desordem, o jardim dos amores e a sexualidade, os mitos satúrnicos e a subordinação política, *o canibalismo dos selvagens do Novo Mundo*. Se a iconografia até então representava as partes do corpo, seguindo os códigos pictóricos referentes à morte e à destruição e se reportando à tradição da nigromancia — segundo a qual crânios, braços e pernas eram retirados do cemitério —, passará, com a descoberta da América, a fazê-lo de forma diferente. Nas representações dos selvagens do Novo Mundo, este desmembramento do corpo passa, de horripilante, a natural. Se a relação Satã-antropofagia era antiqüíssima, conclui Zika, ela renasceu com a América, impregnando a iconografia. "Uma vez firmado o elo entre as bruxas da Europa e os canibais da América em virtude das relações fraternas de ambos, filhos do mesmo pai Saturno, pareceria mais plausível que se pudessem estabelecer conexões entre seus comportamentos. Desta forma, nas representações de bruxaria envolvendo canibalismo os artistas teriam tomado por modelo antes as imagens do canibalismo ameríndio do que os tratados ou as evidências processuais."[73]

Delineiam-se, desta forma, pelo menos dois movimentos que, distintos na aparência, constituem, na verdade, um único processo: por um lado, a absorção dos ritos e práticas mágicas americanas pela demonologia européia, que os aproxima da mitologia sabática enraizada no Velho Continente; por outro, a revivescência dos temas ligados ao canibalismo, que jaziam como adormecidos no imaginário ocidental e que ressurgem em representações iconográficas relacionadas à feitiçaria, e, talvez, suas precursoras.[74]

Mediando os dois universos estranhos, a Europa e o Novo Mundo, a colonização e a catequese funcionaram como grandes mecanismos que, mais do que aculturar ou ocidentalizar, desencadearam a circularidade de níveis culturais.

Dado o relevo do diabo no imaginário ibérico, manifestado sobretudo na demonização da América, caberia perguntar se na península — notadamente em Portugal — não teria ocorrido um esfumaçamento da importância da bruxa em nome de maior importância atribuída ao demônio. O campo de ação desta criatura, por sua vez, acabou se tornando mais rico e multifacetado que no resto da Europa, e isto sobretudo pela influência das religiões americanas — influência presente, sem dúvida, na preocupação hispânica com as superstições.

A ação ibérica, notadamente espanhola, contra as idolatrias pré-colombianas dá ainda outro contorno à tênue perseguição às bruxas verificada nos centros metropolitanos. Se espanhóis perseguem pouco as bruxas no continente, vão mover guerra sangrenta contra as idolatrias coloniais. Os próprios portugueses, tão pouco incomodados pelo sabá das feiticeiras, e mais preocupados em rastrear a presença demoníaca, iriam se mostrar, entretanto, alertas às práticas religiosas indígenas e afro-brasileiras, intrigando-se com seu caráter coletivo. Tal atitude perdurou até o século XVIII, quando no resto da Europa ninguém dava mais muita importância a isto.

Na América demonizada pelos europeus, os ídolos americanos são identificados ao demônio-bode presumidamente cultuado pelas bruxas do Velho Continente.

Huitzilopochtli, divindade central do mundo asteca, é aqui aproximado ao demônio europeu, presidindo a sacrifícios humanos.

Huitzilopochtli, nesta representação, sintetiza os atributos do demônio europeu e os de ídolos americanos.

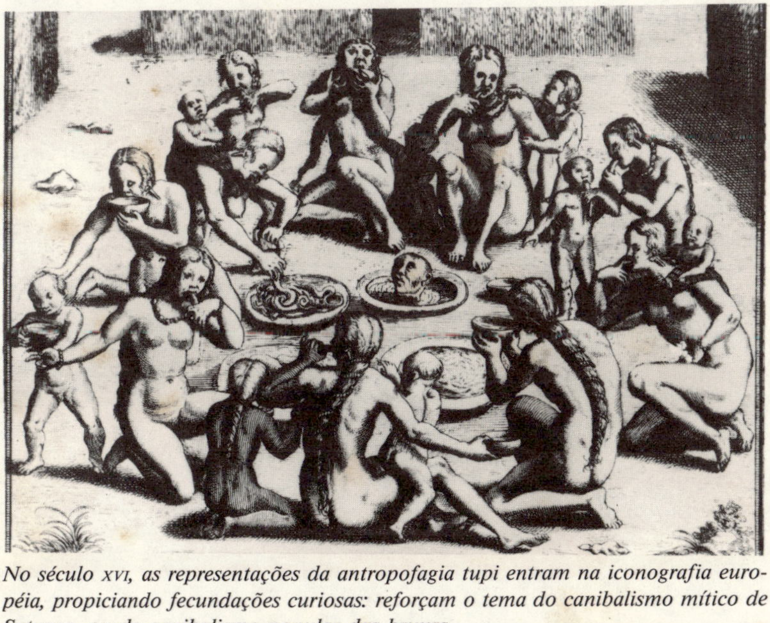

No século XVI, *as representações da antropofagia tupi entram na iconografia européia, propiciando fecundações curiosas: reforçam o tema do canibalismo mítico de Saturno, ou do canibalismo popular das bruxas.*

Sem ter escrito tratados demonológicos no centro, os portugueses embeberam de elementos demonológicos as suas reflexões sobre a periferia do Império: estes povoam as cartas jesuíticas, tratados morais como o *Compêndio narrativo do Peregrino da América* — cujo subtítulo, extremamente alusivo, cabe ressaltar: *em que se tratam vários discursos espirituais, e morais, com muitas advertências, e documentos contra os abusos, que se acham introduzidos pela malícia diabólica no Estado do Brasil* —, tratados políticos como o *Discurso Histórico e Político* do conde de Assumar — pródigo no recurso a imagens infernais —, estes dois últimos já em pleno século XVIII.[75] Caberia talvez arriscar a hipótese de que tal reflexão constituiu, mais em Portugal mas também na Espanha, uma *demonologia assistemática*, fluida e distinta da *demonologia sistemática* dos tratados franceses, alemães, ingleses.

Não seria curioso pensar ainda que os países fundadores das modernas colônias — Portugal e Espanha — puderam se dedicar menos à caça às bruxas em seus territórios, que acabaram por ficar excêntricos à produção demonológica quinhentista e seiscentista, porque, nas possessões americanas, vestiram o diabo com outras roupagens, renovadas e duradouras? A América diabólica tem raízes profundas no imaginário europeu de hoje. Mais uma vez, e agora em outro campo, os ibéricos parecem ter sido precursores.

2

O ENRAIZAMENTO
Circularidade de culturas e crenças
Brasil, 1543-1618

> *Tendo outro, irmão deste, usado de certas práticas gentílicas, sendo advertido duas vezes que se acautelasse com a Santa Inquisição, disse: "Acabarei com as Inquisições a flechas". E são cristãos, nascidos de pais cristãos! Quem na verdade é espinho, não pode produzir uvas.*
>
> José de Anchieta, 1554

> *Colonial situations breed confusion.*
>
> Inga Clendinnen, 1987

Em 13 de setembro de 1543, Pero do Campo Tourinho, donatário da capitania hereditária de Porto Seguro, Nordeste do Brasil, foi denunciado à Inquisição de Lisboa por se dizer papa e não respeitar os domingos e dias santos, trabalhando e fazendo trabalhar a seus empregados e escravos. O Santo Ofício tinha então menos de uma década de existência, mas já estendia seu braço comprido sobre a colônia brasileira, perseguindo desvios, heterodoxias e vigiando a observância estrita da fé católica.

O donatário de Porto Seguro, ao contrário de outros colonizadores portugueses, como Pero de Góis e Vasco Fernandes Coutinho, não desistira da empresa, e ia alcançando relativo sucesso nela. Do Minho natal trouxera seus bens, possivelmente adquiridos no comércio marítimo, fonte de riqueza para tantos de seus conterrâneos de Viana do Castelo, então Viana de Caminha. Para a capitania nascente conseguira atrair alguns casais, o que tinha significado especial numa região carente de famílias e de mulher branca. A produção do açúcar ainda não suplantara os lucros advindos do comércio do pau-brasil, mas a colonização ia se enraizando, as igrejas se construindo, as missas se celebrando.

A denúncia encetada por alguns dos principais moradores de Porto Seguro, o sumário das acusações que se remeteu a Lisboa e o subseqüente processo por crime de heresia e blasfêmia levaram Tourinho a deixar o Brasil sob ferros, no fim de 1546 ou em fevereiro de 1547, os historiadores discordando acerca do ano. De qualquer forma, em 1547 assinava um termo de residência pelo qual ficava impedido de deixar Lisboa sem o consentimento dos inquisidores. Em 1550 ainda respondia interrogatório na capital do Reino, queixando-se dos inimigos que o haviam posto a perder sob falsas denúncias. Impedido pelo Santo Ofício, nunca mais retornaria ao Brasil, interrompendo a breve carreira de colonizador luso nos trópicos. Nas palavras do grande Capistrano de Abreu, "Tourinho foi absolvido, ou apenas teve alguma pena leve, talvez alguma penitência; a Inquisição era nova, seus raios fulminavam de preferência cristãos-novos ou hereges professos, e Tourinho seria quando muito herege intermitente e diletante".[1]

Falsas ou verídicas, as acusações que vários colonos fizeram contra o donatário refletem traços característicos da religiosidade popular nos primeiros tempos da colonização, quando era freqüente o hábito de blasfemar, ironizar os dogmas da fé, desacatar o clero, os santos e até Deus. Dos cardeais e do papa, Tourinho dissera que eram todos uns "bugirrões sodomitigos tiranos que por dinheiro casavam e descasavam a quem queriam". Da procissão do Corpus Christi, teria dito que era inadequada a época de sua celebração: ao sul do Equador, as estações do ano eram diferentes, e seria melhor passar esse dia santo para outubro, quando aqui era quase verão. Retorquiu-se-lhe que só o papa poderia fazer tais alterações: "eu sou papa", teria respondido o donatário, jactando-se ainda de ser capaz de enforcar padres. Ante a observação de que poderia ser excomungado por tais ousadias, respondeu que limparia seu ânus com a excomunhão papal. Para ele, bispos e arcebispos seriam os responsáveis pelo grande número de santos existentes, que, com seus respectivos dias de guarda, só serviam para impedir o trabalho; isto porque os prelados, nesta matéria, acediam aos apelos de suas barregãs, que "lhes rogavam que fizesse um santo de guarda e eles por lhes fazerem a vontade mandavam que nos seus arcebispados se guardassem aqueles santos que elas queriam''. Santa Luzia, patrona dos olhos, foi alvo de sua ira num momento de doença, quando sofria da vista: prometeu, na ocasião, jogá-la pela ''rocha do mar abaixo'', imprecando ainda contra sua honra. Santo Antônio também foi alvo da fúria do donatário, que o responsabilizou pela fuga de alguns escravos e prometeu oferecer-lhe uma candeia de merda.

Em 1591, quando se deu a Primeira Visitação do Santo Ofício às terras brasileiras, continuavam os colonos a desacatar santos, clérigos, sacramentos. É claro que havia o núcleo da religião oficial, observada pelos bons cristãos que confessavam e comungavam com freqüência, assistiam à missa semanalmente, enfim, viviam conforme as leis da Igreja católica. Constituíam a norma, e, nesta qualidade, não integram os autos da Visita. Esta procurava comportamentos desviantes que era preciso punir, extirpar ou enquadrar, e como tais entendia não apenas os que abalavam os dogmas da Fé como os que introduziam elementos de uma cultura popular bastante antiga.

Como bem observou o historiador inglês Peter Burke, o pensamento popular apresenta lógica diversa do erudito, tendo necessidade de representar concretamente idéias e conceitos abstratos: assim, a Quaresma é uma velha magra, e o Carnaval é um homem gordo e rubicundo.[2] As concepções em torno da blasfêmia também se enquadram nesta lógica peculiar: as coisas ditas tornavam-se reais, as imprecações contra divindades constituindo verdadeiras tentativas de deicídio. Daí tomar-se a representação pela *coisa representada*, a *imagem* do santo sendo passível do castigo reservado ao *próprio santo*.[3]

Foi assim na Europa até a época da Ilustração. No *Auto da feira*, de Gil Vicente — autor extremamente sensível à fala do povo e afeito a misturar elementos populares e eruditos em suas peças —, há um diálogo entre os moços dos montes e um serafim que ilustra este caráter *concreto* da religiosidade popular. Os moços perguntam ao serafim o que ficava Deus fazendo no Céu:

quando partistes dos ceos,
que ficava elle fazendo?

Serafim: Ficava vendo o seu gado.

Gilberto: Sancta Maria! gado há lá?
Oh Jesu! como o terá
o Senhor gordo e guardado!
E há lá boas ladeiras,
como na Serra d'Estrella?

Serafim: Si.

Gilberto: E a Virgem que faz ella?

Serafim: A Virgem olha as cordeiras,
e as cordeiras a ella.[4]

Foi assim também no Brasil colonial, conforme atestam os casos de fins do século XVI e inícios do século XVII presentes nas Visitas. Por volta de 1593, em Pernambuco — ainda no Nordeste brasileiro —, três empregados domésticos de um aristocrata local discorriam sobre a ordem das três pessoas na Santíssima Trindade, inspirados por uma gravura italiana que um deles, Luís Mendes de Thoar, pregara na cabeceira de sua cama. Observando a cena representada, onde Pai, Filho e Espírito Santo coroavam Nossa Senhora, Luís Mendes conjecturava que, pela ordem constante na gravura, o Espírito Santo deveria ser a segunda pessoa, e o Filho a terceira. Seu companheiro Gaspar Rodrigues, entretanto, achava que o Espírito Santo seria a terceira pessoa, pois era enunciado nesta ordem quando o fiel se persignava (''em nome do Pai, do Filho e do Espírito Santo'').[5]

O princípio que permitia tal dúvida era o mesmo que levava Pero do Campo Tourinho a desejar punir o desleixo de santa Luzia para com seus olhos doentes, arremessando-a rocha do mar abaixo. Era ainda análogo ao que conferia caracteres antropomórficos e qualidades humanas a Deus, Jesus ou aos santos. Por volta de 1618, o padre Hierônimo de Lemos afirmara ''que quando São Pedro dera a cutilada a Malco estava com duas gotas, dando a entender que estava São Pedro tomado do vinho''.[6] De são Francisco, dizia um outro seu contemporâneo ''que fora o santo umas certas léguas por ver uma mulher fermosa''.[7] Cerca de 25 anos antes, em mais de uma ocasião, colonos baianos chamaram santo Antônio de ''velhaco'' ou ''velhaquinho''.[8]

Donatários, padres, empregados domésticos, lavradores partilhavam as mesmas crenças e concepções, sugerindo que o alcance da cultura e da religiosidade popular freqüentemente desconhecia fronteiras sociais. Um outro aspecto presente nas blasfêmias de Pero do Campo Tourinho e nas de vários habitantes do Brasil quinhentista é a obsessão com aquilo que Mikhail Bakhtin denominou de *baixo corporal*: o donatário de Porto Seguro dizia que botaria a santo Antônio uma *vela de merda*, e que *limparia seu ânus* com a excomunhão papal. No final do século XVI, quando perguntado como ia passando, dizia o licenciado Filipe Tomás de Miranda: ''boto a

Cristo muita merda, e pela hóstia muita merda, pela Virgem Ma muita merda''.[9] No primeiro quartel do século XVII, um religioso d Carmo da Bahia dizia ''que quando Deus tirara a costa do homem para criar Eva, viera um cão e a comera, e que do que saíra pela parte traseira do cão fizera Deus a mulher, e que assim ficara Deus fazendo a mulher da traseira do cão e não da costa do homem''.[10] A Primeira Visitação à Bahia compreendeu denúncias e confissões de pessoas, ciganas na maioria, que associavam as chuvas com a urina de Deus: ''bendito sea el carajo de mi señor Jesu Christo que agora mija sobre mi'', diria uma delas, enquanto outra, contrafeita, queixava-se que Deus mijava sobre ela e a queria afogar.[11]

Todas essas imagens remetem ao contemporâneo Rabelais, obsedado, em sua obra, com o papel fertilizador da urina e dos excrementos. No episódio dos carneiros de Panúrgio, por exemplo, o mercador Dindenault se vangloria de que a urina de seus carneiros fertiliza os campos ''como se Deus tivesse mijado neles''.[12] Mijando sobre Paris, Gargantua batiza a cidade, destacando o caráter regenerador da urina.[13] Podendo integrar a blasfêmia, o baixo corporal era, pois, muito importante na linguagem popular da praça pública. Nas imprecações registradas pelas Visitações inquisitoriais, ressalta quase sempre o seu aspecto negativo. Mas havia aspectos de deboche e de carnavalização, como a imagem dos bispos e arcebispos a criarem novos santos sob inspirações originadas em colóquios amorosos.

Apresentando elementos de continuidade com relação à cultura e à religiosidade popular da Europa no início da Época Moderna, as práticas religiosas da Colônia se confundiam muitas vezes com práticas mágicas e de feitiçaria, em quase tudo semelhantes aos casos metropolitanos estudados por Francisco Bethencourt.[14] Muitas das bruxas acusadas em terras brasileiras já haviam saído encarochadas em Portugal por crimes análogos, vendo-se por este motivo degredadas para o Brasil. Havia grande ênfasc na magia amorosa: recorria-se a mulheres tidas como feiticeiras para obter sucesso nos amores utilizando pós, rezas, filtros, poções, fervedouros, ossos de enforcados, conjuro de demônios. Indicando tal esfumaçamento entre práticas mágicas e religiosidade popular, algumas mulheres foram acusadas (e confessaram), na Bahia de fins do século XVI, de usar as palavras da consagração da missa durante o ato sexual para, com isto, prender o marido ou o amante; uma delas recorreu ainda a certa mistura de vinho e pedra d'ara, ou seja, a pedra do altar sobre a qual se oficia a missa católica.[15] Outras, com seus filtros estranhos confeccionados a partir de secreções ou excrementos, confirmam o papel do baixo corporal na cultura popular de então. Em fins do século XVI, por exemplo, Antonia Fernandes, de alcunha a Nóbrega, recomendava às mulheres que ministrassem aos amantes uma beberagem feita a partir de seu próprio sêmen, colhido no momento do ato sexual; conhecia ainda as virtudes de certos pós feitos a partir de pinhões recheados com unhas e cabelos de todo o corpo, que deviam ser engolidos, eliminados pelas fezes, lavados e moídos para, então, serem misturados aos alimentos e garantirem o amor dos homens.[16]

A mais famosa feiticeira do Brasil quinhentista foi Maria Gonçalves Cajada, de alcunha Arde-lhe-o-rabo, que lembra muito a Genebra Pereira da *Farsa chamada auto das fadas*. Dizia a feiticeira vicentina que

havendo piedade
de mulheres mal casadas,
e as ver bem maridadas,
ando polos adros nua...
[...]
cavalgo no meu cabrão
e vou-me a Val de Cavalinhos,
e ando quebrando os focinhos
por aquellas oliveiras,
chamando frades e freiras
que morreram por amores.
Oh, se visseis os temores
que passo nesta canseira,
não temeria a Pereira
tanto os corregedores.[17]

Já a Arde-lhe-o-rabo afirmava vagar descabelada e nua pelos adros e matos, em busca de feitiços: ''porque eu ponho-me à meia noite no meu quintal com a cabeça ao ar com a porta aberta para o mar e enterro e desenterro umas botijas e estou nua da cinta para cima e com os cabelos e falo com os diabos e os chamo e estou com eles em muito perigo...''. Quando voltava das andanças, vinha ''moída'' pelos diabos e pelos trabalhos que tivera.[18] A semelhança entre os hábitos de Maria Gonçalves Cajada e Genebra Pereira no que diz respeito ao preparo de feitiços e à gestualidade da magia indica que, na colônia brasileira, houve perpetuação de práticas mágicas e de feitiçaria portuguesas, pelo menos durante o primeiro século de existência da Colônia. Sugere ainda que, para a caracterização da sua bruxa, o grande teatrólogo luso baseou-se em práticas correntes e conhecidas do povo. Andar nua e em cabelo certamente identificava, no imaginário popular, a protagonista deste ato com a bruxa. No século XVI, em Évora, sabe-se que a interessada no conjuro das pedras devia fazê-lo "em cabelo e em camisa à janela, fitando uma estrela e segurando na mão nove pedras apanhadas em encruzilhadas".[19] No século XVII, persistiria tal gestualidade: em 1637, Maria Ortega conjurava os espíritos desguedelhada e nua da cintura para cima, e em 1664 era de forma idêntica que Maria da Silva invocava demônios ou proferia uma bela oração de santo Erasmo, valendo-se também de um alguidar e velas verdes.[20] Também na percepção espacial teria Gil Vicente se mostrado fiel às tradições populares: ao citar Val de Cavalinhos como espaço de ocorrência das estripulias mágicas, designa o mesmo local que documentos diversos, desde o século XVI e até pelo menos meados do século XVIII, dão como privilegiado pelos feiticeiros para a realização de seus encontros.[21]

Nas práticas de Arde-lhe-o-rabo, encontram-se elementos da feitiçaria de cunho mais acentuadamente demoníaco: dormia com os diabos, tinha uma chaga no pé que, em certos dias da semana, os alimentava. Algumas de suas contemporâneas gabavam-se de guardarem demônios em garrafas ou em anéis, mostrando que a idéia do demônio familiar, muito forte na feitiçaria inglesa, existia também entre as tradições portuguesas.[22] Várias dessas mulheres eram acusadas de praticar o mal, revelando preocupações outras que os sortilégios para fins amorosos. Assim, em Pernambuco, Ana Jácome viu-se sob suspeita de ter chupado o sangue de um bebê, que apareceu morto e com o corpo coberto por manchas negras de dentadas.[23] Tais criaturas seriam mais distantes do estereótipo da feiticeira-alcoviteira mediterrânea, como a Celestina de Fernando de Rojas ou a Branca Gil de Gil Vicente, e identificadas antes com a imagem sombria da feiticeira noturna.[24] Mesmo assim, não se encontrará no Brasil a feitiçaria propriamente sabática, alheia também ao mundo luso. É possível detectar *elementos isolados* do estereótipo, como o vôo, a metamorfose, o pacto demoníaco: mulheres que se transformavam em animais — patas ou borboletas, na *Primeira Visitação* —, iam de noite pelos ares, encontravam-se com o diabo e lhe davam seu sangue. Mas seriam sempre traços esparsos referentes a tradições populares, e que nunca se combinariam num complexo sabático, como nas demais regiões da Europa.

No período aqui focalizado, e que corresponde aproximadamente aos oitenta primeiros anos da colonização, magia e religiosidade se mostraram portanto profundamente semelhantes na metrópole portuguesa e na colônia brasileira. Mas desde cedo delinearam-se traços específicos, aclimações inevitáveis dada a diversidade do meio ambiente e das estruturas econômicas e sociais. Nas práticas mágicas cotidianas, cresceu no Brasil a marca do universo ultramarino: assim, algumas das manifestações do mito do vôo noturno acharam-se articuladas ao desejo de ir da Bahia ao Reino em uma só noite, ou ver o que se dizia e fazia em Lisboa.[25] Explícito ou implícito, o vôo parece achar-se subordinado à vontade de voltar à Metrópole, servindo ainda de atenuante a um vago sentimento de inferioridade por viver na Colônia. A várias bruxas atribuía-se o poder de alterar a rota dos navios quando o quisessem, de saber com antecedência quando chegaria uma embarcação, adivinhar pelejas com navios piratas. Muitas mulheres ficavam sozinhas nas povoações coloniais enquanto os maridos marinheiros percorriam a vastidão do Império Português, guerreando na Índia ou na China; algumas queriam saber o destino dos consortes para se certificarem de seu próprio estado civil, pois, não raro, desejavam casar de novo e precisavam ter certeza de que haviam se tornado viúvas. Desta forma, recorriam às pessoas que tinham fama de praticar a feitiçaria e prever o futuro.

Outro traço específico da feitiçaria colonial, e que começou a se acentuar no final do século XVI, foi a sua associação às práticas mágicas africanas. Segundo as Visitações da Bahia, um escravo guiné chamado André Buçal fazia adivinhações com panelas e fervedouros por volta de 1587.[26] A partir de então, as referências vão aumentando: por volta de 1610, a bruxa Maria Barbosa, protegida do governador da Bahia d. Diogo de Menezes, atuava em conluio com o negro Cucana, que fazia pós com as aparas de certas raízes.[27] Em 1616, homens brancos já lançavam mão do saber de negros feiticeiros para conseguir a cura de familiares ou escravos.[28]

Também a religiosidade popular, tão semelhante à da matriz européia, apresentará peculiaridades no Brasil. Em 1543, quando a colonização dava os primeiros passos, Pero do Campo Tourinho deixava entrever, por baixo de blasfêmias obscenas, que sua forma própria de viver a religião dizia respeito a um mundo novo, onde tudo estava por fazer. Tivera ódio de Deus porque se arrebentara um tanque de seu engenho, e, na ocasião, sentira-se desamparado por Ele. Eram muito claras suas preocupações colonizadoras: "não se engane Deus comigo porque agora hei de ser mais ruim e mau, e venha ele cá Deus povoar a terra, senão deixá-la-ei aos infiéis". Se não guardava os dias de preceito, era porque sobrava trabalho e faltava tempo: por isso lhe desagradava a plêiade de santos a serem festejados em excessivos dias de guarda. Argüido sobre o sentido das imprecações contra os bispos e suas mancebas, respondeu que tinham objetivo pedagógico: ''quem era preguiçoso por jogar e folgar buscava muitos santos e que isto tudo dizia para animar os homens que trabalhassem para que a terra se povoasse e se fizesse o que era necessário e se aumentasse a fé católica''.[29]

O mundo da produção se associa a elementos religiosos em várias outras imprecações presentes nos documentos inquisitoriais. Pero de Carvalhais acreditava que no céu só havia lavradores, que viviam como anjos.[30] Pero Nunes chamava o açúcar de Deus, e Fernão Roiz dizia que meteria Nossa Senhora numa fôrma de açúcar.[31] Todos estes exemplos parecem mostrar que a política colonizadora de Portugal, aliando exploração econômica e catequese, imprimia-se com força no imaginário dos colonos. Na vertente mais sofisticada, mais próxima talvez ao mundo da cultura erudita, tal relação era claramente explicitada — como nas falas de Tourinho: ''a terra era nova, e era necessário trabalhar para se povoar a terra e fazerem-se algumas coisas de serviço de Deus''; na vertente mais tosca, subordinada ao ''pensamento concreto'' próprio à cultura popular, assumia formas simbólicas — o céu de lavradores, Nossa Senhora enformada como açúcar.

Por fim, outra peculiaridade digna de relevo é o surgimento de formas *biculturais* de religiosidade, como as *Santidades* indígenas. Na Primeira Visitação, na Bahia, a chamada *Santidade do Jaguaripe* ocupou lugar predominante entre as denúncias e confissões. Tratava-se de uma prática sincrética de conteúdo milenarista, girando em torno da chegada de um feiticeiro ou profeta, e de promessas de abundância, lazer e felicidade: na nova era que se anunciava, as flechas disparariam sozinhas, as caças viriam ter às choças dos índios, as enxadas cavariam as roças por conta própria.[32] Havia na *Santidade* a *adoção* de elementos da fé católica, mesmo porque os principais protagonistas eram cristianizados: Antônio, por exemplo, que desempenhou papel predominante na *Santidade do Jaguaripe*, fugira da aldeia jesuítica do Tinharé, na capitania de Ilhéus, onde recebera os ensinamentos do catolicismo. O senhor de engenho Fernão Cabral de Taíde, que acobertou a seita em suas terras, e talvez a tenha apoiado, foi o indivíduo mais acusado na Visitação: há 39 denúncias contra ele.[33] Tendo possivelmente se utilizado da ''erronia'' como forma de controle da indiada, deve ter ficado perplexo em alguns momentos quanto à autenticidade das manifestações que se desenrolavam sob seus olhos. D. Margarida da Costa, sua mulher, declarou na Mesa da Visitação que "no dito tempo que a dita abusão esteve na dita sua fazenda, que poderia ser de dois meses pouco mais ou menos, ela tinha para si, e dizia que não podia ser aquilo demônio senão alguma coisa santa de Deus, pois traziam cruzes de que o demônio foge, e pois faziam grandes reverências às cruzes e traziam contas, e nomeavam Santa Maria".[34]

Além de sua mulher, mais quatro mamelucos, todos cristianizados, confessaram envolvimento com a Santidade, desvendando, em seus depoimentos, um mundo fascinante de hibridismo cultural. Quando estavam no sertão, pintavam o corpo, tomavam as drogas rituais, comiam carne humana, forneciam armas de fogo aos chefes índios, viviam poligamicamente com as índias. Uma vez entre os brancos, confessavam, comungavam, voltavam para os braços das esposas legítimas e, em dois dos casos, participavam de expedições de apresamento de índios. Apesar de, nas confissões, expressarem arrependimento pelas práticas gentílicas, é evidente a ambigüidade de sua fé. O mameluco Gonçalo Fernandes, por exemplo, dizia que "cuidava ele que este mesmo Deus verdadeiro Senhor nosso era aqueloutro que na dita abusão e idolatria se dizia que vinha".[35]

O mais belo dos depoimentos, riquíssimo como registro etnográfico, é o do mameluco Domingos Fernandes Nobre, Tomacaúna de alcunha. Em 1592 tinha 46 anos, dos quais dezoito passara entre os índios. Confessando, disse que, enquanto andou pelo sertão, sua vida "foi mais de gentio que de cristão, porém nunca deixou a fé de Cristo e essa teve sempre em seu coração".[36]

Assim, embora apresentando traços marcadamente europeus nas práticas mágicas e religiosas, a colônia brasileira, ao findar seu primeiro século de existência, já revelava face pluricultural, que se consolidaria durante o século XVII e se acirraria no século XVIII. As sucessivas ondas migratórias de colonos portugueses, os hereges e feiticeiros que a Inquisição despejou sobre solo colonial com grande freqüência durante todo o século XVII trabalhariam no sentido da manutenção das persistências.[37] O tráfico negreiro cada vez mais intenso, o contato constante com as tribos indígenas, a invasão de holandeses calvinistas, a crescente consciência da condição colonial, por outro lado, tornariam sempre mais diverso o complexo mundo da religiosidade popular e das práticas mágicas no Brasil. Se este primeiro século ainda não se presta a um estudo de aculturação propriamente dita, é entretanto revelador do enraizamento, em solo colonial, de certas práticas e formas culturais lusitanas: da ocidentalização, mais do que da colonização do imaginário religioso.[38] Esta se aprofundaria nos séculos seguintes, gerando formas curiosas e específicas, que não cabe analisar aqui: delas, Tomacaúna e outros tantos mamelucos de corpo tatuado, colares e brincos de ossos, concubinas numerosas e prole tupi seriam os primeiros representantes. Mas suceder-se-iam outros intermediários, ligando as duas pontas do mundo atlântico numa relação bilateral e imbricada — como, parece-me, são as relações de colonização.

3

POR FORA DO IMPÉRIO
Giovanni Botero e o Brasil

> *Non è paese al Mondo, ove il demonio non habbia la sua parte.*
>
> Giovanni Botero, 1595

Tratarei aqui de alguns pontos das *Relazioni universali* de Giovanni Botero que, a meu ver, são de extremo interesse para se compreender o imaginário europeu referente à América no século XVI e, ainda, para se tentar elucidar aspectos da difusão e transmissão de notícias acerca do Brasil na Europa da época. Ambas as questões se vinculam, por fim, com o papel do Novo Mundo e, em particular, do Brasil, no conjunto da investida católica contra as heterodoxias. Em outras palavras: procura-se, aqui, entender como a Europa reconstituiu seu imaginário, no bojo das transformações religiosas, valendo-se, para tanto, de exemplos e realidades vindas da América, que, *heterologicamente*, foram lidas com lentes familiares, ou seja, próprias ao acervo cultural europeu.

Para tanto, falarei um pouco do autor em questão — Giovanni Botero — e da obra examinada — as *Relazioni* —, procurando depois retraçar as prováveis influências sofridas pelo autor na elaboração de seu texto.

GIOVANNI BOTERO, BENESE

Giovanni Botero nasceu em Bene Vagienna, no Piemonte, por volta de 1533. Educou-se com os jesuítas de Palermo, no outro extremo da Itália, tendo depois se tornado jesuíta ele também. Entre

1565 e 1569, esteve ensinando em escolas da Companhia na França. Retornando à Itália, e possivelmente devido a um gênio áspero e instável, viu-se às voltas com dificuldades dentro da ordem, onde, entretanto, já era considerável o nome que alcançara como intelectual destacado. De 1576 a 1584, trabalhou como secretário de são Carlos Borromeu na diocese de Milão, deixando seu serviço para, designado pelo duque de Savóia, Carlos Manoel I, desempenhar em 1585 missão secreta na França, provavelmente junto à Liga Católica (neste mesmo ano, o duque casa com a filha do mais católico dos reis da Europa, Filipe II). De 1586 a 1600, encarregado pela *Sé romana* de verificar qual o estado real do catolicismo e mantendo base em Roma, parece ter viajado pela Itália e por toda a Europa, o que certamente influiria na feitura das suas *Relazioni universali*. Ao mesmo tempo, atuou como auxiliar de outro Borromeu, o cardeal Frederico, convivendo com intelectuais de toda a Itália na cidade pontifícia. Na dedicatória ao cardeal da Lorena existente na primeira edição da obra, Botero credita o ânimo e a prática doutrinários à influência que recebera do cardeal.[1] Após o presumido período de viagens, voltou a Turim e se tornou secretário do duque Carlos Manoel e preceptor de seus filhos, tendo, então, bastante tempo disponível para estudar e escrever. Morreu em 1617, deixando os bens aos jesuítas e pedindo para ser enterrado em sua igreja.[2]

Botero é considerado por Trevor-Roper um "propagandista social da Contra-Reforma", um defensor da unidade entre Igreja e Estado, numa época em que aquela perdera a flexibilidade medieval e lutava contra a heresia e todas as formas de heterodoxia.[3] Neste sentido, seus escritos têm preocupação pragmática, e se valeram da retórica: não à toa, Botero é autor de um importante tratado de retórica, o *De praedicatore Verbi Dei* (1585), filiando-se, como frei Luís de Granada, à linhagem de retórica eclesiástica fiel à *De doctrina christiana*, de santo Agostinho. Ambicionava colocar, a serviço de uma alma pura e inflamada de zelo, uma retórica simplificada ao extremo aliada a uma teologia igualmente simplificada. Também não parece fortuita a produção de três tratados de retórica pela *entourage* italiana de Borromeu, um dos grandes santos da Reforma católica: além do de Botero, o *De rhetorica ecclesiastica*, de Agostino Valeri (1574), e *Il predicatore*, de Francesco Panigarola.[4]

Por se mostrarem afeitos a uma teoria naturalística do contrato, Botero e outros teóricos jesuítas têm sido vistos, paradoxalmente, como pertencentes ao movimento geral que postulava então a autonomia do secular na política.[5] Ao lado dos tratados que discorriam sobre a política veneziana — em particular os de Paolo Serpi, muito lido até o século XVIII —, os escritos de Botero auxiliaram na educação política da Europa.[6]

O traço secular talvez esteja por trás do interesse diversificado e do espírito universal que, apesar da formação jesuítica, do apego à retórica, do afã propagandístico e da vinculação com Borromeu, Botero soube preservar em suas obras. É bem verdade que na *Ragion di Stato* toma a religião como um dos fundamentos do governo, opondo-se a Maquiavel; mas admite, em contexto diverso — em nome da religião —, a violência e a simulação. Na *Causa della grandezza e magnificenza delle città*, sustenta, diferentemente da maior parte de seus contemporâneos, que a riqueza dos Estados não repousava no acúmulo de metais preciosos, mas na produção, isto é, no desenvolvimento da indústria e da agricultura. É ainda autor de uma *Relazione sul mare*, o primeiro trabalho a sistematizar os conhecimentos empíricos que se tinham, na época, acerca da oceanografia. Por fim as *Relazioni universali*, que constituem um tratado completo de geografia política universal, baseada no conhecimento positivo e extremamente útil aos homens de Estado, são consideradas "uma nova orientação nas ciências".[7]

O original desta obra é sua preocupação com a situação contemporânea, no que se destaca das cosmografias do século XVI, e o apreço à experiência e às fontes dos modernos (e não o recurso até então corrente à tradição, Aristóteles, Plínio etc.).[8] Divide-se em cinco partes: primeira, descrição geográfica de todos os países do mundo conhecido; segunda, relação sistemática das condições políticas dos Estados então mais importantes; terceira e quarta, crenças religiosas de vários povos, sobretudo da religião cristã, distinguindo a difusão do cristianismo no Novo Mundo; quinta, espécie de suplemento acerca das modificações e reordenamentos ocorridos no desenvolvimento político dos Estados até a primeira década do século XVII.

A primeira parte das *Relazioni* apareceu em 1591, seguindo-se a segunda em 1592 e a terceira em 1595. A quarta parte, a que nos interessa aqui, só veio à luz em 1596, quando surge a primeira edição completa. Seguiram-se então numerosas edições, cerca de dezessete em dez anos, com três traduções latinas e mais versões para quase todas as línguas européias, aparecendo também muitos *excerpta*. Uma quinta parte ficou inédita até 1894, quando foi publicada por Gioda.[9] Apesar do mérito inegável e da larga influência que exerceu, e levando-se em conta aspectos modernos e curiosos (como o maior apego à experiência do que à autoridade dos antigos, a sensibilidade afinada com a cartografia e a geografia renascentistas), as *Relazioni* foram vistas como exemplo de certas incongruências e fragilidades do pensamento de Botero. Este, dotado de ânimo "pouco apto a mover-se no reino das idéias" — em que os parâmetros de comparação seriam Jean Bodin e Nicolau Maquiavel —, ver-se-ia engolfado pela irredutibilidade dos elementos heterogêneos e pelo apego excessivo às curiosidades, acarretando desequilíbrio na estrutura geral de uma obra que pressupunha concepção única do mundo.[10]

POR QUE O BRASIL? *"QUIVI AVENNE COSA DA NON TACERE"*

As informações sobre o Brasil constituem o quarto livro da quarta parte da Cosmografia de Botero, assim intitulada: "Nella Quarta, si tratta delle superstizioni in che vivevano già le genti del Mondo nuovo, e delle difficoltà, e mezi, co' quali si è quivi introdotta la Religione Christiana, & vera". Encontram-se divididas em quatro partes: uma, introdutória e sem título, que trata da antropofagia; a seguir, as páginas intituladas "Dei malefici nel Brasile"; depois "Dei disturbi dati agli heretici", e, fechando o bloco, três pequenos parágrafos com o título "Dei Negri, e del numero dei Christiani del Brasile".

Em termos gerais, as considerações de Botero sobre o Brasil sustentam-se em dois eixos. O primeiro centra-se nas idas e vindas da catequese na Colônia, enfatizando as dificuldades antepostas pela itinerância indígena, pelo prestígio dos pajés e, sobretudo, pelo canibalismo. Era este que fazia dos índios verdadeiras bestas humanas, desviando-os dos ensinamentos católicos, vício recorrente e difícil de extirpar: "La maggior fatica de' Padri fu in reprimere l'avidità della carne humana cibo tra quei Barbari pregiatissimo".[11]* Mas havia aspectos positivos no gentio: o fascínio pela onipotência divina, pela arte da escrita e da leitura. Com base em tais dados objetivos, montou-se a estratégia jesuítica: uma pedagogia específica e paciente, onde eram importantes tanto a feitura de uma gramática tupi e da língua geral quanto certa tolerância ante os hábitos reni-

(*) "O maior trabalho dos Padres foi reprimir a avidez de carne humana, alimento prezadíssimo entre aqueles bárbaros."

tes de ingerir carne humana; a prática dos aldeamentos, peça fundamental na redução dos "bárbaros" aos hábitos cristãos e ocidentais.

As idas e vindas da catequese podiam afetar a integridade física dos catecúmenos; na página 73, Botero registra o martírio do padre Pero Correia pelos carijós, introduzindo um novo eixo temático: o dos enganos, desmandos e violências cometidos por aqueles que não seguem a verdadeira Fé. Curiosamente, o episódio da morte de Correia é relativizado: decorrera da fúria de um intérprete, que, descontente com o padre por proibi-lo de conservar uma concubina, acabara instigando os carijós contra o catequista: "Questi, e alcuni altri accidenti cosi fatti hãno dato occasione ad alcuni di tenere tutte quelle genti *nõ pur per barbare, e salvatiche; ma per incapaci di coltura, e di disciplina*. Ma egli è cosa troppo ingiusta, per un'eccesso cagionato per le sue suggestioni d'un'huomo fraudolente, e maligno, condenare assolutamente tutta una natione". E dá a chave da aparente tolerância para com os índios: "Non habbiamo noi visto a' tempi nostri gli Alemmanni, i Frãcesi, i Fiamenghi, e gl'Inglesi, nationi tutte nobilissime, e honoratissime rovinar Chiese, trucidar Sacerdoti, esterminar Religioni, conculcar Sacramenti, concitate à ciò dalla malvagità d'un Calvino, d'un Luthero, d'un Beza, d'un Illico, e di simili altri ministri d'empietà, e d'apostasia?".[12]*

Nas entrelinhas, portanto, e na forma de organização do texto, Botero sugere que a heresia européia é pior do que o barbarismo americano, e que este, na verdade, deve ser matizado e visto de forma diferente da que os europeus, até então, viam os alienígenas. Alemães, ingleses, flamengos eram sabidamente capazes de cultura e disciplina, mas nem por isso isentos de atos bárbaros, como se fossem selvagens; por atos bárbaros, o pacifista Botero parece insinuar as guerras que rasgavam o continente europeu, muitas delas fratricidas — como a francesa, que tanto o marcou.[13] De um e de outro lado do Atlântico, Natureza e Cultura mostravam-se curiosamente reversíveis.

(*) "Estes, e alguns outros acontecimentos semelhantes deram ensejo a que alguns considerassem aquela gente não apenas como bárbaros, e selváticos, mas como incapazes de cultura e disciplina. Mas isso é injusto em demasia, por um excesso ocasionado pelas sugestões de um homem impostor, e mau, condenar completamente toda uma nação. [...] Não vimos na nossa época os alemães, os franceses, os flamengos e os ingleses, nações todas elas nobilíssimas, e honradíssimas, destruir igrejas, trucidar sacerdotes, exterminar religiões, desprezar sacramentos, a isso incitados pela malvadeza de um Calvino, de um Lutero, de um Beza, de um Ilico, e de outros semelhantes ministros de impiedade, e de apostasia?"

Mesmo porque, para os intelectuais europeus de então, o fenômeno mais bem repartido entre os homens era a atuação demoníaca.

"Non è paese al Mondo, ove il demonio non habbia la sua parte", escreve Botero ao iniciar as considerações sobre os pajés brasileiros. Valendo-se da terminologia do *Malleus malleficarum* (1486) para as bruxas, Botero chama-os de maléficos — *malefici* — e ainda de encantadores — *ciurmatori*. Sua ação se assentava na imprudência e na falta de tino — *imprudenza* e *pazzia* —, tornando-se presa fácil de ilusões. Ministros diabólicos, usavam drogas rituais — como os europeus temeram os alucinógenos americanos! — e incitavam seus seguidores a se sublevarem. O exemplo central de superstição brasílica escolhido por Botero é a Santidade do Jaguaripe, perigosíssima pelo caráter de insurreição — "per mezo de' suoi ministri sollevava tutto il Brasil"[14]* — e de similitude com os ritos verdadeiramente religiosos — "una sorte di superstitione, e di tãto maggior pericolo, e dãno quãto ella era più simile, e cõforme a' riti, e all'uso della Chiesa Sãta".[15]** Os idólatras tinham um "papa", ordenavam "bispos" e "sacerdotes", ouviam "confissões", celebravam "missas", traziam "rosários" para suas orações: procedimentos totalmente diversos dos hereges protestantes, mas igualmente demoníacos: "Et è cosa degna d'esser avertita l'astutia del demonio in oppugnar l'autorità del Papa. Poi che tra noi la combattè co'l negarla per bocca di Luthero, e di Calvino, e de' seguaci loro: e nel Brasile co'l contrafarla per mezzo di ciurmatori e d'altri suoi ministri".[16]***

Desta forma, a ação demoníaca também mudava, de um e de outro lado do Atlântico: luteranos e calvinistas negavam os ritos e os sacramentos para atacar o catolicismo; para desmoralizá-los, pajés e encantadores tupis macaqueavam-nos. Universos tão diferentes e longínquos, a Europa e a América tornavam-se porém indistintas por meio da ação de certos hereges, que não conheciam fronteiras que se antepusessem ao exército de sua impiedade, mais preocupados em semear a cizânia no campo dos fiéis do que em pregar a palavra divina para os infiéis. Assim agiu João de Bolé, francês que veio para a França Antártica de Villegaignon e se insinuou entre os

(*) "por meio de seus ministros sublevava todo o Brasil."

(**) "uma espécie de superstição, e tão mais perigosa e prejudicial quanto era mais semelhante, e conforme aos ritos e ao uso da Igreja Santa."

(***) "E é coisa digna de advertência a astúcia do demônio em refutar a autoridade do Papa. Pois se entre nós combateu-a negando-a pela boca de Lutero e de Calvino, e de seus sequazes, no Brasil a contrafez por meio de encantadores e outros ministros seus."

católicos de São Vicente, semeando a discórdia travestido na pele de um carneiro.

> Non havete voi Lutherani d'Alemagna più vicina la Lappia, la Biarmia, e le Provintie circostanti involte nell'idolatria? e voi heretici d'Inghilterra, l'Islandia, e la Grolandia; e voi Calviniani della Rocella, e d'altri luoghi di Francia i Baccalai, e la Francia, che voi chiamate Antartica; perché non fate prova d'introdurre ivi l'Evangelio, del quale voi fate professione, quale egli si sia, e'l nome di Christo? perche vi giova di sturbare la predicatione de'Cattolici nel Peru, nello [sic] nuova Spagna, nel Brasil, e nell'India, anzi che di entrar voi in qualche impresa, ove essi non habbino già messo la mano? si può dire, se non che non è vostro mestiere il seminar formento; ma il sopraseminar zizania? nõ il códurre gl'infideli alla Fede; ma i fedeli alla perfidia: nè gl'imperfetti alla virtù; ma il virtuosi alla corruttione? non il perfecttionare finalmente ma il depravare?[17]*

O episódio de João de Bolé torna-se, assim, pretexto para atacar a Reforma: ela não conhece fronteiras entre Metrópole e Colônia, Centro e Periferia, Velho e Novo Mundo. No cerco à Igreja, os hereges interferem deliberadamente na catequese a fim de arruinar-lhe a ação. Para Botero, o diabo é primeiro a Reforma, depois a América. No perigo representado pela Reforma, o Brasil entra como metáfora: lugar de humanidades demoníacas que, contrariamente aos reformados, não haviam tido até então a chance de conhecer a palavra de Deus.[18]

Desta forma, catequese e heresia (a gentilidade aparecendo como sua subordinada) são os pilares de sustentação da quarta parte, Livro IV, em que Botero se estende sobre o Brasil. As considerações sobre a colônia portuguesa não passam de pretexto para que o propagandista da Fé católica exercite seu poder de fogo, exaltando os méritos e imprescindibilidade das missões enquanto põe a nu os horrores da Reforma, aproximando seus agentes dos gentios bárbaros

(*) "Vós, Luteranos da Alemanha, não tendes mais próxima a Lappia, a Biarmia, e as províncias circunstantes envoltas pela idolatria? E vós, heréticos da Inglaterra, a Islândia e a Groenlândia; e vós, Calvinistas de La Rochelle, e de outros lugares da França, os Baccalai, e a França, que chamais Antártica; por que não experimentais aí introduzir o Evangelho que professais, seja qual for, e o nome de Cristo? Por que vos comprazeis em prejudicar a pregação dos Católicos no Peru, na Nova Espanha, no Brasil e nas Índias, antes de entrar numa empresa em que aqueles não tenham ainda posto a mão? O que se pode dizer senão que não é ofício vosso o semear concórdia, mas o disseminar cizânia? Não a condução dos infiéis à fé; mas dos fiéis à perfídia? Nem dos imperfeitos à virtude; mas dos virtuosos à corrupção? Finalmente, não o aperfeiçoar, mas o depravar?"

que, do outro lado do Atlântico, teimam em comer carne humana. Se a expansão da Fé católica tem propósitos humanistas, a Reforma protestante mostra-se, sem dúvida, como um anti-humanismo. Na argumentação de Botero, portanto, a antropofagia é antes um emblema do que uma preocupação efetiva: mais do que os tupinambás que, na América, comem gente, preocupam-no os calvinistas e luteranos que, na Europa, põem em sítio a Igreja.

Diferentemente das considerações sobre partes da Europa que percorrera e cujas peculiaridades pudera observar, Botero baseia o escrito sobre o Brasil em outras fontes que não suas notas de viagem.[19] Leitor atento, abre a parte que nos interessa marcando a especificidade da colônia portuguesa: "Il Brasile è sempre stato una Corona distinta da quella à cui soggiace la nuova Spagna, e'l Peru: e nella conversione de' suoi popoli si è sempre tenuta, e si tiene maniera differente da quella, che si è tenuta nell'altre parti dell'America".[20]* Consideração curiosa, reveladora de senso histórico agudo já que, naquela época, um só monarca, Filipe II e, logo depois, Filipe III, era senhor tanto da América hispânica quanto da portuguesa; apesar disso, para um observador atento da cena européia, um tanto diplomata também — lembre-se a missão secreta de que o incumbira o duque da Savóia junto à corte da França —, Portugal e Espanha continuavam reinos diferentes, separados entre si, o mesmo acontecendo com as respectivas possessões coloniais. Daí a observação que fecha o parágrafo: "Onde ci è parso cosa conveniente il dare anche raguaglio separato".[21]**

Sabe-se que, para a América hispânica, foi Acosta — na *Historia natural y moral de las Indias* — o grande repositório de informações de Botero.[22] Entretanto, não tenho conhecimento de que, até hoje, os estudiosos do autor das *Relazioni* hajam se preocupado em estabelecer as fontes que nortearam a sua escrita sobre o Brasil. Se não se baseou na observação direta, de que fontes teria se valido o cosmógrafo-historiador Giovanni Botero ao discorrer sobre o Brasil?

(*) "O Brasil foi sempre uma Coroa distinta daquela sob que se encontram a Nova Espanha e o Peru: e na conversão de seu povo sempre se comportou, e se comporta de modo diferente das outras partes da América."

(**) "Daí parecer-nos conveniente dar também a notícia em separado."

"CHE ARGOMENTI ERANO ATTI A REPRIMERE TÃTA BESTIALITÀ?" AS FONTES DE BOTERO

A inequívoca presença jesuítica

No tocante à ação e à estratégia catequética na colônia luso-brasileira, Botero valeu-se de vários escritos de Manuel da Nóbrega e de José de Anchieta.[23] Tomou deste, inclusive, o registro de episódio pouco conhecido da evangelização, quando alguns franciscanos tentaram iniciar a catequese dos gentios. Diz Botero: "I primi dũque, che si misero all'impresa dell'Evãgelio nel Brasil furno alcuni Padri di S. Francesco, la più parte Italiani. Uno de' quali volendo passare un fiume vi restò affogato, gli altri furono ammazzati da' Barbari prima, che potessino dar saggio d'altra cosa, che del buon'animo, e del molto zelo loro".[24]*

Diz o Padre Anchieta:

> Os primeiros religiosos que vieram ao Brasil foram da ordem de São Francisco, os quais aportaram a Porto Seguro não muito depois da povoação daquela capitania, e fizeram sua habitação com zelo da conversão do gentio, e, ainda que não sabiam sua língua, de um deles se diz que lia o Evangelho e, como lhe dissessem os Portugueses que para que lho lia pois o não entendiam, respondia: "Palavra de Deus é ela, tem virtude para obrar neles". Um deles na passagem dum rio se afogou donde lhe ficou o nome o rio do Frade; todos os mais mataram os Índios levantando-se contra os Portugueses.[25]

A percepção da existência de fases distintas no processo de catequese — a necessidade de "mutar stile" — foi sem dúvida inspirada por Nóbrega, extremamente sensível às etapas próprias a tal movimento.[26] Vejam-se os trechos respectivos; em Botero:

> Indussero dunque con prieghi, e cõ promesse i padri e le madri di famiglia à dar loro in cura, e in disciplina i figliuoli: Attesero poi con molta dulcezza a maneggiare quelli giovanentti [sic], à domesticarli, & a invaghirli a poco a poco della belezza della virtù, e dell'honestà. Non si gettò questa semenza indarno. Perché i fanciulli imparavano facilmente, quel che lor si diceva: e ne davano parte a'suoi di casa, & agli

(*) "Os primeiros portanto que se lançaram na empresa do Evangelho no Brasil foram alguns padres de São Francisco, a maior parte italianos. Um dos quais, querendo passar um rio se afogou, os outros foram mortos por bárbaros antes que pudessem dar prova de outra coisa que do seu bom ânimo e de muito zelo."

altri, e con l'esempio ritiravano a poco a poco i compagni dalle usanze bestiali [...];[27]*

em Nóbrega: "os filhos creados nisto ficarão firmes cristãos, porque é gente que por costume e criação com sujeição farão dela o que quiserem, o que não será possível com razões nem argumentos. Já agora dão os filhos de boa vontade para lh'os ensinarem, e lhes levam disso que têm para ajuda de sua mantença [...]";[28] e em Anchieta:

> Estes, entre os quais vivemos, trazem-nos voluntariamente seus filhos para os ensinarmos, os quais, sucedendo depois a seus pais, tornem o povo agradável a Cristo.[29] [...] Temos uma grande escola de meninos Índios, bem instruídos em leitura, escrita e em bons costumes, os quais abominam os usos de seus progenitores. São eles a consolação nossa, bem que seus pais já pareçam mui diferentes nos costumes dos de outras terras; pois que não matam, não comem os inimigos, nem bebem da maneira por que dantes o faziam.[30]

Sobre a catequese e suas estratégias, Botero deve ter lido ainda outros escritos jesuíticos nos arquivos da ordem, bebendo neles e produzindo, como pode ser constatado acima, um texto mais pessoal, compreensível num homem que dedicava parte de suas energias intelectuais à propaganda da Igreja tridentina. Acerca das práticas gentílicas, a sensação de estranhamento era, porém, infinitamente maior; num procedimento verdadeiramente etnográfico, quase transcreve trechos dos observadores diretos, diminuindo assim a margem de erro. Vejamos o que diz Botero ao tratar dos pajés:

> I Brasili sono in grã maniera soggeti a gli incantatori, e simili gente. Tra questi uno ve n'era che con molta arte, & astutia s'haveva acquistato una suprema auttorità, e riputatione tra loro, di un'altro Esculapio, ò Macone onde non si presto uno s'ammalava, che si mãdava subito per costui. Venne una volta a ragionamento piu che a disputa, cõ esso lui il P. Nobrega: e li domãdò in cui virtù facesse egli quelle sue meraviglie, del Dio dcl Ciclo, ò del demonio dell'inferno? Ancor io (rispose l'empio) sono Dio, e quel supremo Principe dell'universo, a'cui cenni s'inchina il Cielo, e trema la terra, è mio grandissimo amico: espesse volte

(*) "Induziram pois com pedidos e com promessas os pais e mães de família a lhes dar os filhos para cuidado e disciplina: conseguiram depois com muita doçura manipular aqueles jovenzinhos, domesticá-los, deixá-los a pouco e pouco enamorados da beleza da virtude, e da honestidade. Esta semente não foi desperdiçada. Porque os meninos aprendiam facilmente o que se lhes dizia: e disso davam parte aos de sua casa, e aos outros, e com o exemplo tiravam a pouco e pouco os companheiros dos hábitos bestiais [...]."

mi si mostra tra le nubi, & in mezo delle saette, e de'tuoni. Non hebbe piu patienza il Nobrega; ma cõ piu collera, che argomenti (che argomenti erano atti a reprimere tãta bestialità?) lo confuse, e'l rese mutolo. Smaccò, & avilí di tal maniera quel suo empio orgoglio, che confesò, non molto dopo, la sua cecità, e malitia e domandò d'esser instrutto nella fede, & ammesso al Battesimo. Il che egli ottene finalmente insieme con alcuni altri.[31]*

E o trecho de Nóbrega, que lhe serviu de modelo:

Procurei encontrar-me com um feiticeiro, o maior desta terra, ao qual chamavam todos para os curar em suas enfermidades; e lhe perguntei em virtude de quem fazia ele estas cousas e se tinha comunicação com o Deus que creou o Céu e a Terra e reinava nos Céus ou acaso se comunicava com o Demônio que estava no Inferno? Respondeu-me com pouca vergonha que ele era Deus e tinha nascido Deus e apresentou-me um a quem havia dado a saúde, e que aquele Deus dos céus era seu amigo e lhe aparecia freqüentes vezes nas nuvens, nos trovões e raios; e assim dizia muitas outras cousas. Esforcei-me vendo tanta blasfêmia em reunir toda a gente, gritando em altas vozes, mostrando-lhe o erro e contradizendo por grande espaço de tempo aquilo que ele tinha dito: e isto, com ajuda de um língua, que eu tinha muito bom, o qual falava quanto eu dizia em alta voz e com os sinais do grande sentimento que eu mostrava. Finalmente ficou ele confuso, e fiz que se desdissesse de quanto havia dito e emendasse a sua vida, e que eu pediria por ele a Deus que lhe perdoasse: e depois ele mesmo pediu que o batizasse, pois queria ser cristão, e é agora um dos catecúmenos.[32]

Não por acaso, é quando trata de outra historieta referente a pajés e encantadores que Botero novamente se aproxima mais do texto de origem. Diz o jesuíta italiano:

(*) "Os Brasileiros encontram-se grandemente sujeitos aos encantadores e gente semelhante. Entre estes, havia um que, com muita arte e astúcia, tinha conseguido uma autoridade suprema e grande reputação junto aos demais, como sendo um outro Esculápio, ou Macone, não havendo quem, ao adoecer, não mandasse procurá-lo. Aconteceu de entrar o Padre Nóbrega com ele antes em argumentação do que em discussão: e lhe perguntou por graça de quem realizava ele aquelas suas maravilhas, se do Deus do Céu, ou do demônio do inferno? Eu próprio sou um Deus (respondeu o ímpio), e aquele supremo Príncipe do universo, a cujos acenos se inclina o Céu, e treme a terra, é meu grandíssimo amigo: muitas vezes se mostra para mim entre as nuvens, e no meio dos raios, e dos trovões. Não teve Nóbrega mais paciência; mas com mais cólera, do que argumentos (que argumentos eram capazes de reprimir tanta bestialidade?) o confundiu, e o calou. Desmascarou, e humilhou de tal forma aquele seu orgulho ímpio, que confessou, não muito tempo depois, a sua cegueira, e malícia, e pediu para ser instruído na fé, e admitido ao batismo. O que finalmente conseguiu, junto com alguns outros."

1. A obsessão pelos suplícios impregna a iconografia européia da época do Renascimento.

2. A retalhação dos corpos indica a presença do suplício no cotidiano e no imaginário moderno.

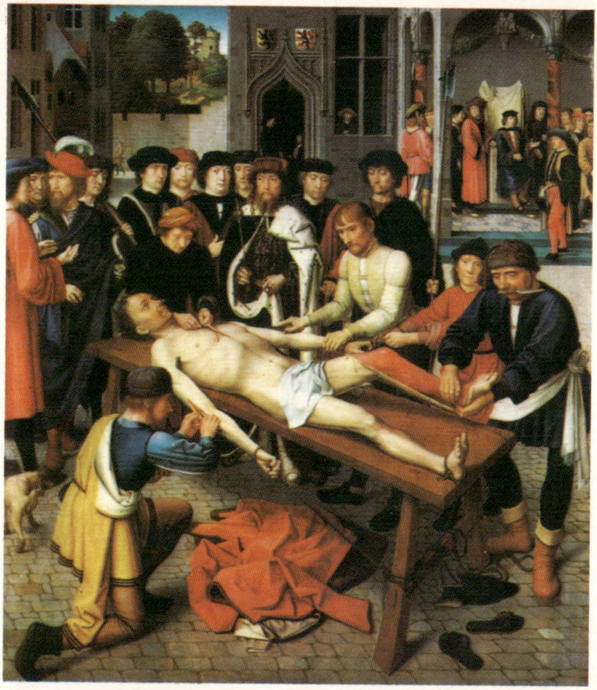

3 e 4. Ao lado, o registro, talvez, de mudança de mentalidade do suplício para o exame meticuloso da dissecção científica, que *A lição de anatomia* de Rembrandt, abaixo, assinalaria cerca de um século e meio depois.

5. A decapitação — despedaçamento do corpo retratado por temas ligados a Judiths e Salomés — recupera, aqui, um motivo mitológico e atinge o paroxismo do horror.

6. Ainda dentro do universo do suplício, esta bela Judith neutraliza o horror da cabeça decapitada.

7. O suplício de são Sebastião é tema freqüente nas representações da época.

8 e 9. A obsessão pelo despedaçamento do corpo atinge as naturezas-mortas.

10. A imagem do diabo mostra sua presença em Portugal.

11 e 12. O sabá persiste no imaginário europeu: acima, o conventículo diabólico; abaixo, o vôo.

Sono nel Brasile moltissimi malefici, e ciurmatori, della cui imprudenza, e pazzia non mi farà grave addur qui uno, o due essempi. L'ano 1560, nel contato di Piratininga, essendo tramontato el Sole, si cominciò in un subito a turbar l'aere, a coprirsi di solti nuvoli il cielo, e ad aprirsi con tuoni, e con baleni. Si levò poscia un vento da mezo giorno, e girando la terra fin che giunse a Ponente maestro, prisi ivi tanta forza; che portò via tetti di case, stratolò selve, diradicò alberi di grandezza smisurata: e fece in una meza hora, ch'egli durò fracasso, e rovina inestimabile.

Alcuni giorni doppo certi Sacerdoti s'incõtrarono in un di questi malefici de' quali parliamo, & havendolo esortato lasciar quella infame professione, e vita, chẽgli faceva, e à riconoscere un Dio padrone, e creatore d'ogni cosa. Io conosco (rispose egli) Dio, e'l figliuol di Dio imperoche havendome il mio cã dato un fiero morso, chiamai il figliuol di Dio, che mi venisse a medicare, & egli vene incontanente; e per vendetta del male fattomi dal cane, arrecò seco quel vento, che alli dì passati menò tanta rovina d'alberi, e di case.[33]*

O trecho inspirador destas considerações de Botero se encontra em Anchieta, na "Carta de São Vicente" datada do último dia de maio de 1560:

Não há muitos dias, estando nós em Piratininga, começou, depois do pôr-do-sol, o ar a turvar-se de repente, a enublar-se o céu, a amiudarem-se os relâmpagos e trovões, levantando-se então o vento sul a envolver pouco a pouco a terra, até que, chegando ao Nordeste, de onde quasi sempre costuma vir a tempestade, caiu com tanta violência que parecia ameaçar-nos o Senhor com a destruição: abalou as casas, arrebatou os telhados e derribou as matas; a árvores de colossal altura arrancou pelas raízes, partiu pelo meio outras menores, despedaçou outras,

(*) "Existem no Brasil muitos maléficos, e encantadores, de cuja imprudência, e loucura não me será penoso citar um ou dois exemplos. No ano de 1560, na província de Piratininga, tendo o sol se posto, adveio uma súbita perturbação nos ares, a cobrir-se de nuvens soltas o céu e a abrir-se com trovões e relâmpagos. Levantou-se a seguir um vento sul, e rodando a terra até atingir o Poente, aí alcançou força tamanha que arrancou tetos de casas, destruiu as florestas, arrancou as árvores de desmesurado tamanho: e durante a meia hora que durou, provocou inestimável ruína e destruição.

"Alguns dias depois, certos sacerdotes se encontraram com um desses maléficos dos quais falamos, e havendo-o exortado a deixar aquela infame profissão, e vida, que levava, e a reconhecer um Deus senhor, e criador de todas as coisas. Eu conheço (respondeu ele) Deus, e o filho de Deus, pois que tendo o meu cão me dado uma vigorosa mordida, chamei pelo filho de Deus para que me viesse medicar, e ele veio incontinenti; e por vingança do mal que me fez o cão, trouxe consigo aquele vento, que nos dias passados provocou tanta destruição nas árvores, e casas."

de tal maneira que ficaram obstruídas as estradas, e nenhuma passagem havia pelos bosques; era para admirar quantos estragos de árvores e casas produziu no espaço de meia hora (pois não durou mais do que isso), e, na verdade, se o Senhor não tivesse abreviado aquele tempo, nada poderia resistir a tamanha violência e tudo cairia por terra. [...]

Vou entretanto referir um fato, que por si mesmo julgarás se mais digno de dor do que de riso; lamentarás certamente a cegueira e escarnecerás da loucura. Poucos dias depois de se passarem estas cousas, em uma certa aldeia de Índios a que vim com alguns sacerdotes aplicar a medicina da alma e do corpo a um enfermo, encontramos um feiticeiro de grande fama entre os Índios, o qual, como o exortássemos muito que deixasse de mentir, e reconhecesse um só Deus, Creador e Senhor de todas as cousas, depois duma (por assim dizer) longa disputa, respondeu: "Eu conheço não só Deus, como o filho de Deus, pois há pouco, mordendo-me o meu cão, chamei o filho de Deus que me trouxesse remédio; veio ele sem demora e, irado contra o cão, trouxe consigo aquele vento impetuoso, que soprou há pouco para que derrubasse as matas e vingasse o dano que me causara o cão".[34]

Em ambas as passagens citadas, ressalta o caráter de *exemplum* do episódio narrado. Mesmo sendo de autoria dos catequistas Nóbrega e Anchieta, e não de Botero, foi certamente tal aspecto que cativou o autor das *Relazioni*, instigando, nele, o hábito de pregador (e de retórico, acima aludido) tão valorizado pelo mestre Borromeu.[35]

Por fim, outra passagem quase literal dos escritos jesuíticos quinhentistas sobre o Brasil pode ser encontrada quando Botero fala de João de Bolé, o herege calvinista:

Erano fra costoro due ministri d'Heresia e di pravità Calviana, per infettare di quel veleno, e i soldati francesi, e i Brasili. Nel progresso dell'impresa, il Capitano, ch'io mi credo fosse Nicolò Villagagnone, huomo d'intendimento, e di giuditio, s'acorse, che questi erano huomini, che con estrema ignoranza delle cose Christiane havevano congiunta una prosontione, e arroganza (cosa commune à tutti gli Heretici, ma sopra tutti gli altri, a' Calviniani) intollerabile. Onde cominciò à strappazzarli, e trattarli per huomini piú atti à pervertire, che a edificar le genti.

Nacque poi tanto disparere tra i due ministri, tanta discordia, che non sapendo quel, che si dicessino, e non volendo cedere l'uno all'altro, si risolsero di scrivere a Geneva: e di là aspettar risposta sule differenze loro. In tãto un di loro, ch'era anche poco d'accordo co'l Capitano, n'andò a San Vicenzo, & vestitosi di pelle d'agnello, s'adrizzò con tre compagni alla casa de Gesuiti, ove furno raccolti come peregrini e trattati humanamente. Il ministro, che parlava bene Spagnuolo, cominciando a millantarsi della nobilità del suo casato (doveva forse esser un'altro Drance: Genus huio materna superbum Nobilitas dabat: incertum de parte ferebat) e a vantarsi com questo, e con quello della sua dottrina, e aiutandosi con una certa facilità di conversatione, e prontezza d'ingegno, si fece a poco a poco tener dalle brigate per huomo da qualche cosa. Scrisse anche una lettera al Padre Luigi di Grana, Provintiale de' Giesuiti ch'era allhora in Piratininga, dandoli conto del'esser suo, e de gli studii suoi, con dire, che poiche il maestro della sua giovanezza, huomo raro, e singolare, l'haveva introdotto nella felici spelonche delle Pieridi, ove s'era nel fonte (non sò, se di Parnaso, o d'Elicona), inebriato con gli ameni, e divini rivi della sapienza, se n'era passato a gli studii della Sacra Scrittura, e dell'altissima Teologia: e per poterla con piu agevolezza conseguire, haveva anche, non perdonando a fatica alcuna, imparato la lingua Sacra da gli stessi Rabini, e da loro insieme appreso secreti meravigliosi, de' quali voleva far parte ad esso Padre, come prima potesse con esso lui abbocarsi. Non passarono poi molti giorni ch'egli (perché ex abundantisa cordis os loquitur) cominciò a bestemmiare contra il Santissimo Sacramento, contra le imagini de' Santi, contra il Vicario di Christo assaporando ogni cosa con sale di facetie, e di motti, presi dalla bottega di Calvino, molto plausibili, e al gusto della moltitudine vaga di novità quale ella si sia. Havendo ciò inteso il Grana, si mossi subito da' Piratininga per opporsi a' principii del male. Il Frãcese li mandò' incõtro una Epistola, il cui essordio era questo, Adeste mihi Celites: offerte gladios ancipites faciendam vindictam in Ludovicum Granam, Dei osore. Onde si può far congiettura del resto. Il P. giunto alla città, cominciò' subito à dimostrare al Vicario l'importãza del negotio, e à essortare cõ frequenti Prediche il popolo à guardarsi sollecitamente dalle parole melate dell'Heretico, e da' libri pestilenti, ch'egli haveva portato seco. Per conchiuderla il Frãcese se fù preso, e messo in prigione, e poi mãdato in Portogallo.[36]*

(*) "Estavam entre eles dois ministros de heresia e pravidade calvinista, para infetar com este veneno os soldados franceses e os brasilos. No progresso da empresa, o capitão, que creio era Nicolau Villegaignon, homem de entendimento, e de juízo, percebeu que estes eram homens que, aliada à extrema ignorância das coisas cristãs, tinham uma presunção, e arrogância (coisa comum a todos os hereges, mas sobretudo entre os calvinistas) intolerável. Onde começou a censurá-los, e a tratá-los como homens mais aptos a perverter do que a edificar o gentio.

"Surgiu depois tanta divergência entre os dois ministros, e tanta discórdia, que não sabendo o que se dizerem, e não querendo um ceder ao outro, resolveram escrever a Genebra: e de lá esperar resposta sobre suas diferenças. Enquanto isso, um deles, que não estava muito de acordo com o capitão, foi a São Vicente, e vestindo-se com pele de carneiro, dirigiu-se com três companheiros à casa dos jesuítas, onde foram recolhidos como peregrinos e tratados humanamente. O ministro, que falava bem o espanhol, começando a vangloriar-se da nobreza do seu sobrenome (talvez devesse ser um outro Drance: *Genus huio materna superbum Nobilitas dabat; incertum de*

De Villegaignon, diz Anchieta que "afirmavam todos eles ser católico e mui douto e grande cavalheiro".[37]

Mas o grosso das informações incorporadas por Botero se encontra na já citada "Carta de São Vicente":

> Todos eles eram hereges, aos quais mandou João Calvino dois que lhes chamam Ministros, para lhes ensinar o que haviam de ter e crer. Daí a pouco tempo, como é costume dos hereges, começaram a ter diversas opiniões uns dos outros, mas concordavam nisto que servissem a Calvino e a outros letrados, e logo que eles respondessem isto, guardariam todos. Neste mesmo tempo um deles ensinava as artes liberais, grego e hebraico, e era mui versado na Sagrada Escritura, e por medo do seu Capitão que tinha diversa opinião, ou por querer semear os seus erros entre os Portugueses, uniu-se aqui com outros três companheiros idiotas, os quais como hóspedes e peregrinos foram recebidos e tratados mui benignamente. Este que sabe bem a língua espanhola, começou logo a blasonar que era fidalgo e letrado, e com esta opinião, e uma fácil e alegre conversação que tem, fazia espantar os homens para o estimarem. Escreveu também uma breve carta ao Padre Luís da Grã, que então estava em Piratininga, na qual lhe dava conta de quem

---

parte ferebat [A nobreza da mãe conferia-lhe uma linhagem soberba; diziam que a paternidade era incerta]) e a gabar-se disso e daquilo da sua doutrina, e valendo-se de uma certa facilidade de conversação, e presteza de engenho, se fez aos poucos passar junto à companhia por homem de valor. Escreveu também uma carta ao Padre Luís da Grã, provincial dos jesuítas que se encontrava então em Piratininga, dandolhe conta do seu estado, e dos seus estudos, dizendo que já que o mestre da sua juventude, homem raro e singular, o havia introduzido nas felizes cavernas das Musas, onde, na fonte (não sei se do Parnaso, se de Elicona), tendo-se inebriado com os amenos e divinos rios da sabedoria, tinha então passado aos estudos da Sagrada Escritura, e da altíssima Teologia; e para obtê-los com maior facilidade, tinha igualmente, sem temer fadiga alguma, aprendido a língua sagrada com os próprios rabinos, e com eles igualmente aprendido segredos maravilhosos, que gostaria de comunicar ao próprio Padre, se pudesse com este encontrar-se. Não se passaram muitos dias antes que ele (porque *ex abundantisa cordis os loquitor* [da boca fala pelo extravasar do coração]) começasse a blasfemar contra o Santíssimo Sacramento, contra as imagens dos santos, contra o Vigário de Cristo, temperando cada coisa com o sal de facécias e motes tomados à botica de Calvino, muito aprazíveis, e ao gosto da multidão desejosa de novidades, sejam quais forem. Tendo isto compreendido o padre Grã, deixou rapidamente Piratininga para se opor ao mal que principiava. O Francês lhe enviou uma epístola, cujo exórdio era o seguinte: *Adeste mihi Celites: offerte gladios ancipites faciendam vindictam in Ludovicum Granam, Dei osore* [Socorram-me, habitadores do céu, emprestem espadas de dois gumes para cumprir a vingança contra Luís da Grã, inimigo de Deus]. Com base em que se podem tecer conjeturas sobre o resto. Voltando à cidade, o Padre começou logo a demonstrar ao Vigário a importância do negócio, e a exortar com freqüentes prédicas o povo a esquivar-se das palavras melífluas do herético, e dos livros pestilentos que ele havia trazido consigo. Para concluir, o francês foi preso, posto em prisão e depois enviado para Portugal.

> era, e o que havia aprendido, dizendo que depois que o mestre de sua adolescência, varão singular, o havia metido nas escolas das Pierides, havia bebido da fonte cabalina ameníssimos arroios de sabedoria, e se havia passado ao estudo da Sacra teologia e Divina Escritura, a qual para mais facilmente poder alcançar, havia aprendido a língua Sacra, isto é a hebréia, dos mesmos Rabis, dos quais tinha ouvido de muitos peritos, e que praticaria com o Padre quando se vissem. Estas cousas quasi compreendia no fim da Epístola, que concluiu com um dístico. Passaram-se muitos dias quando começou a arrotar do seu estômago cheio de fedor dos seus erros, dizendo muitas cousas sobre as imagens dos Santos, e o que aprovava a Santa Igreja do Sacratíssimo Corpo de Cristo, do Romano Pontífice, das Indulgências, e outras muitas que adubava com certo sal de graça, de maneira que ao paladar do povo ignorante não só não pareciam amargas, mas mesmo doces.
>
> Sabendo isto o padre Luiz da Grã, veio logo de Piratininga a opor-se à pestilência, e arrancar as raízes inteiras deste mal que começava o brotar. Tendo receio disto, e pensando que tal bastasse para indignar o Padre, e torná-lo suspeito, se porventura fugisse dele, mandou-lhe logo uma invectiva, cujo princípio era este: Adeste mihi coelitos, afferte mihi gladios ascipites ad ſaciendam vindictam in Ludovicum Dei osorem &c., na qual o acusava e repreendia mui grandemente porque não repartia o pão da doutrina com os Portugueses, por trabalhar na conversão dos Infiéis, e disto se nos amontoou muitas outras cousas, com que esperava se exasperaria o Padre. Mas o Padre que tratava da causa de Deus não fugiu, tendo mais respeito à comum salvação de todos, que à sua própria glória; foi ao Vigário, requerendo que não deixasse ir adeante esta peçonha luterana, e com sermões públicos admoestasse ao povo que se acautelasse daqueles homens, e dos livros que trouxeram cheios de heresias.[38]

A utilização quase literal de muitas das fontes constituiu traço característico da metodologia de Botero. Nele, Federico Chabod viu certa pressa, ou, em outros termos, a compulsão em recolher um grande número de informações em tempo reduzido.[39] Outras vezes, Botero resumia textos longos demais, como fez com passagens de Guicciardini sobre os Países Baixos ou de Possevino sobre a Moscóvia.[40] De qualquer forma — e é mais uma vez Federico Chabod quem faz o comentário com a habitual propriedade —, não se pode colocar a questão do plágio: entre a época contemporânea e a de Botero, são enormes as diferenças no que diz respeito ao espírito científico na investigação. Hoje, levantam-se pruridos morais; naquela época, era a finalidade prática quem levava a melhor: ter à disposição manuais e obras de utilidade tanto pela perspectiva política, religiosa e moral quanto pelos dados geográficos que continham: "o triunfo da finalidade prática, de uma praticidade imediata, às custas das finalidades ideais; mas esse era o tom da época".[41]

Antropofagia e milenarismo: enigmas

Para dois outros pontos importantíssimos do texto, entretanto, as fontes não se apresentam tão evidentes: a descrição do ritual antropofágico, localizada, conforme óbvio recurso retórico, bem no início do texto, e a enigmática referência à Santidade do Jaguaripe, ausente das demais fontes jesuíticas quinhentistas.

Os rituais antropofágicos obsedaram os europeus chegados à América, e a partir dos escritos dos evangelizadores e conquistadores, ganharam também as considerações dos intelectuais contemporâneos. É bastante conhecido o ensaio de Montaigne, "Des cannibales",[42] mas não foi ele o único a se preocupar com tais práticas. Em capítulo anterior deste trabalho — "O conjunto: América diabólica" —, viu-se como o estudo brilhante de Charles Zika rastreia a penetração dos temas da antropofagia americana na Europa do Renascimento, superpondo-se a tradições narrativas e iconográficas milenares de representação do canibalismo.[43] Ainda com base na metodologia de Zika, é possível entender a obsessão pelo canibalismo americano como metáfora de outras obsessões, o que aliás já se enunciou nas páginas anteriores: em Botero, a bestialidade expressa no ato de comer carne humana era análoga a outras atitudes anti-humanas, como a heresia protestante.

De resto, é preciso deixar claro que a antropofagia americana se situava numa grade complexa de significados, nada tendo a ver com gulodice monstruosa; na verdade, múltiplas significações se ocultavam por detrás da aparente uniformidade do canibalismo americano. Entre os tupinambás, a ingestão do semelhante ritualizava a socialização da vingança, era mecanismo conferidor de honra tanto para o cativo a ser ingerido quanto para o executor; o cerimonial podia demorar meses.[44] Os maias costumavam desmembrar o corpo da vítima para dividir a carne entre os sacerdotes e guerreiros que a ingeriam ritualmente, estabelecendo-se, desta forma, uma equivalência entre a carne humana e a substância vegetal que a havia alimentado.[45]

Logo na segunda página da parte referente ao Brasil, Botero descreve o procedimento dos índios para com os prisioneiros. Estes eram primeiro cevados, e quando estavam no ponto, assados como, na Europa, se costumava fazer com os porcos. A associação com porcos é curiosa e recorrente no imaginário católico coevo à colonização. Nóbrega diria que os índios eram "porcos nos vícios e na maneira de se tratarem".[46] Num depoimento intrigante, existente na *Primeira Visitação* à Bahia, o mameluco Lázaro da Cunha confessa ter andado pelos matos com os tupinambás durante cinco anos, pintando o corpo e tendo várias mulheres. Participou de rituais de antropofagia, mas alega não ter aderido totalmente a eles: enquanto todos comiam carne humana, Lázaro da Cunha diz ter comido carne de porco.[47] Entre os franciscanos do México, corria que a carne humana era semelhante à carne de porco.[48] Tanto Thevet quanto Léry aludem, em passagens diferentes, aos porcos.

Diz Botero:

> Tratano costoro lautamente i prigioni di guerra; ma quando poi vogliono far qualche festa solene, legano con piú corde quello, che par loro piu pieno, e piu grasso. Il tingono variamente, e l'adoranno [sic] di molte e diverse pene: e per farli carezze, li rallentano alle volte i laci, e' nodi, e li dano largamente da mangiare, e da bere. Doppo tre giorni, le dónne e i fanciulli lo tirano hor da una parte, hor dall'altra per le corde, cõ lequali egli è legato attorno il ventre l'altra brigata li lancia addosso pomi, e frutti d'ogni sorte & egli rimãdando contra i suoi persecutori quelli frutti, che può levar di terra, si sforza di vendicarsi degli oltraggi, che li sono fatti, e in mezzo della zuffa domanda alle volte da mãgiare, e da bere per ripigliar le forze. Alora si rinova la battaglia. Tu pagherai manigoldo, d'ossa, e di polpe il fio delle tue ribalderie. Noi vogliamo sfogar sopra di te il dolore della perdita degli amici, e de' parenti morenti in guerra; perché ti faremo in pezzi, e ti trãgugiaremo arostito. Fate quel che volete (risponde l'altro) che nõ si potrà mai dire, ch'io sia morto da huomo vile, e codardo. Se voi ammazzarete me io ho prima ammazzato molti de' vostri: se voi mãgiarete me, io mi sono anche trovato a mangiare diversi valent'huomini, & ho fratelli, e parenti, che non lascierãno la mia morte invendicata. Il cacciano poi in una gabbia grãde, e spatiosa, e cõ esso lui il suo custode, tinto di varii colori, e coverto di diverse piume, cõ un grãde coltelazzo in mano. Quivi egli salta, e fischia, e mena il coltelazzo in volta, e'l prigione hor si spinge innãzi per cavarglielo di mano, hor si ritira indietro per sfuggire il colpo: & intanto le dõne, e i ragazzi tirãdo hor a destra, hor a sinistra le corde, con le quali egli è legato, no'llasciamo mai nè mover di luogo, ne' riposare. Finalmente il custode, per dar fine a tãte comedie, prima con alcuni cõlpi l'habbate, e poi cõ un fendente li spezza

la testa, e li sparge il cervello. L'arrostiscono poi (come s'usa d'arrostir tra noi i Porci), e ne fanno un solene, e magnifico convito.[49]*

A descrição do canibalismo poderia ter se baseado em pelo menos seis autores diferentes, talvez combinando-se mais de um. O primeiro é Manuel da Nóbrega, de quem, conforme se viu acima, teria lido a "Informação das terras do Brasil", aparecida em 1549 e possivelmente acessível a Botero quando morou em Roma: sendo jesuíta ele próprio, e residindo na mesma cidade em que estava sediada a Companhia, não lhe deveria ser difícil lançar os olhos sobre as cartas que chegavam do Brasil, como os relatos de Nóbrega. Além disso, como já foi dito, Nóbrega é citado nominalmente na passagem em que Botero trata da sujeição dos brasileiros (i Brasili) aos encantadores, "e simili gente".[50]

O segundo é Thevet, que inúmeras evidências apontam como uma das prováveis leituras do secretário de são Carlos Borromeu. Este andara pela França no último decênio do século, podendo então ter entrado em contato com os escritos de Thevet, ou sobretudo com o clima de interesse diversificado pela experiência francesa na

(*) "Tratam lautamente os prisioneiros de guerra; mas quando depois querem fazer alguma festa solene, amarram com muitas cordas aquele que lhes parece mais cheio, e gordo. Pintam-no variadamente, e o adornam com muitas e diversas penas: e para fazer-lhe carícias, às vezes afrouxam os laços, e nós, e lhe dão do que comer e beber copiosamente. Depois de três dias, as mulheres e crianças puxam-no ora para um lado, ora para outro com as cordas, com as quais está amarrado em volta da barriga; o outro grupo lança sobre ele pomos, e frutas de todo tipo, e ele, devolvendo tais frutos, que pode recolher no chão, para os seus perseguidores, esforça-se em vingar-se dos ultrajes que lhes foram feitos, e no meio da peleja pede às vezes comida, e bebida para readquirir as forças. Renova-se, então, a batalha. Tu pagarás, patife, com ossos e polpa o tributo das tuas velhacarias. Nós queremos desafogar sobre ti a dor da perda dos amigos, e dos parentes mortos na guerra; pois te faremos em pedaços, e te engoliremos assado. Fazei o que quiserdes (responde o outro), pois não se poderá dizer jamais que morri como homem vil, e covarde. Se me matais, eu primeiro matei muitos dos vossos: se me comeis, eu também me vi comendo muitos homens valentes, e tenho irmãos, e parentes, que não deixarão minha morte sem vingança. Empurram-no depois para uma jaula grande, e espaçosa, e com ele o seu guarda, tingido de várias cores e coberto de diversas plumas, com um grande facão na mão. Ali mesmo ele salta, assobia, e agita o facão em voltas, e o prisioneiro ora se lança à frente para pegá-lo de sua mão, ora se volta para trás para evitar o golpe. E nesse meio tempo as mulheres, e jovens puxando ora para a direita, ora para a esquerda as cordas, com as quais está amarrado, não o deixam nem mover-se de lugar, nem descansar. Finalmente o guarda, para pôr fim a tais comédias, primeiro o abate com alguns golpes, depois, com uma facada lhe parte a cabeça, e espalha seu cérebro. Assam-no depois (como se costuma assar entre nós os porcos), e dele fazem um solene e magnífico banquete."

América do Sul, dado que, tendo sido traduzido para o italiano em 1561, Thevet estaria acessível a Botero também em Turim ou em Roma. Sua identificação com Thevet talvez passasse pela identidade de interesses entre ambos: um jesuíta, o outro franciscano, ambos cosmógrafos. Thevet foi cosmógrafo do rei, e guardião de suas curiosidades — *curiosités*, como então se chamavam as coleções de objetos variados: medalhas, plantas, animais, pedras preciosas. Tinha por eles enorme apreço, e levava inúmeros visitantes para vê-los. Reis sucessivos honraram Thevet com suas atenções, até que sobreviesse a morte em 1592. As *Singularitez de la France Antarctique* surgiram em Paris em 1558, esgotando-se rapidamente e sendo reeditadas de imediato, desta vez em Antuérpia. Segundo Gaffarel, os inúmeros erros desta impressão sugerem um editor apressado pela impaciência do público, que devorava então todas as narrativas de viagem acerca do Novo Mundo. Em 1561, um certo Giuseppe Horologgi traduzia o livro para o italiano: publicou-se em Veneza, com o título *Historia della America, detta altramente Francia Antartica di M. Andrea Thevet, tradotta di francese in lingua italiana.*[51]

O terceiro autor é Jean de Léry (1534-1611), circunstância que parece muito intrigante por tratar-se de autor reformado, próximo a Calvino — a mando de quem foi para o Brasil — e, provavelmente, olhado com repulsa por um arauto da *Reforma católica*. De qualquer maneira, a estrutura da narrativa do canibalismo é, no calvinista francês, próxima à do italiano católico, e chama atenção sobretudo a descrição do cozimento do morto. Léry foi editado pela primeira vez em 1578, vinte anos após Thevet, portanto. Teve numerosas edições latinas: 1586, 1594, 1600, 1642. As duas primeiras apareceram em Genebra. A tradução latina mais conhecida foi a inserida na famosa coleção de Théodore de Bry, *Grands & petits voyages*, que teve o primeiro volume editado em 1590. Esta é a quarta possível fonte de Botero, que talvez não tivesse, em lê-lo na coletânea, mais neutra, os mesmos pruridos que o afastariam do autor protestante Léry. Advoga a favor de De Bry a semelhança existente entre o relato de Botero e as gravuras que ilustraram a edição das *Grands & petits voyages* vinda à luz em Frankfurt no ano de 1592, notadamente a que retrata, ao fundo, a decoração do cativo, e a que mostra o mesmo com uma corda amarrada na cintura à espera da execução.[52]

O quinto é outro jesuíta, Fernão Cardim, reitor dos colégios da Bahia (de 1587 a 1593 e, depois, durante o primeiro quartel do século XVII) e do Rio de Janeiro (1594-8). Cardim esteve em Roma como procurador da província do Brasil em 1598, e nesta cidade poderia ter encontrado Botero. Na viagem, levava consigo alguns escritos, entre eles "Do princípio e origem dos índios do Brasil". São bastante conhecidos os incidentes que envolvem estes escritos, roubados por Francis Cook quando assaltou o navio que trazia o padre de volta ao Brasil. Junto com outros dois — "Do clima e terra do Brasil" e "Narrativa epistolar de uma viagem e missão jesuítica" —, o texto sobre os índios foi publicado apenas em 1625 na coleção de viagens de Samuel Purchas. Cabe lembrar, entretanto, que as *Relazioni*, na edição aqui utilizada, publicaram-se em 1594, quatro anos antes da viagem de Cardim a Roma. Por muitos anos reitor do colégio baiano, este padre poderia ter fornecido material para a redação de cartas ânuas dirigidas ao geral da ordem, em Roma; talvez as redigisse ele mesmo, no período em que esteve à frente do colégio pela primeira vez, ou posteriormente, quando foi provincial da ordem no Brasil (1604-9). Familiarizado com os fatos acontecidos na capitania, é possível que o estivesse também com a ocorrência da Santidade do Jaguaripe, e que a relatasse em manuscritos ainda desconhecidos por nós, perdidos nos arquivos da ordem em Roma. Mas esta matéria será tratada mais adiante.[53]

O sexto é Gabriel Soares de Sousa, autor do *Tratado descritivo do Brasil*, inédito até o século XIX, e de outro escrito descoberto por Serafim Leite e publicado em 1942, onde se enfrenta com os jesuítas por defender o apresamento de índios: *Capítulos que Gabriel Soares de Sousa deu em Madrid ao sr. Christovam de Moura contra os padres da Companhia de Jesus que residem no Brasil. Com umas breves respostas dos mesmos padres que deles foram avisados por um seu parente a quem ele mostrou*. As respostas datam de 1592, e seus autores são Marçal Beliarte — então provincial —, Inácio Tolosa — que o fora —, Rodrigo de Freitas, Quirício Caxa, Luís da Fonseca, Fernão Cardim e, muito provavelmente, Luís da Grã e Anchieta.[54] Não parece impossível que, dada a polêmica em que se envolveu com os inacianos, houvesse nos arquivos da ordem, em Roma, também os manuscritos do *Tratado* — igualmente oferecido a Cristóvão de Moura —, ou anotações resumindo partes do seu conteúdo. A antropofagia, aliás, poderia ser usada como elemento detrator dos silvícolas e, nesta qualidade, passível de justificar a sua escravização pelo colono branco: era natural, portanto, que os padres da Companhia a comentassem, ou aludissem às descrições que dela fez Gabriel Soares. Se, por ocasião da viagem à Corte espanhola, este levara consigo também o manuscrito do *Tratado*, tem-se um elemento a mais a aproximar o escrito do senhor de engenho e o leitor Botero.[55]

Vejamos, agora, os trechos de cada um desses autores. Diz Nóbrega:

> Quando cativam algum, trazem-no com grande festa com uma corda pela garganta e dão-lhe por mulher a filha do principal ou qual outra que mais o contente e poem-no a cevar como porco, até que o hajam de matar, para o que se ajuntam todos os da comarca a ver a festa, e um dia antes que o matem, lavam-no todo, e o dia seguinte o tiram e poem-no em um terreiro atado pela cinta com uma corda e vem um deles mui bem ataviado e lhe faz a prática de seus antepassados; e acabada, o que está para morrer lhe responde, dizendo que dos valentes é não temer a morte, e que ele também matara muitos dos seus e que cá ficam seus parentes que o vingarão e outras coisas similhantes. E morto, cortam-lhe logo o dedo polegar, porque com aquele tirava as frechas, e o demais fazem em postas para o comer assado e cozido.[56]

Thevet é mais detalhado do que Nóbrega na descrição do ritual antropofágico, e se aproxima de Botero em alguns pontos. Diz ele:

> Ce prisonier ayant été bien nourri et engressé, ils le feront mourrir, estimans cela à grande honneur. Et pour la solennité de tel massacre, ils appeleront leurs amis plus lointains, pour y assister, et en manger leur part. [...] A ce jour solennel, tous ceux qui y assistent, se pareront de belles plumes de diverses couleurs, ou se teindront tout le corps. [...] Il sera donc mené bien lié et garroté de cordes de cotton en la place publique, accompagné de diz ou douze mil sauvages du pays, ses ennemis, là sera assommé comme un pourceau, après plusieurs cérémonies.[57]*

Léry é muito mais minucioso na descrição. Fala de dois selvagens, um à direita, outro à esquerda, que trazem amarrado o prisioneiro; mas o que interessa aqui é a narrativa do preparo do morto para o ritual antropofágico: "se presentant avec de l'eau chaude qu'elles ont toute prête, frottent et échaudent de telle façon le corps mort

(*) "Este prisioneiro, tendo sido bem nutrido e engordado, eles o farão morrer, estimando nisto grande honra. E para a solenidade de tal massacre, eles chamarão seus amigos os mais distantes, para assisti-lo, e comer sua parte [...]. Nesse dia solene, todos os que assistem se adornarão de belas plumas de diversas cores, ou tingirão todo o corpo. [...] Ele será então trazido à praça pública bem amarrado e garroteado de cordas de algodão, acompanhado de dez ou doze mil selvagens da região, seus inimigos, lá será morto como um porco, após várias cerimônias."

qu'en ayant levé la première peau, elles le font aussi blanc que les cuisiniers par deçà sauraient faire un cochon de lait prêt à rotir''.[58]*

Longo também é o trecho em que Cardim descreve o ritual antropofágico, mas, no conjunto, afasta-se dos três acima mencionados. Comum, mais uma vez, é a alusão ao porco: ''Morto o triste, levam-no a uma fogueira que para isto está prestes, e chegando a ela, em lhe tocando com a mão dá uma pelinha pouco mais grossa que véu de cebola, até que todo fica mais limpo e alvo que um leitão pelado [...]''.[59]

O texto de Soares de Sousa é o que menos se aproxima da narrativa de Botero. Semelhanças, entretanto, se insinuam quando descreve as loas feitas aos antepassados, quando alude a um ''carrasco'' e, ainda, à luta com espada e à forma de execução do prisioneiro. Vejamos as passagens:

> [...] untam o cativo todo com mel de abelhas, e por cima deste mel o empenam todo com penas de cores, e pintam-no a lugares de jenipapo, e os pés com uma tinta vermelha, e metem-lhe uma espada de pau nas mãos para que se defenda de quem o quer matar com ela, como puder; e como estes cativos vêem chegada a hora em que hão de padecer, começam a pregar e dizer grandes louvores de sua pessoa, dizendo que já está vingado de quem o há de matar, contando grandes façanhas suas e mortes que deu aos parentes do matador, ao qual ameaça e a toda a gente da aldeia, dizendo que seus parentes o vingarão. [...]
> [...] e com este estrondo entra (o matador) no terreiro da execução, onde está o que há de padecer, que o está esperando com grande coragem com uma espada de pau na mão, diante de quem chega o matador, e lhe diz que se defenda, porque vem para o matar, a quem responde o preso com mil roncarias; mas o solto remete a ele com a sua espada de ambas as mãos, da qual se se quer desviar o preso para alguma banda, mas os que tem cuidado das cordas puxam por ela de feição que o fazem esperar a pancada; e acontece muitas vezes que o preso primeiro que morra, chega com a sua espada ao matador que o trata muito mal, sem embargo de lhe não deixarem as cordas chegarem a ele; por mais que o pobre trabalhe, não lhe aproveita; porque tudo é dilatar a vida mais dois credos, onde a rende nas mãos do seu inimigo, que lhe faz a cabeça em pedaços com sua espada [...][60]

(*) ''apresentando-se com água quente, que elas têm preparada, esfregam e escaldam de tal forma o corpo morto que, tendo retirado a primeira pele, elas o tornam tão branco como os cozinheiros daqui saberiam fazer com um leitão prestes a assar.''

É em Thevet, Léry, Nóbrega e Botero que a estrutura da descrição do ritual antropofágico se mostra mais igual: as partes são as mesmas, variando a extensão, mais considerável em Léry; em todas elas, o prisioneiro é cevado, amarrado, preparam-no para a morte, ele fala do quanto é corajoso, alude aos que matou, e aí, então, é morto, assemelhando-se a um porco. Soares de Sousa e Cardim oferecem elementos complementares, menos assimilados à estrutura narrativa e funcionando, talvez, como mera informação — que, aliás, poderia ter sido obtida também em outros textos. O que os torna identificáveis, aqui, à narrativa de Botero são antes as peculiaridades da trajetória de vida dos autores: um, antijesuíta e polemista dos inacianos; o outro, jesuíta, diretor dos colégios, provincial, autor presumido de cartas ânuas. De qualquer forma, rastrear as aproximações, variações, elipses e divórcios entre esses textos é um exercício sugestivo e instigante, apontando para a freqüência com que, então, se faziam *fecundações mútuas*, e lembrando que, muitas vezes, o melhor modelo para descrições naturalistas não é a observação das evidências empíricas, mas a observação de modelos prévios.[61]

Mas há também que considerar as coincidências, originárias de estruturas mentais análogas e de acervos culturais semelhantes; ao entrar em contato com a obra de Hans Staden por intermédio do dr. Félix Plateros, em março de 1586, Léry se confessara surpreso pelas semelhanças entre sua *Histoire d'un voyage...* e o livro do arcabuzeiro alemão, que nunca lera:

> [...] lui e moi ayant discouru bien au long de mon voyage en Amérique, dont il avoit l'histoire imprimée, il m'a dit que, l'ayant conferée avec ce que Jean Staden, Allemand de nation, qui avoit été fort long temps en ce pays là, en avoit escrit, il trouvoit que nous nous convenions très bien en la description & façons de faire des sauvages américains: et là dessus me bailla le livre dudit Staden [...]. Ce que je leu avec le plus grand plaisir, pour ce que Jean Staden, qui a esté environ huict ans en ce pays là, en deux voyages qu'il y a faits, ayant été détenu prisonnier plus de six mois par les Tououpinambaoults qui l'ont voulu manger plusieurs fois [...]; comme il le disoit, je remarquay qu'il en parloit du tout à la vérité; bien aise aussi que je fus, de ce qu'ayant mis mon histoire en lumière plus dc huict ans avant que j'eusse jamais oui parler de Jean Staden, moins qu'il eust voyagé en Amérique, je vis que nous nous avions si bien rencontré en la description des sauvages brésiliens & autres choses qui se voyent, tant en ceste terre là que sur mer, qu'on

diroit que nous avons communiqué ensemble avant que de faire nos narrations.[62]*

Tudo indica que, nessa época, configurava-se uma forma européia de ler a América, porção do mundo definitivamente incorporada, em todos os sentidos, ao universo dos europeus colonizadores.

Tratarei agora da segunda parte, sobre os pajés e feiticeiros, no texto chamados de maléficos — expressão, como se sabe, presente no *Malleus malleficarum* (1486) para designar as bruxas. E é na tradição demonológica que Botero insere sua narrativa sobre os encantadores brasileiros, no caso, a Santidade do Jaguaripe: ''Non è paese al Mondo, ove il demonio non abbia la sua parte'', afirma Botero, acrescentando: ''Sono nel Brasile moltissimi malefici, e ciurmatori, della cui *imprudenza*, e *pazzia* non mi sarà grave addur qui uno, o due esempi''.[63] O exemplo mais destacado teria sobrevindo no ano de 1584:

> [...] questa razza d'uomini suscitò nel Brasile una sorte di superstizione, e di tanto maggior pericolo, e dano quanto ela era piú simile, e conforme a riti, e all'uso della Chiesa Santa. Creavano costoro un supremo lor capo nelle sacre comme noi il Supremo Pontefice. Ordinavano vescovi, e sacerdoti, udivano confessioni, tenevano scuole, e insegnavano a' fanciulli senza mercede, o salatio. Celebravano Messe, portavano Rosarii per dir le loro orazioni; facevano campane di certe zucche, e libri di scorze d'alberi, e di certe tavolette; con caratteri non intelligibili ad altri, che a loro, e si dice che il Demonio n'era inventore, e maestro. Mettevano la somma della loro religione, e santità nella pazzia, e per arrivare a quel segno, bevevano il sugo di un'erba, que i Brasili chiamano Petima, di gran vehemenza e di smisurata calidità. Con questa bevanda caggiono subito tramortiti a terra, storcono la bocca, cacciano fuora la lingua: si distendono, e si rivoltano, con tremore di

(*) ''ele e eu tendo discorrido bastante sobre minha viagem à América, da qual ele tinha a história impressa, disse-me que, conferindo-a com o que havia escrito Hans Staden, alemão de nação que estivera muito tempo naquele país, achara que nós concordávamos muito bem na descrição e modos de agir dos selvagens americanos: e sobre isso me entregou o livro do referido Staden [...]. O qual eu li com o maior prazer, pois esse Hans Staden, que esteve por volta de oito anos naquele lugar, em duas viagens que fez, tendo sido detido como prisioneiro por mais de seis meses pelos tupinambás, que o quiseram comer por diversas vezes [...]; conforme ele havia dito, reparei que ele falava de tudo conforme a verdade; fiquei muito contente também porque, apesar de ter trazido minha história à luz oito anos antes de ter ouvido falar de Hans Staden, ou sabido de sua viagem à América, concordávamos tanto na descrição dos selvagens brasileiros e de outras coisas, que podem ser vistas tanto nessa terra quanto no mar, que se diria que tínhamos nos comunicado antes de escrever nossas narrativas.''

tutta la persona, per terra: parlano tra denti: dano finalmente segni tali, che ben appare di chi siano ministri. Finiti questi movimenti, si lavano con acqua, e si stimano santificati, e di tanto maggior virtù, e perfezione quanto sono stati piú fuor di se, e fatto molti piú bestiali, e piú impertinenti. Dicono che i loro maggiori hanno da venire in un naviglio al Brasil, e a rimeterli in libertà: e che allora i Portoghesi saranno tutti consumati: e se ne restarà pur alcuni diverrano pesci, o porci, o simili animali. Questa vanità, e folia è nudrita, e fomentata dal loro Sommo Sacerdote, che essi chiamano impudentemente Papa. Costui si aveva aquistata tanta autorità, e fede, che per mezo dei suoi ministri sollevava tutto il Brasile. Si che molti abbandonò le case de' Portoghesi, e'l servitio, nel quale erano impiegati: molti anche ammazzando tutti quelli Christiani, che lor capitavano innanzi, si ritiravano ne'boschi, o ne'monti. Anzi alcuni scannavano i proprii figliuoli, affin che non reccassino loro impedimento alla partenza, o lor fossino d'impaccio nella fuga, o li sepelivano vivi. Disturbò questa pestilenza principalmente il contorno della Baya, nè si poté acquetare senza gravissimo travaglio, e de' religiosi, e de' magistrati Regii. Et è cosa degna d'esser avertita l'astucia del Demonio in oppugnar l'autorità del Papa, poi che tra noi la combaté co'l negarla per bocca di Lutero, e di Calvino, o de' seguacci loro: e nel Brasile co'l contrafarla per mezzo di ciurmatori, e d'altri suoi ministri.[64]*

Na *Informação da terra do Brasil*, Nóbrega descreve ritos indígenas de transe e possessão por ele denominados Santidade. Mas, na passagem, refere-se a manifestações milenaristas comuns aos tupinambás, e não a uma ocorrência específica — a Santidade que te

(*) "[...] esta raça de homens suscitou no Brasil uma espécie de superstição, de tanto maior perigo e dano quanto era mais semelhante, e conforme aos ritos, e ao uso da Igreja Santa. Eles criavam um chefe supremo para as coisas sagradas, como fazemos com o sumo pontífice. Ordenavam bispos, e sacerdotes, ouviam confissões, mantinham escolas, e ensinavam crianças sem mercê, ou salário. Celebravam missas, portavam rosários para dizer suas orações; faziam sinos com certas cabaças, e livros de cascas de árvores, e de certas taboazinhas; com caracteres não inteligíveis a outros, que não eles, e se diz que o demônio os tinha inventado, e os ensinava. Colocavam a essência de sua religião, e santidade, na loucura, e para chegar aquele estado, bebiam o suco de uma erva, que os brasilos chamam petimã, de grande veemência e desmesurada quentura. Com esta bebida caem de repente desfalecidos no chão, contorcem a boca, lançam a língua fora; se retesam, e se contorcem por terra, com tremor de toda a pessoa: falam entre dentes: fazem finalmente tais sinais, que parece que são ministros. Terminados estes movimentos, lavam-se com água, e se crêem santificados, e tanto mais virtuosos e perfeitos quanto mais tenham estado fora de si, e se tornado bestiais, e impertinentes. Dizem que seus maiores hão de vir ao Brasil em um navio, e pô-los em liberdade: e que então os portugueses serão todos

ve lugar nas terras de Fernão Cabral de Taíde, senhor de Jaguaripe. Vejamos a passagem:

> De certos em certos anos vêm uns feiticeiros de mui longes terras, fingindo trazer santidade e ao tempo da sua vinda lhes mandam limpar os caminhos e vão recebê-los com danças e festas, segundo seu costume; e antes que cheguem ao lugar, andam as mulheres de duas em duas pelas casas, dizendo publicamente as faltas que fizeram a seus maridos umas às outras e pedindo perdão delas.
>
> Em chegando o feiticeiro, com muita festa ao lugar, entra em uma casa escura e põe uma cabaça, que traz em figura humana, em parte mais conveniente para seus enganos, e mudando sua própria voz em a de menino junto da cabaça, lhes diz que não curem de trabalhar, nem vão à roça, que o mantimento por si crescerá, e que nunca lhes faltará que comer, e que por si virá a casa, e que as enxadas irão a cavar e as frechas irão ao mato por caça para seu senhor, e que hão de matar muitos de seus contrários, e cativarão muitos para seus comeres, e promete-lhes larga vida, e que as velhas se hão de tornar moças, e as filhas que as dêem a quem quiserem; e outras coisas semelhantes lhes diz e promete, com que os engana, de maneira que crêem haver dentro da cabaça alguma coisa santa e divina, que lhes diz aquelas coisas, as quais crêem. Acabando de falar o feiticeiro, começam a tremer, principalmente as mulheres, com grandes tremores em seu corpo, que parecem demoninhadas (como de certo o são), deitando-se em terra, e escumando pelas bocas, e nisto lhes persuade o feiticeiro que então lhes entra a santidade; e a quem isto não faz tem-lho a mal. Depois lhe oferecem muitas coisas e em as enfermidades dos Gentios usam também estes feiticeiros de muitos enganos e feitiçarias.[65]

Na *Informação do Brasil e de suas capitanias* (1584), José de Anchieta também aludiria genericamente às Santidades:

> O que mais crêem e de que lhes nasce muito mal é que em alguns tempos alguns de seus feiticeiros, que chamam Pajés, inventam uns bailes

destruídos: e se restarem alguns, se transformarão em peixes, porcos ou em animais semelhantes. Esta vaidade, e loucura é nutrida e alimentada por seu sumo sacerdote, que chamam impudentemente de Papa. Este adquirira tanta autoridade e fé, que por meio de seus ministros sublevava todo o Brasil. De tal forma que muitos abandonaram as casas dos portugueses, o serviço em que estavam empregados; muitos ainda, matando todos os cristãos que apareciam na frente deles, retiravam-se para os bosques, ou montanhas. Alguns antes degolavam os próprios filhos, a fim de que não lhes trouxessem impedimento à partida, ou representassem empecilho à fuga, ou os enterravam vivos. Perturbou esta pestilência sobretudo o recôncavo da Bahia, e não se pôde aquietar sem gravíssimo trabalho, tanto dos religiosos como dos magistrados régios. E é coisa digna de nota a astúcia do demônio em refutar a autoridade do Papa, pois, entre nós, combateu-a negando-a pela boda de Lutero e de Calvino, e, no Brasil, contrafazendo-a por meio de encantadores, e de outros seus ministros."

e cantares novos, de que estes Índios são mui amigos, e entram com eles por toda a terra, e fazem ocupar os Índios em beber e bailar todo o dia e noite, sem cuidado de fazerem mantimentos, e com isto se tem destruído muita gente desta. Cada um destes feiticeiros (a que também chamam santidade) busca uma invenção com que lhe parece que ganhará mais, porque todo este é seu intento, e assim um vem dizendo que o mantimento há de crescer por si, sem fazerem plantados, e juntamente com as caças do mato se lhes hão de vir a meter em casa. Outros dizem que as velhas se hão de tornar moças e para isso fazem lavatórios de algumas ervas com que lavam; outros dizem que os que os não receberem se hão de tornar em pássaros e outras invenções semelhantes.[66]

Thevet não alude à Santidade, pois, na época em que aqui esteve, ela ainda não se popularizara. Léry, por sua vez, refere-se a práticas rituais indígenas que tanto podem dizer respeito à Santidade como a outras crenças. A outra importante fonte coeva, Botero não poderia ter acesso: as acusações e processos contra os participantes da Santidade levados a cabo durante a Primeira Visitação do Santo Ofício ao Brasil, entre 1591 e 1595.[67] Aqui poderia residir o maior dos enigmas do texto do secretário de são Carlos Borromeu. O segredo defendia os papéis do Santo Ofício, que funcionava de forma totalmente autônoma, sem sujeição à Sé romana. Da Itália, Botero jamais poderia ter acesso às informações contidas nos processos dos incriminados no caso da Santidade do Jaguaripe. As informações que veicula são, contudo, curiosamente semelhantes às contidas nos processos.[68] Sabendo que a Primeira Visitação sediou-se, na Bahia, no Colégio dos Jesuítas, e que estes padres forneciam apoio às investigações inquisitoriais, poderiam ter partido da pena de um deles as notícias acerca das práticas ''heréticas'' ocorridas no engenho de Fernão Cabral; muito provavelmente, integrando alguma carta enviada à sede da ordem em Roma. Sendo Cardim o reitor do colégio à época da visita de Heitor Furtado de Mendoça, tais informações me pareceram, inicialmente, integrar uma das cartas ânuas por ele enviadas à Companhia, e da qual não se tem conhecimento. A evidência mais forte, entretanto, aponta para outra direção: a carta ânua de 1585, da lavra de José de Anchieta, e, portanto, anterior à Visita. Com a denúncia da contrafação da Santidade, tal carta pode ter sido, inclusive, um dos móveis a desencadear a visita de Heitor Furtado de Mendoça, ocorrida seis anos depois. Mas para fundamentar tal afirmação seria preciso estabelecer as possíveis relações existentes, no final do século XVI, entre a Companhia de Jesus e o Santo Ofício — o que, até o momento, ainda não se fez.

Escrita, como as demais cartas ânuas, em latim, esta, de 1585, não tem tradução. Entre os historiadores que a parafrasearam, cabe destacar Serafim Leite e Robert Southey. Ao se referir à Santidade, o historiador dos jesuítas diz que a ânua de 1585 narra tudo circunstanciadamente, e acrescenta: "A descrição de Southey [...] tirada de Jarric, *Histoire des choses* [...], é tradução quase literal, um pouco enfática, daquela ânua".[69]

Em 1585, Anchieta era o Provincial do Brasil, já muito doente e assistido por Cristóvão de Gouveia, o visitador que viera de Portugal e chegara à Bahia em 9 de maio de 1583.[70] Desta forma, é do primeiro, com o possível concurso do segundo, a carta ânua — que, a cada ano, os provinciais escreviam para o Geral da Companhia — parafraseada por Southey. O cotejo deste texto com o de Botero não deixa margem a dúvidas. Vejamos o que diz o historiador inglês:

> Tomando do cristianismo dos jesuítas o que lhes pareceu convir a seus intentos, ou talvez o que dele compreendiam, escolheram os profetas da nova lei um papa índio, uma ordem de bispos abaixo dele, e presbíteros por estes consagrados, conservando todos os seus nomes europeus. Também introduziram a prática da confissão e absolvição, conhecendo perfeitamente o poder que nas mãos do clero punha esta parte das suas funções; instituíram uma espécie de missa, e rosários por onde se contassem as orações que deviam ser recitadas por número, e à falta de sinos convocavam o povo para o serviço religioso ao som de grandes cabaços ocos, convertidos em instrumentos de música ou de matinada. Não eram charlatães ordinários os cabeças desta tentativa; estabeleceram escolas à imitação dos colégios da companhia, e afirmam os jesuítas que da casca de uma certa árvore faziam eles livros como que encadernados em tabuinhas de madeira delgada, e que em caracteres desconhecidos continham umas escrituras que o diabo lhes ensinara. Talvez isto queira dizer, que, sabendo o que eram livros, pretendiam inculcar no ler e escrever conhecimentos que não possuíam. Até aqui tudo era imitação dos portugueses, mas era para extermínio destes que haviam aqueles atrevidos impostores organizado o seu extraordinário sistema de embuste. Com esta momice, ou arremedo da Igreja católica, combinavam uma prática selvagem de provocar convulsões, tragando o suco de uma planta deletéria (que se supõe ter sido tabaco); e o sacerdote que havia passado por esta terrível purificação, como a coisa se chamava, ficava santo, e perfeito na sua vocação. Asseveravam aos seus sectários que as almas dos seus maiores viriam

num navio a livrá-los de opressores, exterminando os portugueses, e que destes os poucos que escapassem seriam convertidos em peixes, porcos e outras animálias.[71]

Ciente da Santidade por meio da carta de Anchieta, seguindo-lhe em muitos pontos a estrutura, Botero, entretanto, empresta à narrativa um tom específico, assentado em suas próprias idéias acerca das guerras religiosas, do protestantismo — é só sua a menção a Lutero e Calvino —, da analogia entre a ação do diabo de um e de outro lado do Atlântico, ressalvando contudo que, se na Europa os reformados combatiam a religião pela negativa, na América os índios a contrafaziam.

CONCLUSÕES

Para Botero e seus contemporâneos, observou Federico Chabod, o descobrimento do Novo Mundo e o melhor conhecimento do Velho — Ásia e África — provocaram modificações mentais profundas, tão intensas e prenhes de decorrências quanto as perturbações econômicas advindas do afluxo de metal precioso à Europa.[72] No bojo de tais transformações, o autor das *Relazioni universali* mostra-se historiador atento a especificidades, sensível, por exemplo, à singularidade da América portuguesa. Como Léry e Montaigne, apresenta laivos de etnólogo quando minimiza o peso dos ritos antropofágicos, aproximando-os dos desmandos religiosos na Europa, ou quando dá à conotação de barbárie cores diversas, assentada não em *valores* — positivo e negativo — mas numa concepção evolutiva da vida humana — estágio necessário pelo qual passariam todos os povos. Para Gómara, o descobrimento da América fora "a maior coisa depois da descoberta do mundo"; para Botero, a coisa "maior e mais admirável" desde a pregação dos apóstolos.[73]

A centralidade das cartas jesuíticas como fonte em Botero atesta a grande importância que tiveram no processo de reconhecimento do mundo peculiar ao Renascimento. Os missionários inacianos, tem-se dito, ajudaram a fundar o viés "antropológico", recolhendo informações e registrando usos e costumes, da América à Ásia. Tal sensibilidade ante o outro foi desdobramento inusitado do vasto programa propagandístico e doutrinário da Igreja reformada: se a conquista religiosa do mundo era pedra de toque do programa tridentino, era natural que os missionários se tornassem cartógrafos e geógrafos —

conforme verificou, por ocasião do concílio, Alexandre Piccolomini.[74] Parece natural, igualmente, que o cosmógrafo Botero, jesuíta, se valesse das cartas dos companheiros de ordem a fim de construir a sua visão do mundo. Acosta, Nóbrega, Anchieta tiveram desta forma um papel relevante na construção da cosmografia européia moderna.

Entretanto, ao mesmo tempo em que surgia uma nova sensibilidade, mantinha-se o apego ao centro irradiador, a Europa católica. Era o que lhe permitia continuar olhando para o Novo Mundo nos termos da *heterologia* de que falou Certeau: a visão do outro era ajustada pelos parâmetros do imaginário católico. É aliás a leitura contra-reformista — presente já na *Anua* de Anchieta — que ressalta como mais interessante do trecho sobre a Santidade: o arremedo da missa, da ordenação de bispos, da reverência ao pontífice, enfim, os elementos de uma *religião às avessas* igualmente característica dos relatos contra presumidas bruxas européias. Anchieta e Botero trazem ainda uma referência inusitada ao infanticídio, outro crime imputado às bruxas por seus perseguidores e ausente das demais fontes jesuíticas conhecidas: para se verem mais livres na sua idolatria, os adeptos da Santidade chegariam a matar os próprios filhos.

O procedimento metodológico de Botero e a notícia que dá sobre a Santidade do Jaguaripe autorizam ainda hipótese muito importante para o estudioso do século XVI luso-brasileiro: em cartas ânuas ou em outros documentos até agora pouco explorados pelos pesquisadores brasileiros há informações cruciais sobre a vida cotidiana, notadamente mágico-religiosa. Muitas dessas fontes repousam, indevassadas, nos arquivos da ordem, em Roma. Quatrocentos anos atrás, foram elas que permitiram ao italiano Giovanni Botero, viajante freqüentemente imaginário, um curioso e inusitado lançar-de-olhos sobre os segredos internos que o Império Português procurava guardar com ciúme. Prova de que, olhando de fora, pode-se às vezes enxergar bem longe.

4
POR DENTRO DO IMPÉRIO
Infernalização e degredo

> ***Se a tua mão ou o teu pé te escandaliza, corta-os e atira-os para longe de ti. Melhor é que entres mutilado ou manco para a Vida do que, tendo duas mãos ou dois pés, seres atirado no fogo eterno. E, se o teu olho te escandaliza, arranca-o e atira-o para longe de ti. Melhor é que entres com um olho só para a Vida do que, tendo dois olhos, seres atirado na gueena de fogo.***
>
> Evangelho de São Mateus, 18,8,10

PURIFICAR PARA DEUS, SANEAR PARA O REI

No século XVI, a idéia de purgatório era relativamente recente. Cristalizara-se, de fato, n'*A divina comédia* de Dante Alighieri, conforme observou com propriedade Jacques le Goff,[1] e a grande conquista nela embutida era a noção do purgatório como um inferno com duração limitada, opondo-se à eternidade das penas infernais propriamente ditas. No século XVI, as colônias portuguesas passavam a ser vistas como terras nas quais se iam cumprir penas, mas das quais se podia voltar, uma vez purgadas as culpas. A própria travessia marítima assumia características de um exílio ritual (como o ciclo dos Argonautas, a Narrenschiff e tantos outros): nela, o degredado iniciava o longo trajeto de sua purificação.

Um século depois, a aventura dos descobrimentos possibilitava, em termos práticos, a ocorrência de uma síntese marcante — o degredo —, unindo tradições distintas: a das formulações européias acerca do purgatório, a da função purificadora da travessia marítima, a do exílio ou desterro como elemento purificador. Na prática do degredo articulavam-se, desta forma, desdobramentos diversos de um grande rito de passagem.

Ao que tudo indica, foi no século XVII que a Inquisição portuguesa erigiu a colônia americana em local privilegiado do degredo. Consultando-se as listas de autos-de-fé referentes aos Tribunais de Évora, Lisboa e Coimbra, nota-se que, a partir de 1606, começam a se suceder em progressão impressionante os casos de réus degredados para o Brasil:[2] homens e mulheres acusados de judaísmo, bigamia, sodomia, blasfêmias, proposições heréticas, visões e feitiçaria. Antes, no século XVI, as fontes sugerem que ainda se preferia o recurso ao degredo para as galés, fossem elas remos ou trabalhos forçados. Depois, no século XVIII, as ilhas atlânticas e os coutos metropolitanos seriam eleitos os locais privilegiados do degredo.[3]

Esta mudança parece indicar, em Portugal, a passagem de uma política de aproveitamento dos desclassificados sociais e dos marginais em trabalhos forçados (comum a grande parte da Europa nos séculos XV e XVI) para uma política de aproveitamento destes mesmos elementos na lide ultramarina e na colonização do Novo Mundo. Metamorfoseando o *ônus* representado pela reprodução desta gente em *utilidade* efetiva ou potencial, a Metrópole portuguesa transformava suas colônias, conforme a expressão do historiador Costa Lobo, em *ergástulo dos delinqüentes*.[4] Fazendo-o, era uma das pioneiras em procedimento que, desde então, passaria a se generalizar entre os países senhores de possessões ultramarinas; andava ao lado da Inglaterra, talvez quem tenha aplicado o degredo com mais persistência e proveito.[5] Antecipava-se, por exemplo, a um João Maurício de Nassau, que em meados do século XVII sugeriria às autoridades das Províncias Unidas dos Países Baixos que abrissem as prisões de Amsterdam e enviassem os galés ao Brasil holandês para que, "revolvendo a terra com a enxada, corrijam a sua improbidade, lavem com o suor honesto a anterior infâmia e não se tornem molestos à República, mas úteis".[6]

O incentivo do Estado ao envio de degredados para o Brasil mostrou-se concomitante, portanto, à montagem do próprio sistema colonial. Em 1549 se iniciava a ocupação sistemática da colônia americana, e data de dois anos antes a decisão de não mais deixar partirem navios de Lisboa "sem o fazerem saber ao Governador da casa do Cível, para lhe ordenar os degredados que cada navio devia levar".[7]

Passando a degredar um número maior de réus, a Inquisição portuguesa se inseria portanto num contexto mais amplo, no qual era um dos aparelhos de poder empenhados no vasto processo de exclusão e normatização comum às sociedades ocidentais modernas.[8] Tal processo comportou gradações diversas: a supressão das minorias, das heterodoxias, das particularidades — um Rei, uma Fé, uma Lei —, o suplício e punição exemplar, o exílio ritual. Também a justiça secular degredava pessoas, o que, para Portugal, pode ser constatado com a leitura das Ordenações do Reino. Nos países em que existiram Tribunais do Santo Ofício, sua ação se somou às práticas levadas a cabo pelo Estado absolutista; no século XVII português, nota-se assim a confluência da ação do Estado e da Inquisição no sentido de purgar a metrópole de suas mazelas, povoando, ao mesmo tempo, a colônia brasileira. No presente estudo, examina-se o degredo apenas enquanto punição aplicada aos réus do Santo Ofício.

INCIDÊNCIA E NATUREZA DAS INFRAÇÕES

Tomem-se como base dezesseis casos de feitiçaria punidos pela Inquisição de Lisboa com o degredo para o Brasil. Neles, entre os réus há predominância marcante de mulheres (treze casos em dezesseis). As práticas dos acusados dizem respeito basicamente à vida afetiva e amorosa, às tensões e conflitos integrantes do universo social, à previsão do futuro, aos anseios de comunicação com o sobrenatural. São constituídas por orações de conjuro de demônios, orações que invocam passagens das vidas dos santos, orações que se reportam a plantas e animais dotados de significado simbólico, benzeduras e curas de animais e pessoas doentes, visões, porte de bolsas que propiciam sorte no jogo e nas pelejas, pacto demoníaco, comparecimento a conventículos de feiticeiros, ou sabás. O período de maior incidência dessas práticas é a década de 60 do século XVII, quando ocorrem cinco casos. A pena de degredo mais comumente aplicada é a de cinco anos (dez casos). As culpas que mais aparecem são as de conjuro de demônios, orações e sortilégios, mas a culpa mais duramente punida é a de Francisca Cotta, jovem filha de um capitão d'el-rei na Praça de Mazagão e acusada pelo Santo Ofício de comunicação com almas, cópula e pacto com o diabo, num processo curioso em que o divino e o demoníaco se alternam o tempo todo. Em onze dos processos, a abjuração é *de levi*, sendo assim a mais comum de todas. Não se nota uniformidade na aplicação da pena conforme o grau da culpa. Como exemplo, em 1620 temos dez anos de degredo, abjuração *de levi* e açoites para Suzana Jorge, e, em 1624, quatro anos de degredo, abjuração em forma — que era mais grave —, cárcere, hábito penitencial perpétuo e açoites para Simão Ribeiro e Ana Antonia.[9]

Enfocando-se simultaneamente as práticas dos feiticeiros portugueses degredados para o Brasil no século XVII e as práticas análogas exercidas em terras brasileiras durante os três séculos da colonização (XVI, XVII e XVIII), detectam-se permanências e alterações.

Nas práticas destes degredados, há traços que continuam iguais aos encontrados na Primeira Visitação do Santo Ofício da Inquisição às Partes do Brasil (1591-5), sugerindo permanência de um substrato europeu comum, ainda medieval, e traços que paulatinamente se alteram e assumem coloração específica e mais moderna.

Nas práticas dos feiticeiros brasileiros ou portugueses residentes no Brasil, nota-se a presença de matriz européia mais abrangente; de matriz européia mais especificamente portuguesa e, por fim, de sínteses. Estas são mais tipicamente setecentistas, e se constroem com o entrelaçamento das aludidas matrizes e ainda dos substratos ameríndio e africano. Assim sendo, partindo-se da hipótese de que o degredo funcionou como transmissor cultural, é possível sugerir que sua intensificação no século XVII tenha contribuído de forma acentuada para o engendramento de práticas mágicas especificamente coloniais mas dotadas de marcante substrato europeu.

Dentre as práticas destes feiticeiros degredados que apontam para o nível das permanências, temos sortilégios, fervedouros e orações em tudo semelhantes aos perseguidos no Brasil durante a Primeira Visitação do Santo Ofício. São eles dotados de caráter acentuadamente europeu e medieval. Alguns exemplos: a oração da tesoura e do balaio, comum também à Inglaterra elisabetana e vulgaríssima no Grão-Pará do século XVIII; o conjuro de demônios em que estes são sujeitados como cães; as orações de conjuro com invocação de ervas ou bichos — como o touro de são Marcos — que, no século XVIII, serão vertidas para a língua indígena e dotadas de animais caros ao sistema mitológico dos ameríndios (como o jabuti, pequeno cágado muito comum no Brasil); os gestos e usos do corpo que integram vários dos sortilégios portugueses, entre os quais se destaca a invocação de demônios com os cabelos soltos às costas, "desguedelhados", e o dorso nu; os contratos fáusticos escritos com sangue humano ou animal, comuns tanto ao século XVI quanto ao século XVIII.[10]

Mas entre as práticas dos feiticeiros portugueses degredados para o Brasil notam-se também alterações em curso, muitas das quais se aceleram ou mudam de natureza quando enraizadas em solo colonial.

É, por exemplo, o caso das bolsas levadas por alguns dos réus degredados para o Brasil no século XVII. Contendo pedaços de pedra d'ara, estas bolsas tinham o objetivo de defender quem as carregasse de ferimentos com ferro, e aparecem simplesmente como *bolsa* ou *bolsa de corporais*. Revestiam-se do caráter dos amuletos, conhecidos pelo menos desde a Alta Idade Média, e se atrelavam à tradição das pedras mágicas e de virtude. Difundidas pelos mecanismos do degredo e da colonização, estas bolsas se multiplicaram no século XVIII por todo o território brasileiro, de Norte a Sul, do Grão-Pará a Minas Gerais. Articulando-se a práticas mágicas e de feitiçaria especificamente africanas, tornaram-se *bolsas de mandinga*.

Aqui tem-se já uma forma especificamente colonial. *Mandingas* ou *malinkês* eram povos que habitavam um dos reinos muçulmanos do vale do Níger por volta do século XIII: o reino de Mali, que, entre nós, passou a ser designado por Malê. No Brasil setecentista, os malês (em princípio, habitantes deste reino) eram tidos como mestres da magia negra, trazendo ao pescoço amuletos com signos de Salomão e versículos do Corão.[11]

Portanto, por mecanismos vários, entre os quais o degredo e o tráfico, e que remetiam em última instância ao sistema colonial, a bolsa de mandinga setecentista designa uma forma específica de talismã, capaz de congregar práticas européias e africanas. Tributária de três continentes, ganhando vida na articulação triangular entre Europa, América do Sul e África, constituindo-se no seio do sistema colonial, esta prática, por motivos óbvios, acabaria se prolongando na metrópole: no século XVIII, os escravos negros que habitavam Lisboa — seja por terem nascido lá, seja por lá terem chegado com seus senhores, antigos funcionários da burocracia colonial que retornavam à sede do Império Ultramarino — conheciam e difundiam a bolsa de mandinga, expressão incorporada inclusive pelos inquisidores.[12]

Dentre as práticas mágicas e de feitiçaria que transmigraram para terras coloniais e conheceram alterações significativas, cabe por fim aludir às orações que invocavam Maria Padilha. Há quatro casos de orações deste tipo entre os processos de que ora se trata, e há notícia de dezenas deles no Brasil setecentista, associados sempre a outros elementos das orações de conjuro. Ainda hoje, Maria Padilha encontra-se entre nós, brasileiros. Na umbanda, forma sincrética de religiosidade popular que incorpora o catolicismo, as religiões africanas, as religiões indígenas e o kardecismo, Maria Padilha é Pombagira, ou seja, um dos espíritos incorporados pelas pessoas que freqüentam esses rituais. A Pombagira é figura associada a mulheres de vida fácil; Maria Padilha, invocada sempre junto com "toda a sua quadrilha", é grande alcoviteira de amores ilícitos.[13]

PUNIDOR E PUNIDOS: IDENTIDADE DE ESTRUTURAS MENTAIS

Dos onze casos que passo a examinar, todos se referem a mulheres que desembarcaram no Nordeste brasileiro. Cinco dizem respeito ao ano de 1647, quando era intensa a guerra contra o invasor holandês, três se espalham pelos quatro primeiros anos da década de 60 e um diz respeito ao ano de 1683.

Como ficou dito acima, o Brasil ocupava no imaginário do europeu colonizador seiscentista uma função purgatória nítida. Para o Santo Ofício, enviar réus à Colônia das Américas significava, em termos gerais, permitir que concluíssem aqui um longo processo purificador iniciado ainda nos cárceres, com a tortura, e que tivera seqüência no Auto Público da Fé, terminando, em terras lusitanas, com a entrada dos degredados nos navios que partiam para Além-Mar, cadeias e grilhões nos pescoços ou nos pés, fossem eles peões ou pessoas de maior qualidade.[14] Em 1664, por exemplo, Maria da Silva sofrera o tormento da polé por um quarto de hora, "estando gritando e chamando pela Virgem das Necessidades e pedindo misericórdia". A seguir, a mesa examinou os Autos: "E pareceu a todos os votos que sem embargo do que nele *purgou* pelos indícios que ainda contra ela resultam de sentir mal de nossa Santa Fé Católica [...] ela vá na forma costumada ao Auto Público [...]".[15] Em 1683, as súplicas de Maria de Souza livraram-na dos açoites mas não conseguiram impedir que sofresse o degredo: "que ela fosse degredada por seis anos para o Estado do Brasil; porque assim se ficava dando bastante satisfação ao escândalo que com seus embustes tinha causado".[16] Como santo Isidoro, esperava-se desta forma — diziam os inquisidores — que "pela mudança do lugar se mudem os costumes".[17]

A idéia que os habitantes do Reino tinham sobre a possessão americana não diferia da manifestada pelo Santo Ofício, sugerindo uniformidade de estruturas mentais em segmentos distintos da sociedade.[18] Boa parte dos réus condenados ao degredo para o Brasil procuraram escapar alegando questões de saúde, vínculos familiares ou ainda motivos menos concretos, tais como perigos para a alma e para a honra. Pouco importa que fossem reais ou imaginários os motivos levantados. Eles ajudam a apreender a forma pela qual o português comum enxergava a sua mais importante colônia: distante vários meses de viagem por mar, separada da Metrópole por uma barreira de riscos, doenças e piratas; insalubre e infestada do vício e dos maus costumes; imprópria, por fim, à vida em família e em nada conforme às regras da religião católica.[19] Para o medo da travessia deve ter contribuído a popularização de certa literatura de naufrágios, veiculada em Portugal. No mar, a imagem da morte assombrava: "eu não quero nem posso dizer, por não saber pintar tantas e tão medonhas tormentas, tão diferentes no número e tão semelhantes na figura e imagem da morte, que em todos os atos desta tragédia entrou sempre pela principal figura, falando com grande espanto, e tão senhora de todos como se o teatro fosse todo seu...", diria Gaspar Afonso, sobrevivente do naufrágio da nau *São Francisco* em 1596. Os ecos das catástrofes aportavam em Lisboa: em 1565, quando Jorge de Albuquerque Coelho naufragou vindo do Brasil, rebocaram-se os destroços da nau e expuseram-nos, por determinação do regente cardeal d. Henrique, à frente da igreja de São Paulo, "e por espaço de um mês ou mais que ali esteve la tanta gente vê-la *que era coisa espantosa*, e todos ficavam admirados vendo seu destroço".[20]

Para enfrentar travessia tão terrível, havia que se ter saúde boa; as rés logo perceberam que a falta dela poderia livrá-las da pena, ou pelo menos sensibilizar os juízes no sentido de comutarem o degredo. Dizendo-se fraca, Luzia de Jesus alegava que, por esta razão, não tinha "forças e nem substância alguma [...] e assim para passar as águas do mar corre muito perigo sua vida e não é possível chegar lá...".[21] A gota-coral — denominação dada na época à epilepsia — era o mal mais freqüentemente invocado. Foi com base nele que, em 1624, Luiza Maria procurou se furtar à pena, conseguindo-o: os acidentes da doença sobrevinham "notáveis e vehementes", durando "grande espaço, e para a sossegarem aos violentos movimentos do mal a não podem aquietar quatro e cinco pessoas, como é notório e o testemunharam as pessoas que tratavam no cárcere, e assistiam no Auto de Fé, aonde padeceu um notável acidente".[22] Alegando estar "entrevada e cega, passando muitas misérias sem ter com que as poder remediar, e ter de idade muito dilatada", Paula de Moura conseguiu cumprir pena no Algarve e deixar para trás o fantasma do Brasil.[23] Na mesma época, em 1683, Maria de Souza alegou doenças e "muitos e grandes achaques" para fugir aos açoites públicos e, a seguir, ao degredo para a colônia americana.[24] O pai nobre de Francisca Cotta descreveu a doença da filha na vã tentativa de impedir sua viagem vexatória: "a dita sua filha é uma moça que há três anos pouco mais ou menos anda assombrada do inimigo da alma de que Deus nos livre, e lhe dão os mais dos dias mui fortes acidentes que se não acodem a eles se despedaçara, por cujas causas fala muitos desatinos".[25]

Mas os funcionários do Santo Ofício mantinham-se alertas aos engodos ocultados por trás de tanta falta de saúde. Em 1661, Maria da Cruz dizia sofrer das "pernas dos joelhos para baixo" em conseqüência dos açoites recebidos nas ruas por ocasião do auto-de-fé, não podendo se mover "para poder andar sobre elas, e não se levanta de uma cama, e para poder ter alguma melhora lhe é necessário ir às Caldas [...] e está incapaz de se poder embarcar para ir ao degredo". O parecer da Mesa foi inequívoco:

> Maria da Cruz conteúda na petição junta foi condenada em degredo para o estado do Brasil por tempo de cinco anos; representa a Ré a V. S. que em razão de sua enfermidade está impedida para ir cumprir o degredo, e pede a V. S. que lhe perdoe ou lho comute; a mesa a mandou ver pelo Dr. Antonio da Matta Falcão, o qual declarou que se podia embarcar sem notório perigo de vida, e que não tinha sinais exteriores das dores de que ela se queixa, e por isso se persuadia que serão fingidas. Parece à Mesa que não merece o favor que pretende.[26]

Em 1682, Úrsula Maria invocava igualmente o argumento da doença: repetidos acidentes de gota-coral, muito sangue a jorrar pela boca, "febre com marasmo de hipocondria confirmada em hábito com notável extremeceção [sic] das partes sólidas", necessitando o tratamento de "muitos, e freqüentes remédios". O parecer do médico, lacônico, dizia que, uma vez feito o exame, nada se achara que a impedisse de ir cumprir degredo no Brasil.[27]

Algumas das rés aqui examinadas procuraram alegar que o Brasil não era local indicado para se purgarem pecados, pois lá eles vicejavam em vez de se consumirem. Condenada em 1647 a dez anos de degredo para o Brasil, a "ilusa" Luzia de Jesus pediu comutação da pena alegando grande risco "de dar com maiores abusos achandose no Brasil, donde a gente é mais simples e não poderá haver facilmente quem a atalhe". Sua mãe, a persistentíssima Maria Francisca, insistiu na mesma tecla: "se a dita filha sua no meio de Portugal e entre tantos homens doutos e pios foi tão enganada do Diabo e caiu em erros tão graves, que será dela em partes aonde com dificuldade se pode achar quem a encaminhe". Se o Santo Ofício visava reconciliar o réu ao grêmio da Igreja e, desta forma, possibilitar-lhe a salvação, que lhe deixasse a filha cumprir pena em algum lugar do Reino, concluía ela.[28] Mãe e filha partilhavam de opinião corrente na época: cerca de quarenta anos antes, d. Constantino Barradas, bispo do Brasil, escrevia ao Santo Ofício dando seu parecer sobre a Bahia: ''[...] esta terra, onde há muita gente nova na fé, e outra estrangeira, e uns piores que aqueles de que se espera mais exemplo, que parece vieram à terra a ajuntar dinheiro, e não a fazer justiça''.[29] Em 1624, o Santo Ofício comungava da mesma opinião: ao comutar o degredo de Ana Antonia do Boco para o Brasil, determinava que fosse desterrada para sempre do arcebispado de Braga para que não reincidisse nos erros, mantinha que se enunciasse publicamente a sentença como se a ré fosse partir para além-mar, mas concluía: ''que em efeito não tenha o dito degredo pelo perigo que há vivendo naquelas partes de a tornar a enganar o diabo''.[30]

Atravessar o oceano representava um temor confesso: além da perda da saúde, podia significar a supressão da honra e dos dotes físicos, diziam ainda as degredadas, abraçando sem saber as idéias de ilustres detratores da América.[31] Em 1647, a bígama Ana Lourença pediu suspensão do degredo em nome do grande perigo que corria sua vida e sua alma. O primeiro marido acorreu em seu socorro, prometendo ao Santo Ofício voltar a fazer vida com ela: ''com o que se fica evitando o estragar-se a dita Ana Lourença por ser moça, e pobre, o que não tem dúvida sucederá se for ao Brasil''.[32]

Uma questão assombrava a todas elas: o que faz no Brasil uma mulher sozinha? Torna-se prostituta, presa fácil de piratas, mendiga? O pai da jovem Francisca Cotta, que era capitão do rei na Praça de Mazagão, ''teme que indo a dita sua filha ao Brasil só desamparada, por ele suplicante não poder ir com ela por ser um cavaleiro pobre e achacoso das pernas, seja causa de maior desonra sua por ser moça e bem parecida''.[33] Luiza Coelha, que ao que tudo indica embarcou junto com Francisca Cotta para o Nordeste brasileiro, tentou sustar o degredo com uma petição que alegava o seguinte: ''e porquanto é mulher moça, e andando em embarcações em tempo de guerras poderá ter muitos perigos na vida e na honra, e outrossim tem seu pai e sua mãe muito velhos, e ambos quase entrevados, e quer esperar neste reino ao dito seu marido, pois consta que é vivo, e indo ao Brasil poderá perecer e padecer grandes infortúnios...''.[34] De Salvador, Joana da Cruz escreveu uma carta truncada e confusa, difícil de ler pelos erros ortográficos mas clara o suficiente para informar que seu navio fora assaltado por piratas que lhe tiraram tudo, deixando-lhe apenas uma saia velha; na travessia, continua ela, foi humilhada pela gente do navio e tripulação: ‘‘disseram que eu vinha por bruxa e feiticeira’’, queixava-se; na verdade, Joana era dada a visões e tinha sonhos de salvar Portugal e lhe restituir a grandeza da época dos descobrimentos. Após dois meses na Bahia, tempo em que tomara confessor ‘‘nos pés deste Santo Antônio’’, a visionária queixou-se de inúmeros ‘‘trabalhos’’ e disse em carta que a aconselhavam a ir para São Paulo, ‘‘que não seria tão conhecida’’ — querendo talvez com isto aludir à estigmatização que recebia como ré degredada pelo Santo Ofício.[35] Tendo permanecido no Nordeste por sete anos — provavelmente em Olinda, de onde data o atestado de sua entrada no Brasil —, Maria da Cruz andou pelas casas e ruas recolhendo esmolas para reformar o Recolhimento de Santa Isabel da Hungria, em Lisboa.[36] A mãe de Luzia de Jesus temia que a filha não tivesse iniciativa suficiente para prover com dignidade à própria subsistência: escreveu aos inquisidores dizendo que Luzia estava ‘‘na cidade da Bahia passando grandes necessidades e desamparo porque além de não saber trabalhar nem usar de alguma indústria, é doente há muitos anos, e naquela cidade lhe têm carregado muito os achaques’’.[37]

Portanto, se no século XVII a Inquisição via o degredo para o Brasil como a última etapa de um processo purgatório, as penitenciadas que procuravam fugir dele ressaltavam da mesma forma o caráter negativo da terra para a qual seguiam e acentuavam a impossibilidade de nela se regenerarem. Com freqüência, invocavam laços familiares: mães e pais velhos e sozinhos, necessitados do amparo filial (como os de Luiza Coelha), ou mesmo maridos abandonados que subitamente passavam para primeiro plano no afeto das rés bígamas. O caso de Ana Lourença não é o único, e nesse episódio tudo indica ter sido o próprio Tribunal quem deu a pista de como conseguir a comutação do degredo, pois antes mesmo que o marido aparecesse reclamando a esposa desgarrada, o Santo Ofício julgara que a ré ‘‘tinha idade bastante para não correr perigo sua honestidade [...] e se seu primeiro marido quiser atalhar a isto a poderá acompanhar no degredo [...]’’.[38] Talvez fosse este o pior dos castigos. Também em 1647 — no mesmo ano em que o antigo cônjuge de Ana Lourença resolveu voltar a fazer vida com ela —, o marido de Catarina Lopes acorria a Lisboa vindo de Santarém atrás de notícias da ex-mulher: ‘‘vindo-lhe a notícia que a dita sua mulher estava para se embarcar veio a esta cidade com o intento de viver com a dita sua mulher’’; entretanto, ‘‘a achou já embarcada, e ora quer tratar de que torne para sua companhia’’. Pediu à Inquisição que autorizasse a volta de Catarina Lopes; não há registro de seu retorno, mas sabe-se que o Santo Ofício lhe perdoou o degredo.[39]

Além da purgação, a que visava o Santo Ofício quando degredava seus réus no século XVII? O saneamento do corpo social pelo expurgo dos maus fiéis? Se assim era, como explicar que não se incomodasse de com eles seguir maculando o corpo social da Colônia, sobre o qual também incidiam suas investidas? Contrariamente aos réus, acreditava o Santo Ofício que no Brasil se emendariam pecadores? Não parece plausível, pois o mesmo Tribunal costumava invocar os maus costumes vigentes na Colônia e que, a seus olhos, a desqualificavam. Numa época de guerra e de retomada do território, talvez a Inquisição cedesse às pressões do Estado e concordasse em despejar sobre o solo colonial boa parte de seus penitenciados — entre eles, mulheres de conduta duvidosa ou entendimento fraco, dadas a visões e a acidentes de gota-coral, indesejáveis na Metrópole mas passíveis, na Colônia, de gerarem filhos de soldados mestiços e de hereges convertidos. Se assim fosse, a Inquisição teria dois pesos e duas medidas, preocupando-se mais com o controle social no centro do sistema do que na sua periferia.

Muitos dos processos permitem reconstituir etapas na história de degredo destas mulheres, acusando um percurso solitário e apavorado. Em três dos casos, sabemos no que deu tanto sofrimento. Em 1660, passados dez anos da condenação, a tenacidade da velha mãe de Luzia de Jesus — visionária imaginosa — venceu os inquisidores: beirando os sessenta anos, a ré voltou do Brasil e teve suspenso o seu degredo perpétuo para fora de Leiria, a cidade natal.[40] Em 1668, a beata Maria da Cruz, condenada por visões, voltava a Lisboa e se apresentava com seus papéis ao Santo Ofício, após cumprir resignadamente o degredo. Pediu que lhe suspendessem a proibição de ficar fora de Lisboa, porque achava que devia zelar pelo Recolhimento de Santa Isabel da Hungria, do qual era regente na época em que fora presa. Quando partiu, o Recolhimento estava em obras. No Brasil, como se disse acima, conseguiu muitas esmolas para terminá-lo, e queria se empenhar nesta empresa porque, na sua ausência, o pedreiro encarregado das obras andara alugando os cômodos do Recolhimento: "estava como estalagem, com tenda pública de cousas que nele se vendiam, tendo-o alugado o pedreiro a quem quer que queria morar nele para pagamento das obras que tinha feito".[41]

Acusada de bruxa, Luiza Maria fora degredada para a Bahia e aos 24 anos deixara para trás o marido. Quatro anos depois, em 1668, conseguira comutação da pena e retornara a Portugal. Em 1694, com cinqüenta anos, dirigiu-se voluntariamente ao Tribunal do Santo Ofício para confessar. Disse que vivera pobre e miserável após regressar do Brasil, e que, procurada pelas pessoas, e por instância delas, voltara a praticar certas orações a fim de prever coisas futuras. Sintomaticamente, sua confissão termina de chofre, sem que haja qualquer pronunciamento do Tribunal acerca da matéria.[42]

O REVERSO DO DEGREDO

O degredo determinado pelo Santo Ofício era parte integrante de um processo em que *exclusão* e *incorporação* se alternavam. Prendendo o réu, o Tribunal o excluía momentaneamente do corpo social, continuando desta forma um movimento de exclusão iniciado no seio da própria sociedade, que, por meio da denúncia, rejeitava parte de si mesma. No transcorrer do processo, eram dadas ao réu condições para que se reintegrasse ao corpo do qual acabara de se ver excluído. Uma vez condenado, a exclusão podia ser levada ao limite pelo estigma da apostasia e da excomunhão. Imediatamente, porém, a abjuração pública no auto-de-fé (grande solenidade que exclui e integra simultânea e alternadamente) propiciava a reintegração do réu ao grêmio da Igreja. O passo seguinte era uma nova exclusão, simbólica e física: o cárcere, o hábito penitencial, as galés, o degredo. Neste último caso, que é o que ora interessa, o indivíduo, duplamente estigmatizado como réu da Inquisição e como degredado, via-se compelido a purgar suas culpas no grande purgatório que, como observou o jesuíta Andreoni, era o Brasil: em 1711, escrevia ele que esta Colônia era o inferno dos negros, purgatório dos brancos e paraíso dos mulatos.[43]

O degredo era uma das penas do Santo Ofício, mas era também um mecanismo de exclusão cujo significado ultrapassava o âmbito do Tribunal e se engastava nos meandros das relações entre a Metrópole e sua Colônia, tendo como contexto histórico o Antigo Regime. Enquanto mecanismo de exclusão, purificava a metrópole de suas mazelas, descarregando-as na colônia e se aproximando de outros mecanismos comuns à época, como por exemplo as *workhouses*. Permitindo que para as colônias fluíssem elementos que, em outro contexto, eram indesejáveis, perpetuava nelas os comportamentos tidos como desviantes. Ao fazê-lo, recriava na colônia o universo metropolitano e, simultaneamente, trabalhava no sentido de moldar o seu contrário: afinal, o degredo era também a face negra do processo colonizatório.

Com o degredo, portanto, vinham para terras coloniais elementos punidos por crimes irrisórios e dispostos a reproduzir nos trópicos o mundo metropolitano. Mas vinham também hereges, feiticeiros, blasfemos, visionários que, uma vez na colônia, minariam as bases de sustentação da ordem estabelecida, tornando-se agentes de um processo originador de novas sínteses.

Durante o século XVIII, os colonos habitantes das terras brasileiras construíram paulatinamente a percepção do que Luís dos Santos Vilhena chamou "o viver em colônias".[44] Vivia-se em colônia por opção própria ou por força de circunstâncias várias, entre elas o degredo. Mecanismo punitivo corrente no Antigo Regime, o degredo serviu para garantir a perpetuação de formas culturais portuguesas (européias) no seio da sociedade colonial. Algumas se cristalizaram e permaneceram inalteradas através dos tempos. Mas muitas se recombinaram e se refundiram em modalidades especificamente coloniais de feitiçaria, magia e religiosidade popular. No século XVIII, portanto, consolidaram-se dois aspectos distintos de um mesmo processo: a constituição simultânea da consciência colonial e de formas culturais peculiares.

Funcionando como via de purgação da metrópole, o degredo — ao mesmo tempo desterro e degradação — trabalhava no sentido de infernalizar a colônia, realimentando o que o olhar metropolitano via cada vez mais como *humanidade inviável*: olhar bem partilhado, comum a juízes do Santo Ofício e a réus modestos. Porém, contradição das contradições, o mecanismo de exclusão não se encerrava em terras coloniais. Muitos dos feiticeiros metropolitanos reincidiram na Colônia, sendo enviados para Lisboa e sofrendo novos processos cujo fecho era o degredo num couto de Portugal, das ilhas atlânticas ou da África. Outros, já no século XVIII, nascidos no Brasil e tributários de uma tradição mágica e demoníaca que o degredo ajudara a perpetuar — mostrando, aqui, sua face de transmissor cultural —, eram também processados na Metrópole e degredados para seus coutos ou suas galés. Acabavam, assim, por infernalizar a Metrópole, criando novos problemas para a Inquisição portuguesa. Infernalizar a Colônia significava muitas vezes ter, de volta, a Metrópole infernalizada: no Império Português, as contradições do sistema colonial impregnavam também o universo dos símbolos e das imagens.

Segunda parte

MICRODEMONOLOGIA
O diabo e as tensões cotidianas

Os inimiigos da alma são III, scilicet, o mundo, a carne e ho diabo.

Cartinha para ensinar a Leer com as Doctrinas da Prudência, 1534

5
RELIGIÃO POPULAR E POLÍTICA
Do êxtase ao combate

> *Ecce in caelo est testis tuus judex tuus qui te justificat; qui est qui te condemnet?* (*En el cielo está tu testigo, y tu juez que te justifica: quién habrá que te condene?*)
>
> São João de Ávila

INVASÃO MÍSTICA

Em meados do século XVII, mais precisamente entre 1647 e 1664, a Inquisição portuguesa prendeu e processou algumas mulheres suspeitas de crime contra a fé. Eram originárias de diferentes regiões: da Galícia, de Braga, Leiria, Torres Vedras, Lisboa e até de Mazagão. Todas solteiras, na sua maioria filiadas a Ordens Terceiras (quatro casos em seis), tinham nascido em famílias pobres, os pais sendo lavradores, oleiros, barbeiros, gente que sobrevivia com dificuldade. Apenas uma delas vinha de meio mais abastado, a pequena nobreza que se dedicava às armas e velava pela conservação do combalido Império Português, para tal servindo no Brasil, na Índia, na África. Chamavam-se Luzia de Jesus, Francisca Cotta, Maria do Espírito Santo, Maria da Cruz, Maria Antunes e Joana da Cruz, e em punição de seus erros foram degredadas pelo Santo Ofício para o Estado do Brasil, a única exceção sendo Maria do Espírito Santo, que cumpriu em Évora os quatro anos da pena que lhe coube.[1]

Nessa época, após sessenta anos, Portugal acabava de libertar-se da dominação espanhola, e ainda se encontrava às voltas com a guerra da Restauração. Em 1578, na batalha de El-Ksar-el-Kebir (Alcácer Quibir), perdera um rei doentio e mentalmente perturbado, a nata da aristocracia e do exército (cerca de 7 mil soldados), mais de meio milhão de cruzados — ou seja, a metade das receitas anuais do país — e a autonomia política. Escaparam cerca de cem pessoas vivas e um mito messiânico: o sebastianismo. O jugo espanhol aprofundara o processo de castelhanização em curso no pequeno reino luso desde os tempos do rei d. Manuel, que contraíra matrimônio sucessivamente com três princesas da Espanha. Espanhola também era d. Joana, a irmã de Filipe II que o príncipe d. João, herdeiro do trono na linha de sucessão de d. João III, desposara em 1552. Portanto, falava-se espanhol na corte portuguesa — que gravitava em torno das rainhas —, e reverenciavam-se os autores do "Século de Ouro", cultuados aliás em toda a Europa da época. Desde o final do século XV, até os portugueses, como Gil Vicente, escreviam na língua do país vizinho.[2]

Além das rainhas e dos escritores, vinha da Espanha uma verdadeira "invasão mística".[3] No primeiro quartel do século XVI, lá vicejava a seita dos "alumbrados", forma interiorizada de cristianismo "dotada de um forte sentimento da graça" e que teve como um de seus principais expoentes o frade franciscano Melchior de Burgos, egresso de uma família de judeus convertidos e dotado de acentuado pendor profético.[4] Houve no movimento predominância feminina e tendência ao visionarismo. Mulheres como a Beata de Piedrahita, sor Francisca, madre Marta de Toledo, Maria de Santo Domingo distinguiam-se pelas revelações, misturando mística e profecia.[5] A Espanha vivia então um clima devocional assentado no despojamento e na fuga ao mundo. Os humanistas cristãos voltavam à *Bíblia* — preferencialmente ao Novo Testamento —, traduzindo-a e empenhando-se na sua difusão em língua vulgar. Cuidava-se também da publicação de obras devocionais: a *Imitação de Cristo*, do holandês Tomás Emerken de Kempis, os *Luceros de la vida christiana*, de Pedro Ximenes, o *Exertatorio de la vida espiritual*, de Garcia de Cisneros, os escritos de são Jerônimo, santo Agostinho e vários livros e tratados que versavam sobre a vida espiritual de místicos medievais, como santa Angela de Foligno, são Vicente Ferrer e santa Matilde, estes dois últimos de pronunciado caráter profético.[6] Frutificava assim na Espanha a tradição mística da Idade Média, trazendo-se o religioso para o domínio da sensibilidade e da experiência individual.[7] Místicos como são João da Cruz e Teresa de Ávila beberiam nesta tradição, absorvendo o Pseudo-Dionísio, Occam, Eckart, são Boaventura, Bernardo de Claraval, e fazendo do século XVI espanhol "o bom momento da literatura mística".[8]

Mas voltando às humildes solteironas das Ordens Terceiras portuguesas: por que foram elas processadas pela Inquisição? Ti[illegible] revelações, diziam-se muito queridas de Deus e de Jesus, insinu[illegible] serem santas, mas o Santo Ofício as condenou por crime de f[illegible] crenças, o que significava heresia e, nesta qualidade, até mesmo bruxaria. Considerou que suas visões se apartavam do "uso comum dos católicos cristãos", constituindo vãos fingimentos "sem utilidade alguma pública ou particular", indícios de "arrogância e soberba luciferina", coisas "falsas e entre si contrárias".[9] O fato de comunicarem a várias pessoas a natureza de suas experiências extáticas esvaziava-lhes o eventual caráter místico e desmascarava-lhes a face de impostura e charlatanice, "devendo encobri-las e escondê-las se foram de Deus, como fazem as pessoas de espírito".[10] O caráter desordenado, caótico e irregular das visões, por fim, aproximava-as perigosamente do Pai da Mentira e as afastava das "regras das verdadeiras revelações e visões", próprias de santos verdadeiros, os "escolhidos de Deus" que, "em suma perfeição", entregavam-se a "exercícios espirituais de oração, penitência e outros atos de amor e serviço de Deus".[11] Desta forma, a Inquisição recusou-lhes o caráter de santidade que reclamavam, baseando-se em três argumentos principais: não tinham *humildade* (a "arrogância e soberba luciferina"), suas visões eram desprovidas de *método* (as "regras das verdadeiras revelações e visões"), e abundantes em elementos *grotescos e ambíguos* (eram "falsas e entre si contrárias").[12]

SOBERBA VERSUS HUMILDADE

A argumentação inquisitorial assentava-se no racionalismo escolástico, na leitura e entendimento dos próprios textos místicos sob uma ótica erudita. A humildade dos santos se expressava nas mortificações contínuas e prolongadas, nos tormentos, na autoflagelação, no ato de entrega contido no exercício da caridade, recusa de si mesmo em nome do próximo mas insuficiente para apagar os pecados: "Il y a tant d'années que j'abuse des grâces de Dieu... Hélas, Seigneur, je vis trop longtemps parce qu'il n'y a pas d'amendement en ma vie et que mes péchés se multiplient avec le nombre de mes années", diria são Vicente de Paulo.[13]* Teresa de Jesus mostrava-se

(*) "Há tantos anos que abuso das graças de Deus... Senhor, infelizmente o que vivo é demais, porque não há emenda possível em minha vida, e meus pecados se multiplicam com o número de meus anos."

espantada com os favores e mercês divinos, tão desproporcionados ante sua própria fragilidade e pequenez: "No pongáis, Criador mío, tan precioso licor en vaso tan quebrado, pues havéis ya visto de otras veces que le torno a derramar. [...] Cómo dais la fuerza de esta ciudad y llaves de la fortaleza de ella a tan covarde alcaide, que al primer combate de los enemigos los deja entrar dentro?".[14] Mas manifestava júbilo e gratidão ante a graça concedida, sempre reconhecendo sua miserabilidade: "Bendito seáis, Señor mío, que ansí hacéis de pecina tan sucia como yo, água tan clara que sea para vuestra mesa! Seáis alabado, oh regalo de los ángeles, que ansí queréis levantar un gusano tan vil!".[15]

A vivência mística das rés do Santo Ofício se nutria na efervescência religiosa que revolvia a península Ibérica naquele "século de santidade".[16] Algumas sabiam ler, e, como os inquisidores, devem ter tido acesso aos livros místicos que se publicavam em Portugal desde o fim do século XV, quando, sob iniciativa da rainha d. Leonor, veio à luz a *Vita Christi* (1495) "em língua materna e portuguesa linguagem [...] com muita despesa da sua fazenda", conforme afirmou Valentim Fernandes na "Epístola" que serviu de proêmio à obra.[17] Em 1582, o arcebispo d. Teotônio de Bragança mandava imprimir em Évora, na casa tipográfica da viúva de André Burgos, o *Caminho da perfeição* da santa de Ávila. Entre 1616 e 1654, verificaram-se várias reedições de *Los libros de la B. Madre Teresa de Jesus.*[18] Em 1630 publicou-se o poema de frei Manoel das Chagas, *Teresa Militante*, onde se cantavam os feitos extraordinários da santa.[19] Estas publicações destinavam-se predominantemente aos conventos: neles, sabe-se com certeza que contavam entre as obras lidas por frades e freiras, ou narradas em voz alta às beatas analfabetas. Foi provavelmente desta forma que as irmãs terceiras de que se trata aqui — muitas delas residentes em conventos — travaram conhecimento com os arroubos místicos de santa Teresa, para não falar de outros místicos europeus. O entendimento que tiveram destas obras diferiu do havido pelos inquisidores e pelos eruditos em geral.[20] O aspecto mais intelectualizado, abstrato e filosófico, tributário da escolástica, tornava-se ininteligível para elas. Apreendendo o lado mais sensível, que a vida religiosa moderna trouxera para o cotidiano, as beatas vivenciavam-no à sua maneira, dando-lhe quase sempre os contornos mais concretos próprios às categorias do pensamento e da cultura popular.[21] Não poderiam dar conta, por exemplo, do movimento sutil e complexo entre a consciência da miserabilidade humana e obsessão pelo pecado, por um lado, e o impulso místico, o refúgio na contemplação, o conforto por meio do exercício da caridade e do apostolado catequético que, por outro, pautava o comportamento desses "aventureiros do absoluto".[22]

Luzia de Jesus, penitenciada que saiu no auto-de-fé de 15 de dezembro de 1647, em Lisboa, ouvira de são Simão que este a considerava tão necessária à Igreja quanto ele; são João Batista e Deus também a elogiavam, este considerando que a beata valia tanto quanto o sangue de Cristo, e que, em sua homenagem, um convento deveria ser edificado no local em que nascera. Jesus, por sua vez, informara-lhe que lhe ministrava ensinamentos desde o tempo em que ela ainda se achava no ventre materno.[23] Maria da Cruz, condenada pela Inquisição em 1660 aos 43 anos de idade, afirmava "que se Deus manifestasse ao mundo a vista dela Ré, pasmariam todos, que os servos de Deus iam por um caminho muito rasteiro, e ela Ré ia por vocação mui alta, e que nem aos anjos eram manifestos os caminhos por onde Deus a chamava, e lhe infundira a graça em mais altura que a são João Batista".[24] Joana da Cruz, porteira do Recolhimento das Convertidas às Chagas e presa pelo Santo Ofício em 1659, fazia-se "de santa e mimosa de Deus".[25] Maria do Espírito Santo, condenada em 1658, costumava sair de si e, em êxtases, ir à Glória. Suas visões refletem certa prodigalidade católica em fazer santos e atribuir nomes diversos à Virgem, numa época de inegável expansão do culto mariológico: nas suas estadas celestiais, a senhora da Boa Morte a chamava sua mana, a da Penha de França sua prima, a dos Mártires sua madrinha; "quando chegasse a ser bemaventurada, havia de ser advogada contra os demônios e ânsias do coração e das castanhas, motivo por que lhe haviam de chamar Santa Maria das Castanhas". Por outro lado, privando da familiaridade dos santos, as visionárias reforçavam a tradição popular que deles fazia intermediários entre o fiel e um Deus quase sempre distante e intangível.[26]

Para os inquisidores, tais delírios eram totalmente alheios ao universo característico da santidade; em seus pronunciamentos e opiniões ressaltam a ausência de humildade e excesso de soberba das rés, que proclamavam certezas tanto mais suspeitas por excluírem "todo movimento de dúvida". Ante a afirmação de uma delas de que por muitos anos não se inclinara ao pecado, lembraram que santos e apóstolos não conheciam tal ausência de inclinação.[27] Cristãos não viviam assim, diziam os juízes, com tanta estimação própria... Procuravam mostrar os enganos provocados pela soberba com base numa leitura estrita dos textos religiosos. Quando Joana da Cruz se jactava de ter encontrado o caminho para certa casa graças ao auxílio que, nesta busca, lhe fora dado pelo arcanjo são Miguel, a Inquisição argumentava que "Deus Nosso Senhor não serve [sic] dos Arcanjos senão para anunciarem os mistérios mais altos, e levantados, e aquela ação era tão leve que não necessitava de instrumento divino, porque qualquer pessoa humana o podia fazer". Invalidando as revelações que afirmava ter tido de Deus, segundo a qual o Criador lhe dizia que as dores de que padecera em certa circunstância eram as mesmas sentidas por são João Evangelista, "porque lhe havia de conceder tudo que a ele concedera", afirmava o Santo Ofício que em tal revelação "se contém uma temeridade grande, qual é igualar-se em merecimentos com os Sagrados Apóstolos, e não pode proceder de Deus revelação que contenha temeridade".[28] O próximo passo nesta linha de raciocínio seria aproximar as visões das beatas soberbas do Diabo, o Pai da Mentira.

DESORDEM VERSUS ORGANIZAÇÃO

No século de ouro da santidade, tanto a vida mística e contemplativa quanto o exercício da caridade e do apostolado achavam-se enformados pelo *método*, pelo "espírito de organização posto a serviço do amor" que, para Delumeau, caracterizaria a ação de são Vicente de Paulo.[29] Neste afã organizacional, nada suplanta os *Exercícios espirituais* de santo Inácio de Loyola; minuciosos e detalhados, insistiam nos pequenos aspectos práticos que pontuam a vida espiritual, chegando a propor o ajuste entre o ritmo da prece e o da respiração. A *Fórmula do Instituto*, que normatizava a ação da Companhia de Jesus, fazia, por sua vez, com que a prática apostólica dos missionários os transformasse em "soldados de Cristo", bem adestrados e dóceis à disciplina da ordem.[30] Mas também a mística teresiana foi metódica: da oração ao êxtase, há um percurso penoso que a santa dividiu em quatro degraus, comparando-os com as diferentes etapas do trabalho de um hortelão, sempre atento em separar as boas plantas das ervas daninhas e a prover o seu cultivo com a água necessária. A imagem não é gratuita: o ofício de lavrar a terra distingue justamente o homem ajustado, tornado sedentário, daquele que ainda vaga nômade vivendo de coleta, caça, pesca, enfim, de atividades *assistemáticas*.[31]

Santo Inácio e Teresa de Jesus talvez representem modelarmente as duas principais vertentes da religiosidade moderna: o apostolado e a vida contemplativa. Em diferentes gradações, em uma e outra tendência perfilaram-se santos e religiosos como são Francisco Xavier, são Camilo de Lellis, são Vicente de Paulo e as Damas de Caridade, ou são João da Cruz, Molinos, Bérulle, madame Guyon. O importante é que o método estivesse presente em ambas as vivências religiosas, penetrando na ascese, nas preces, na prática das mortificações assim como na da catequese ou da caridade. São Pedro Claver, o "Apóstolo dos Etíopes" — no caso, os escravos negros da colônia espanhola de Nova Granada —, teria desenvolvido uma verdadeira metódica dos tormentos. "Ao contínuo jejum acrescentava um 'grande morticínio' cotidiano de 'longas e sangrentas disciplinas', implacavelmente exercitadas com 'excessivo fervor' sobre seu corpo já dilacerado." Numa exigência minuciosa, organizava seu dia de forma a transformar os atos mais simples — como o barbear-se — em "momentos de ininterrupta carnificina".[32]

Também sobre as beatas condenadas pela Inquisição abateu-se a "fome de Deus" que consumiu os santos reconhecidos como tal. Muitas de suas preocupações com a vivência da religiosidade são surpreendentemente semelhantes às dos grandes vultos daquele século de santidade, dilacerados entre a renúncia do mundo — como são João da Cruz — e a necessidade das ações — como Loyola, os jesuítas, são Camilo ou Vicente de Paulo. Porém, como no caso dos favores divinos acima examinado, seus anseios revelam que a experiência religiosa era sentida e expressa de forma muito mais tosca e crua. Joana da Cruz, camponesa de Torres Vedras que guardara carneiros na infância, "mais queria na casa de Deus ser servidora que no mundo ser rainha", e tinha grandes desejos de "viver em deserto *para tratar somente de quietação espiritual*". No seu sonho de vida contemplativa enxergara um grande deserto onde se destacava a imagem de Cristo crucificado. Ajoelhando-se a seus pés e dando-lhe graças, "sentiu em seu interior que da mesma imagem saíra uma voz que disse as palavras seguintes: 'Não sabes o que pedes, mais te vale andar aos baldões das criaturas no mundo, que cinqüenta anos de deserto a meus pés' ". A perplexidade entre uma vida de orações no convento e uma prática mais efetiva que a inserisse no mundo circundante parece ser nela legítima, mesmo se restrita a devaneios. Muitas de suas visões lhe indicavam que haveria de ser fundadora de um Recolhimento de Convertidas na Bahia, para lá levando muitas das recolhidas da casa de Lisboa, onde tudo indica que servia como porteira.[33] Outras eram visões mais genéricas, mas nem por isso desprovidas de interesse; uma delas reforça a idéia acima expressa de que havia conhecimento dos escritos teresianos por parte dessas mulheres, seja pela transmissão oral, seja — talvez mais provavelmente — pela via escrita: Joana assinava o nome e, apesar de muitos tropeços e erros ortográficos, sabia escrever, como indica documento do próprio punho anexado a seu processo.[34] A imaginação e o anseio religioso popular, fecundados simultaneamente pelo Novo Testamento — a referência ao fundador do cristianismo institucionalizado — e por algumas noções, vagas talvez, acerca das *Moradas del castillo interior* — a referência à fundadora do Carmelo — levaram-na a ver um "carro feito de pedra e um castelo muito forte, que chegava ao Céu". Pedindo a Deus que lhe esclarecesse o significado da imagem, Ele dissera que o carro era ela, "porque assim como o mesmo Senhor dissera a São Pedro, *tu es Petrus, et super hanc petram edificabo ecclesiam meam*, assim o dizia por ela Ré, porque sobre ela e seus merecimentos edificava e fundava a sua igreja, e que o castelo era também ela Ré, porque tão forte e purificada a tinha, como aquele castelo". Naquela época, *religião* significava também *ordem religiosa*, o que justificaria a identificação entre Pedro e Teresa: o fundador da religião e a fundadora de uma ordem confundiam-se na terminologia e na concepção popular, atraindo Joana para a militância religiosa. Por amá-la demais, Nosso Senhor determinara que ela deveria fundar cinco ordens, ou cinco *religiões*: vivendo num período em que importantes ordens e congregações novas se multiplicavam, a ex-pastora nada via de errado em ser simultaneamente a fundadora de cinco delas, mas antes um motivo para melhor expressar seu amor a Deus, seu empenho na difusão da fé católica. Dessacralizando a mensagem teresiana, transformava o castelo-alma em si própria, missionária fundadora de *religiões*. Traduzia na sua linguagem de camponesa a tensão entre mística e obra, expressa, entre tantos outros, por Fléchier no *Dialogue second sur le quiétisme*: "Travaillez un peu moins à devenir tranquilles,/ Soyez moins glorieux, et soyez plus utiles".[35]*

Impasse semelhante, mais especificamente referido, no plano das obras, à valorização da caridade e do assistencialismo, encontra-se na bela formulação de são Vicente de Paulo: "Quand vous quitterez l'oraison pour soigner un malade, vous quitterez Dieu pour Dieu. Soigner un malade, c'est faire oraison".[36]**

(*) "Empenhai-vos um pouco menos na tranqüilidade. Sede menos vaidosos, e mais úteis."

(**) "Quando deixardes a oração para cuidar de um doente, deixareis Deus por Deus. Cuidar de um doente é orar."

Para os inquisidores, entretanto, o rústico invólucro popular que revestia os anseios religiosos das beatas era suficientemente pernicioso para torná-los nulos. Maria Antunes, penitenciada no ano de 1658, suscitava dúvidas sobre a autenticidade de suas aspirações a um comportamento santo por não ter compostura em público, agindo freqüentemente de forma ridícula, *desordenada*: "quando ouvia missa, ou estava em oração, fazia abalos descompostos com o corpo, chegando com ele ao chão"; "falava algumas vezes formando a voz de criança pequena, dizendo que pela oração a punha Deus no estado da inocência"; em certa ocasião, ao mesmo tempo em que incitava um homem a ir pelo mundo fazer vida santa, deu-lhe "um grande abraço, e derribando-o no chão, o tinha tão aferrado pelo pescoço que com muito trabalho se desembaraçou da Ré, ação que escandalizou pelo pouco que tinha de honesta". Além disso, Maria Antunes dizia coisas estranhas, incompreensíveis para os juízes: "Dizia que quando fosse a pregar pelo mundo, se haviam todos de fazer amarelos".[37] Estaria ela fazendo menção, de forma invertida e descoordenada, à ação dos apóstolos do Oriente, como são Francisco Xavier? Por fim; a descomposta beata Maria da Cruz, discípula e admiradora confessa de santa Catarina e de santa Teresa, dizia ter tido as entranhas feridas por três setas, e citava a referência mística, gritando nos êxtases pela santa de Ávila e "dizendo que só a santa sabia o que aquilo era". As influências carmelitas pontuam sua narrativa: "Bendito sejas, esposo celeste, quão grande é a tua luz, e quão grande m'a deste", dizia ainda, sem entretanto ter conseguido passar por santa aos olhos dos inquisidores. Foi degredada para o Brasil, chegando a Olinda no ano de 1663.[38] O êxtase escandaloso e barulhento, a forma deselegante com que se referia à boda mística afastavam-na irreversivelmente da requintada união de Teresa com Deus. Este, por exemplo, teria dito à reformadora do Carmelo: "Deshácese toda, hija, para ponerse más en Mí; ya no es ella la que vive, sino Yo. Como no puede comprehender lo que entiende, es no entender entendiendo".[39] Na poesia "Mi amado para mi", a santa tratara do tema da seta que a ferira de forma lírica e encantadora:

Hirióme con una flecha
Enherbolada de amor
Y mi alma quedó hecha
Una con su Criador;
Ya yo no quiero otro amor,
Pues a mi Dios me he entregado,

Y mi Amado para mi
Y yo soy para mi Amado.[40]

Apesar de existir um campo comum entre a religiosidade de santas ''verdadeiras'' e santas ''falsas'', entre o misticismo e o anseio por obras edificantes de Teresa de Ávila e o das Joanas da Cruz ou Marias Antunes que pululavam em Portugal à época da Restauração, havia diferenças significativas. Para os inquisidores, elas se mostravam mais difíceis de precisar no que dizia respeito ao *conteúdo*, à essência da espiritualidade. Num século em que os santos e beatos constituíam legião, verdadeira ''via láctea'',[41] as heterodoxias e desvios nem sempre eram facilmente identificáveis, e nesta matéria o Santo Ofício procurava antes pecar por excesso do que por falta. A própria Teresa ficou anos sob a suspeita da Inquisição espanhola, que só não a prendeu em virtude da extrema obediência que sempre mostrou; mesmo assim, sua obra foi considerada perigosa e só se publicou na Espanha postumamente, graças à intervenção de frei Luís de León.[42] Santo Inácio, fundador da ordem religiosa que talvez mais se tenha identificado com a Reforma católica, foi inicialmente suspeito de adesão ao movimento dos ''alumbrados'', permanecendo prisioneiro do Santo Ofício espanhol por mais de dois meses.[43] São João de Ávila, que sempre esteve próximo de Teresa, de são João da Cruz, de santo Inácio, tendo ainda influenciado decisivamente a opção religiosa de são João de Deus, também esteve preso por um mês, o Santo Ofício desconfiando de que abraçara o luteranismo.[44] Assim, foi contra a *forma* assumida pelos êxtases e concepções das beatas portuguesas em questão que o Tribunal luso se voltou de imediato, ressaltando-lhes a desordem, a crueza, a falta de elegância. Como muito bem mostrou Jacques Le Goff, a preocupação estética com a forma ''é a marca profunda da passagem de um universo de sensibilidade e de cultura a um outro''.[45]

GROTESCO VERSUS SOBRIEDADE

Era tanto a forma quanto o conteúdo que desconcertava os inquisidores quando, nos depoimentos das beatas, surgiam elementos grotescos, por eles freqüentemente qualificados de ''ridículos''. Maria Antunes estava certo dia em oração quando,

> vendo um homem os abalos e meneios que nela fazia, se pusera a chorar com grandes gritos, e ela Ré com a força do espírito se levantara

da oração e chegando-se ao dito homem lhe dissera: "Abraça-te comigo, homem". E que fazendo-o ele assim, lhe tornara a dizer: "Aperta-me muito". E acudindo gente aos gritos, e perguntando a causa, respondeu ela que por haver declarado ao dito homem que havia de ser santo, se pusera a gritar; o que tudo fizera forçada do espírito e sem tenção de o fazer.[46]

A introdução do grotesco e do absurdo revelava a presença dos códigos próprios à cultura popular, embebida, conforme viu Mikhail Bakhtin, de comicidade e do espírito da praça pública.[47] Os gritos e os abraços da beata, que se lançava do transe à expansão de impulsos eróticos, sugeriam um universo em que maneiras descompostas, riso e até mesmo brincadeiras licenciosas podiam conviver com religiosidade. Atrelando-se a tradição muito antiga na Europa, os padres permitiam-se toda espécie de histórias e brincadeiras quando, do alto do púlpito, pregavam por ocasião da Páscoa ou do Natal.[48]

Mas há passagens dos processos das beatas que sugerem adesão a outros aspectos das tradições e cultura populares. Francisca Cotta — a única dentre as mulheres aqui estudadas que vinha de uma casa nobre — vivia na África com o pai militar e era dada a acidentes de gota-coral. Caía em êxtases e se comunicava também com as almas do outro mundo, e certa vez ouvira de um sacerdote "que Deus Nosso Senhor estava muito irado contra o povo daquela vila de Mazagão (onde ela morava) e que a Virgem Nossa Senhora andava de joelhos com os peitos de fora, pedindo a seu sacratíssimo filho lhe perdoasse, e que ele lhe respondeu que lhe não havia de perdoar".[49] Há neste delírio uma mistura curiosa da concepção grotesca do corpo, em geral positiva e regeneradora, com a idéia de perdição coletiva. Ainda segundo Bakhtin, o corpo grotesco "ultrapassa-se a si mesmo, franqueia seus próprios limites. Coloca-se ênfase nas partes do corpo em que ele se abre ao mundo exterior, isto é, onde o mundo penetra nele ou dele sai ou ele mesmo sai para o mundo, através de orifícios, protuberâncias, ramificações e excrescências, tais como a boca aberta, os órgãos genitais, seios, falo, barriga e nariz".[50] A alusão aos seios de Nossa Senhora destaca-lhe os atributos maternos, de genitora do "sacratíssimo filho" e, portanto, responsável pela sua vida. Mas há um aspecto negativo, pois a mãe que lhe dera a vida pede inutilmente perdão, como se fosse pecadora; seria de tal monta a perdição reinante na cidade africana — contra a qual se voltara a ira de Deus — que nem a Virgem se salvaria. Os seios expostos passam assim a ressaltar o caráter pecador — numa alusão, talvez, às santas-prostitutas ou de comportamento duvidoso: Margarida de Cortona, Maria Egipcíaca, Maria Madalena.[51] Por detrás da blasfêmia pura e simples — aspecto evidente e inteligível à leitura dos inquisidores — abrigava-se o hábito popular de conferir atributos humanos aos santos, tornando-os mais próximos do fiel; residia ainda a importante tradição blasfematória da praça pública, onde, numa provável sobrevivência de fórmulas sacras muito antigas, lançava-se mão de objetos ou pessoas sagradas, jurando-se "pelo corpo de Deus", "pelo sangue de Cristo", pelas tripas e tutanos de Jesus, e, assim, promovendo-se o *despedaçamento do corpo.*[52]

Nossa já muito conhecida Joana da Cruz entremeava as visões beatíficas com um relato fescenino: quando vivia ainda no seu Recolhimento, "indo um dia para o coro, tivera uma necessidade corporal, a qual satisfizera na varanda do mesmo coro, e que vendo a dita Dona Mariana que então era vigária a varanda com as imundícies, as limpara, e que Deus Nosso Senhor revelara à dita Joana da Cruz que havia de ter no céu uma coroa de glória pela necessidade que satisfizera na forma referida".[53] A proposição certamente constituía blasfêmia aos olhos do Santo Ofício, revelando ainda, por parte da beata, excesso de auto-estima e vanglória. Entretanto, sob a lógica da cultura popular, o episódio que Joana despudoradamente expusera à Inquisição tinha significado totalmente diverso — caso contrário, não o desvendaria assim aos terríveis e ameaçadores juízes, procurando antes omiti-lo. Ele remete à importância do *baixo corporal* no universo popular europeu, os excrementos não tendo a significação banal ou estritamente fisiológica que neles vemos hoje: "Eram, ao contrário, considerados como um elemento essencial na vida do corpo e da terra, na luta entre a vida e a morte, contribuíam para a sensação aguda que o homem tinha da sua materialidade, da sua corporalidade, indissoluvelmente ligadas à vida da terra".[54] A visão blasfematória de Joana *carnavalizava* a graça divina para, em seguida, *descarnavalizá-la*. Voltando mais uma vez à iluminadora análise de Bakhtin sobre Rabelais, tem-se no banquete de Epistemon nos infernos inúmeros elementos de inversão carnavalizadora: quem não teve sífilis na terra, certamente a terá no outro mundo; os que tinham sido grandes senhores neste mundo, ganhavam, no inferno, pobre, má e indecente vida; indigentes e filósofos, por sua vez, que tanto tinham penado na estadia terrestre, tornavam-se grandes senhores quando nos domínios ínferos.[55] A beata identifica sua necessidade corporal a esse código popular, colocando-a num espaço totalmente alheio a ela — o coro do Recolhimento, onde as vozes se elevavam para Deus. Mas, em seguida, desfaz o percurso anterior: o excremento, que no realismo grotesco do povo era motivo de alegria e de fecundidade, seria reconhecido como tal pelo Criador, e a necessidade *satisfeita* valeria no céu uma coroa de glória.

Mais talvez do que o repúdio à imodéstia das visões ou a seu caráter desordenado, a recusa dos conteúdos grotescos revela a existência de um desnível profundo entre a cultura erudita dos inquisidores e o universo da cultura popular que permeava a religiosidade delirante das beatas portuguesas. Ante a vitalidade da presença corporal, ante a importância dos excrementos, ficava evidente que juiz e réu não poderiam travar senão uma relação *dialógica*, assentada na total incompreensão mútua dos significados que se enunciavam.[56]

MISSÃO SALVACIONISTA

Uma das inúmeras visões de Joana da Cruz retratava a vida que lhe caberia após a morte. "Sua imagem se havia de por sobre uma peanha com o diabo aos pés com uma espada na mão direita com a ponta na cabeça do demônio e na esquerda um coração, e dentro dele uma custódia, e um letreiro na peanha que dissesse: 'Joana de Deus reformadora de sua igreja e protetora de Portugal'."[57] Não há dúvida que, a inspirar esta visão, estava a imaginária e a arquitetura tridentinas: custódias, letreiros, peanhas multiplicavam-se pelas igrejas católicas da Europa, o mundo da cultura erudita alimentando devaneios populares.[58] Uma vez morta, Joana se identificava, pelos traços iconográficos, com Nossa Senhora da Conceição;[59] mas a cena que descreve introduz um elemento novo: a preocupação com a ordem política e o desejo de nela interferir por meio da religião. Corria o ano de 1660; após a Restauração sob os Bragança, Portugal emergia de um longo processo de luta que compreendera a guerra contra a Espanha pela afirmação da nacionalidade. Do sonho de Joana pode-se desentranhar não apenas a figura de Nossa Senhora vencendo o Maligno ou, no plano do conto maravilhoso, a da princesa pisoteando o dragão, mas também a de Joana d'Arc levando a pátria à vitória contra o invasor estrangeiro.

Que o modelo desta Joana, camponesa e guardadora de ovelhas na infância, fosse a outra, pastora também, mas na distante Lorena, ou fosse o arquétipo milenar da donzela guerreira — ao qual aliás pertence igualmente a santa francesa — é difícil dizer no momento.[60] Incontestável, entretanto, é que o desejo de santidade de

Joana da Cruz passava pela redenção de seu país através de seus atos, e pela identificação com os símbolos da nacionalidade. Sempre em visões, Deus lhe declarara que "havia de ser religiosa, por ser assim a vontade divina, e se havia de chamar Joana de Deus, porque a cruz dos trabalhos [Cruz era seu sobrenome] havia de ser neste tempo acabada, e porque o maior santo dos portugueses era São João de Deus, e como ela havia de ser a maior santa, queria que tivesse o mesmo nome". Em outra ocasião, soubera pelo mesmo Senhor que Ele criara em Castela uma Teresa e em Portugal uma Joana, que era ela.[61]

Penitenciada treze anos antes, em 1647, quando a Restauração ainda era muito recente, Luzia de Jesus apresenta nas visões traços muito semelhantes aos de Joana. "O Anjo da Guarda deste reino mostrara as muitas cousas que ela tinha remediado no mesmo Reino com a lembrança que dele tinha"; o Senhor, por sua vez, "lhe mostrara a Santo Antonio com grande cuidado deste Reino, e lhe dissera que o Céu tinha um português, e a terra uma portuguesa, que faziam tanta força que não tinha lugar a divina justiça, ainda que muito se merecesse. E que Santo Antonio dizia a ela Ré que a portuguesa que vivia na terra o ajudava, e lhe dava força para com o Senhor, e que ela ré entendera de si ser a dita portuguesa, e que depois lho esclarecera o mesmo santo."[62] São João de Deus, num caso, santo Antônio de Lisboa (ou de Pádua), no outro, eram os grandes santos nacionais portugueses, motivo de orgulho num momento difícil em que a identidade nacional precisava ser afirmada; parece bastante plausível que, entre o povo, tal afirmação se fizesse predominantemente com base em elementos religiosos. Santo Antônio fora canonizado em 1232, apenas onze meses após sua morte — o que atesta o grande prestígio que tinha, e a fama inequívoca de santidade; já são João de Deus, morto em 1550, seria canonizado em 1691, mas consideraram-no beato desde 1630: as visões de Joana devem, portanto, traduzir a acolhida que o santo tinha nos meios populares no período intermediário entre sua beatificação e a canonização, reforçada, sem dúvida, pelos sermões freqüentes em que se invocava o auxílio do santo nas batalhas.[63]

Sobre santo Antônio, há um curioso poema que, editado em folheto, deveria correr entre o povo, verdadeiro espelho tanto do sentimento profundo de devoção ao santo quanto do orgulho nacional pela independência reconquistada: as *Decimas ao Serenissimo Rey D. Affonso VI. Quando mandou alistar por soldado ao glorioso Santo Antonio de Lisboa*, de autoria de Jerônimo Vahia. Nos versos simples, fica dito que santo Antônio, alistado, livrará a pátria do domínio castelhano:

Pois que? Com tal valentia
Não vencerá Portugal,
Quando tem soldado tal,
E mais em tal companhia?
Castela de medo fria
Tema tão grande invasão,
Que não pode escapar, não,
Empenhando Antonio o braço,
Nem praça do seu cordão.

Fará cousas nunca ouvidas
Em favor dos Lusitanos,
Não sendo dos castelhanos
Com ser das Cousas perdidas:
Tingirá, cortando vidas,
De vermelho o burel pardo,
E com ímpeto galhardo
Triunfando em todo o risco,
Posto que é frade Francisco
Brigará como um Bernardo.

Com hábito, e fidalguia
Será de Castela açoite,
Se como frade de noite,
Como fidalgo de dia:
Cante a Lusa Monarquia,
Chore a contrária nação,
Pois ambas nele terão
Para glória, e para dor
Huma nas mangas favor,
Outra nas bragas prisão.[64]

Muito se tem dito sobre o papel desempenhado pelo milenarismo nos séculos XVI e XVII portugueses. Antes de Alcácer Quibir, as trovas do sapateiro Bandarra, influenciadas pelo messianismo judaico, previam a chegada de um rei justo que, sob um único Deus, estenderia seu reinado regenerador por sobre todo o mundo. Logo após o desastre africano, d. João de Castro interpretara as *Trovas* — que, apesar de sucessivas proibições, circulavam livremente entre o povo — e começara a pregar a volta de d. Sebastião, tornando-se para o sebastianismo o que, segundo alguns autores, fora são Paulo para o cristianismo. Por fim, quando da morte de d. João IV, o primeiro rei da dinastia bragantina, o sebastianismo foi recriado por homens como Antônio Vieira, que não reconheciam a morte recente do rei e vaticinavam que haveria de ressuscitar para encabeçar o Quinto Império.[65]

Entre a elite letrada, as sucessivas publicações de cunho nacionalista ou mais acentuadamente milenarista atestam o visionarismo de então: *Maior triunfo da monarquia lusitana em que se prova a visão do campo de Ourique*, de Pero de Sousa Pereira, publicada em Lisboa no ano de 1649 e que trata do Império Português para a glória de Deus; *Ressurreição de Portugal*, de Fernão Homem de Figueiredo (o dominicano Manuel Homem), que diz no proêmio ao leitor: "Se fores castelhano, dou-te o pêsame, se português o parabém do novo império, que Deus aumente e prospere por largos anos"; *Restauração de Portugal prodigiosa*, publicada sob o pseudônimo do dr. Gregório de Almeida, para João Lúcio de Azevedo "o mais notável desses livros"; *Lusitania liberata*, de Antônio de Sousa Macedo, publicada em Londres em 1645, que, com base na enumeração de prodígios, profecias e maravilhas, defende a legitimidade da nova monarquia bragantina.[66] Muitos folhetos se publicaram na época, sugerindo alcance popular maior: a glosa dos *Lusíadas* feita por André Rodrigues de Mattos sobre o *Triunfo das armas Portuguezas* e publicada em 1663; o *Panegyrico em a coroação de Sua Magestade o Serenissimo Senor Dom Joam IV*, folheto patriótico em que os portugueses são "aradores do campo de Netuno", que, após sofrerem perigos e tiranias, vêem-se redimidos por d. João IV, "gozo de Portugal, glória do mundo";[67] os *Applausos Lusitanos da vitoria de Montes Claros que tiveram os Portugueses contra os Castelhanos*, de autoria do cônego Leonardo de São José. Este religioso era pregador de Sua Majestade, conforme atesta a página de rosto do folheto, o que sugere o papel de proa que deveriam ter os sermões na veiculação de idéias e imagens, simultaneamente se nutrindo das concepções populares e, em forma mais polida, reforçando-as mediante a oratória persuasiva.

Desta forma, sendo para certos autores eminentemente popular nas suas raízes, o sebastianismo ganhou as elites cultas, que o transformaram em doutrina de salvação nacional. Por volta dos anos 60, abandonado pela "gente sensata", viu-se novamente devolvido ao povo.[68] Contra ele se batia, incansável, a Inquisição: em 4 de abril de 1666, saía em auto-de-fé Maria de Macedo, a filha de um violeiro que morava no Chiado e que, indo à noite às Ilhas Encobertas, falava com d. Sebastião, via o rei Artur e os profetas Enoch, Elias e são João Evangelista.[69] O grande Antônio Vieira também conheceu a sanha inquisitorial, responsável pelos cinco anos de cativeiro que amargou.

Portanto, Vieira permaneceu preso ao milenarismo sebastianista num momento em que dele já havia desertado a elite culta. Nas pregações, sua voz soava "como a de um morto esquecido, que do túmulo saísse, a dizer aos vivos coisas do seu tempo antiquadas".[70] É importante transcrever um trecho muito significativo da *História do futuro*, quando se refere à profecia de Daniel:

> no tempo deste Império de Cristo há-de haver no Mundo um só Imperador, a que obedeçam todos os reis e todas as nações do Mundo, o qual há de ser Vigário de Cristo no temporal, assim como o Sumo Pontífice no espiritual; o qual Império espiritual então há-de ser perfeito e consumado, e que todo esse novo estado da Igreja há-de durar por muitos anos, e que a cabeça deste Império temporal há-de ser Lisboa, e os reis de Portugal os Imperadores supremos, e que neste tempo há-de florescer universalmente a justiça, inocência e santidade em todos os estados, e se hão-de salvar, quase pela maior parte, todos os homens, e se há-de encher então o número dos predestinados, o qual é muito maior do que comumente se cuida, conjecturando-se também o tempo em que estas cousas hão-de suceder, e mostrando-se os meios e instrumentos por que se hão de conseguir.[71]

Em 1665, as *Trovas* do Bandarra voltavam a ser proibidas, o que atesta a penetração que conheciam. As mulheres do povo que tinham visões e se diziam queridas de Deus apresentam formulações impressionantemente análogas às constantes nestes versos, ou nos Sermões de Vieira, ou ainda nos livros dos adeptos cultos do milenarismo, sugerindo a circularidade entre os níveis culturais popular e erudito. É ainda Joana da Cruz quem expressa a presença do bandarrismo e do sebastianismo nos meios populares. Dizia que Deus Nosso Senhor lhe mostrava e manifestava na oração "que a alma de Sua Magestade que Deus tem andava neste mundo em figura de porco", sendo salva por intercessão da Virgem. O rei em questão parece ser d. João IV, morto quatro anos antes, e a figura do porco remete, de forma confusa e distorcida, às *Trovas*: nelas, a alegoria do Leão e do Porco representam, respectivamente, Portugal e Marrocos. D. João penando na figura de porco talvez indique a impureza em que se encontrava sua alma antes da salvação, ou talvez ateste a incorporação equivocada, distorcida pela transmissão oral, do conteúdo dos versos do Bandarra.[72]

Também a alma de d. Sebastião penava sem descanso pela jornada da África, e "assim havia de andar até o Reino se restituir ao estado em que se encontrava naquele tempo''. Vez ou outra, em forma humana, encostava a cabeça sobre o colo de Joana da Cruz e se deixava catar por ela, ''e correndo ela declarante a mão pela cabeça, lhe ficou a mão esquecida por algumas horas sem a poder menear''.[73] O rei-pai era também rei-filho: purgava as penas de seu povo, mas às vezes deitava em seu regaço, procurando conforto. Da mesma forma que afetivizava a religião, a mentalidade popular estabelecia liames estreitos com o monarca desaparecido, mostrando como o sebastianismo era vivido nas relações cotidianas, o monarca se apresentando tão piolhento como os homens pobres que habitavam seu reino. No nível cotidiano, podia ainda ocorrer a superposição entre o destino coletivo e o individual: ''ouvindo um sermão em que se disse que os portugueses eram coluna de fogo'', Luzia de Jesus se representara ''em seu interior que os portugueses eram coluna de fogo porque sua mãe o era, e se lhe fizera então lembrança, que em outra ocasião havia entendido que era ela ré chama de fogo que havia de abrasar o mundo''.[74]

Muitas das visões de Joana da Cruz reúnem sonhos de supremacia religiosa e política, mostrando que, na época das guerras da Restauração, o clima de milenarismo reinante podia embasar o anseio de libertação nacional.[75] Em 1657, a visionária teve para si que os castelhanos não haviam de tomar Olivença e, no ano seguinte, viu que ''se fizeram grandes festas no céu alegrando-se os anjos pela vitória de Badajós, no tempo em que o nosso exército a tinha sitiada''. Em outra revelação, os anjos se juntaram no Céu e, apresentando-se diante do Tribunal Divino e da Santíssima Trindade, levaram cada um a sua província e reino para saber qual havia de ser cabeça do Império: ''saíra que ainda que Castela tinha mais santos canonizados, Portugal tinha mais justos na Terra, e que assim havia de ser cabeça do Império''. A obsessão pelo julgamento reúne o imaginário do Juízo Final à esperança de intervenção divina na contenda temporal entre os dois reinos ibéricos. A exacerbação atinge os seus limites quando Deus e os santos resolvem que a qualidade das forças e da fé lusas haveria de prevalecer sobre a quantidade representada pelas demais potências européias, num confronto à Davi e Golias: é sempre Joana quem prevê ''que Roma se há de abrasar, e que um clérigo que ela conhece há de ser papa, e há de canonizar El-Rei Dom Sebastião. E que os santos de Castela, França e Itália, e todos os mais da Igreja que estão no Céu se ajuntarão de uma parte, e os de Portugal da outra, e que estes sendo muito inferiores em número vencerão os mais em certas matérias''.[76]

Dos arroubos místicos aos sonhos de independência política, da quietação dos conventos ao tumulto das batalhas, as visões de algumas mulheres comuns que viveram em Portugal nos anos antecedentes à Restauração, ou que a ela se seguiram, ilustram de forma impressionante a circularidade dos níveis culturais. Dilaceradas entre a renúncia ao mundo e as ações no século, viviam a seu modo — de forma ''ridícula'', ''desconcertada'', ''contrária'', ''absurda'' — o dilema presente na vida dos inúmeros santos que, entre o século XVI e o XVII, criaram novas ordens religiosas, reinventaram a caridade, palmilharam as terras distantes em nome da Fé e da Salvação. Assistindo a sermões dominicais; observando os malucos que, pelas ruas, recitavam as *Trovas* do Bandarra; ouvindo nos conventos e nos recolhimentos os relatos de vidas de santos e os manuais de devoção lidos em voz alta no refeitório ou nos serões de inverno — ou, quando alfabetizadas, lendo-os elas mesmas; partilhando, enfim, com seus semelhantes, o universo da tradição e da cultura popular, que tratava Deus e os santos com familiaridade, cultuava d. Sebastião, mitificava a campanha da África, odiava o castelhano e sonhava com ''o reino de Deus por Portugal'', essas mulheres esfumaçavam as fronteiras entre o Bem e o Mal, o Sagrado e o Profano, o Puro e o Impuro (Nossa Senhora de joelhos, os peitos de fora...), o Popular e o Erudito. Como no caso do dragão estudado por Jacques Le Goff, suas formulações eram ambíguas e multifacetadas.[77] A leitura que delas fez a Inquisição foi unilateral: coerente na lógica escolástica, fiel aos textos dogmáticos, atenta à qualificação de heresia, afinada com o saber erudito. Daí o desfecho trágico de todos esses processos, que identificaram as beatas às bruxas perseguidas em massa por toda a Europa da época. Daí, portanto, a predominância de uma demonização que acabava na fogueira, e não no Carnaval.

E no entanto as mulheres beatas usavam de linguagem que, um dia, havia sido familiar também aos inquisidores. Para elas, concepções populares e eruditas se amalgamavam, se negavam para depois se recombinarem: eram, quase sempre, indissociáveis e indistinguíveis. Para eles, investidos do papel de juízes de idéias e de sonhos, era necessário separar o que muitas vezes era inseparável: o Santo Ofício desempenhou nos países católicos um extraordinário papel aculturador, para tal lançando mão da violência na sua acepção mais larga. Não havia na ação inquisitorial espaço para a tolerância, quase sempre presente nos anseios populares: veja-se o triste fim de Menocchio, o moleiro friulano estudado por Carlo Ginzburg.[78] Falsas santas não poderiam ser confundidas com verdadeiras, mas delas apartadas por meio da força e do método. Assim se explica a obstinação dos inquisidores em degredar por crime de heresia as beatas Francisca Cotta (1647), Luzia de Jesus (1647), Maria Antunes (1658), Joana da Cruz (1660) e tantas outras que, acreditando-se virtuosas e ''mimosas de Deus'', passaram para os anais da Inquisição como reles embusteiras.

6

AMBIGÜIDADE AMOROSA

De santas a mulas-sem-cabeça

> ***The Church consists of good and bad: as a garden that has weeds as well as flowers, and as a field that has wheat as well as tares..., a net that taketh good and bad... Here are good men to be found — yea, the very best; and here are bad men to be found — yea, the very worst. Such as shall have the highest seat in glory, and such also as shall be cast into the lowest and fiercest flames of misery.***
>
> Samuel Parris, Sermão em Salem, 27/3/1692

As relações entre amor divino e amor demoníaco constituem objeto curiosíssimo mas praticamente deixado de lado pelos historiadores da religião e da religiosidade popular. Acreditando que a análise do imaginário e das sensibilidades do passado pode contribuir de forma significativa para a compreensão da história das sociedades, procurarei examinar o assunto partindo de representações iconográficas, passando, a seguir, para sua presença pontual na historiografia e, por fim, recorrendo a casos documentados por fontes inquisitoriais e eclesiásticas.

O período que se abre com o Renascimento italiano, ainda no século XV, e se encerra com a Revolução Francesa, é um dos momentos mais fascinantes da história ocidental, época rica e contraditória, como têm ressaltado muitos de seus historiadores. Ao analisar o Renascimento, por exemplo, Jean Delumeau falou de uma vertente positiva e de outra, negativa mas igualmente importante, que com ela conviveu e que muitas vezes a fecundou.[1] O tema de que se trata aqui só pode ser compreendido à luz desta ambigüidade moderna, pois remete à onipresença de Deus e do Diabo no universo cotidiano e afetivo das populações de então.

Tendo origem remota, o casamento diabólico e as bodas místicas assumiram complementaridade intrigante na Época Moderna.[2] Em um e outro encontra-se a questão do erotismo negado, reprimido na sua essência e travestido em gozo místico ou em cópula demoníaca. Em ambos aflora também uma sensibilidade crescentemente barroca. Na vertente beatífica, ela se corporifica nas representações celestiais repletas de anjos, nuvens e fachos luminosos. Um dos documentos iconográficos mais extraordinários desta sensibilidade é a representação de santa Teresa de Ávila por Bernini, feita para um altar lateral da capela romana de Santa Maria della Vittoria entre 1645 e 1652. O grande escultor baseou-se numa passagem da autobiografia da santa, alusiva à visão de um anjo que, em forma corpórea, trespassa-lhe o coração com um longo dardo de ouro de ponta incandescente. O rosto da santa em êxtase tem conotação erótica inegável, sugerindo verdadeiramente uma relação carnal e, neste sentido, apreendendo com perfeição a sensualidade que pulsa nos textos místicos de Teresa. Bernini certamente fixou um padrão iconográfico, pois outras representações do mesmo episódio se sucederam, sempre sugerindo êxtases antes carnais do que místicos. É o caso do quadro de Sebastiano Ricci, pintor veneziano que viveu entre 1659 e 1734 e atuou em Viena, onde, no Kunsthistorische Museum, acha-se sua versão para o mesmo êxtase esculpido por Bernini: no plano inferior do quadro, à direita, encontram-se o livro aberto e o crucifixo, instrumentos da mística e da meditação. Logo acima, a santa levita em êxtase, carregada por três anjos e tendo os olhos cerrados como na escultura de Santa Maria della Vittoria. Na parte superior do quadro, na diagonal esquerda, um anjo adulto se encontra prestes a espetar uma seta incandescente em seu coração. A ponta bem vermelha da seta faz com que ela pareça um pincel, e dá um tom meio ingênuo que atenua o clima místico do todo.

Mas há a vertente demoníaca, evidentemente menos difundida do que a beatífica, desde cedo encampada pela Contra-Reforma. Dela, talvez a representação mais impressionante sejam as gravuras de Hans Baldung Grien, o mestre alemão da técnica do *chiaroscuro* que viveu na passagem do século XV para o XVI, de 1480 a 1545. Entre 1512 e 1516, num tratamento já maneirista, retratou bruxas às voltas com a preparação do sabá, o conventículo constituindo assunto privilegiado para uma abordagem mais livre da sexualidade.[3] O erotismo desta série é mais variado e cru do que o das representações extáticas de Teresa, sugerindo ou explicitando situações de masturbação, homossexualidade feminina e bestialidade. Em ambos os casos, o sujeito da união carnal — Deus ou o Diabo — não aparece, sua figura sendo insinuada por intermediadores — o anjo, o dragão, a seta incandescente, os espetos e vassouras de inequívoca conotação fálica. No caso místico, a entrega a Deus é atenuada pelo êxtase; no caso diabólico, a cópula com o diabo é atenuada pelo estado de frenesi em que as bruxas se encontram, pela sugestão de sonho e ilusão decorrente do uso de ungüentos alucinógenos. Em ambos, o afloramento da sexualidade é neutralizado pela *perda da consciência*.

O conteúdo erótico subjacente às uniões místico-diabólicas fazia parte de um contexto mais amplo, em que amor e sofrimento, gozo e punição, êxtase e tortura se completavam ou se relacionavam de forma imbricada, espraiando-se do mundo religioso para o universo secular, e deste retornando ao primeiro. Curiosamente, contrastando com a grande voga das obras sobre feitiçaria ilustradas por gravuras, poucos foram os grandes artistas que se dedicaram ao tema: há a série de Baldung Grien, há uma gravura de Dürer em que a bruxa cavalga um cabrão, há Teniers, há, por fim, já sob o impacto do Iluminismo, os *Caprichos* e os sabás de Goya. Mas estes se inserem em contexto diverso, quando a feitiçaria não mais atemorizava as populações, sendo motivo de caçoada, de ironia, crença de gente ignorante e supersticiosa.[4] Por outro lado, muitos foram os artistas de renome que se dedicaram ao tema da oposição entre Deus e o Diabo, estendendo-se ainda sobre a erotização do universo religioso, o despedaçamento do corpo, o suplício. Fica desta forma sugerido que a temática da bruxa, assim como a das uniões místico-diabólicas, eram manifestações específicas de um universo mental mais amplo, marcado pelo medo, pela iminência do desastre, pela catástrofe cotidiana e, sobretudo, por uma sensibilidade diversa da contemporânea, manifestada na linguagem crua, nas maneiras bruscas e rudes, no apreço por espetáculos violentos e sensacionais.[5] Afinal, como bem viu Philippe Ariès, desde o século XV — e com certeza a partir do século XVI, quando mais se perseguiram e queimaram bruxas —, os temas da morte tinham se revestido de forte sentido erótico.[6]

As representações iconográficas são pródigas no tratamento do suplício e da mutilação, e há quem veja no maneirismo internacional — nas figuras irreais e distorcidas de Pontormo, Beccafumi, El Greco — um registro veemente do sadismo reinante, reminiscência de membros destroncados nos suplícios:

> A teologia agostiniana do pecado cria então, na estética do Ocidente, uma obsessão original pela luxúria, pelo ajuntamento carnal, pela nudez; neste museu imaginário, em que se pressentem personagens canonizadas, a erótica é rainha. Graças a ela, a contemplação da carne se transforma em obra pia, já que se tratava da carne de arrependidas felizes ou vãs tentadoras, ou mesmo a da Virgem e de santas. Entre estas, quantas Ágatas, como no célebre quadro de Zurbarán em Montpellier, oferecendo gentilmente os seios numa bandeja, quantas Catarinas sobre a roda ou Margaridas sob o chicote![7]

De Mantegna a Caravaggio, sucedem-se os Davis com a cabeça de Golias, os são Sebastiões crivados de flechas e portadores de expressão cheia de dor. Judites serenas e cortesãs exibem cabeças amputadas de Holofernes, que se ramificam no emaranhado das veias sanguinolentas expostas em primeiro plano ao espectador, como num magnífico quadro de Lucas Cranach no Kunsthistorische Museum de Viena (fig. 6, entre as pp. 68 e 69).

Golias, Holofernes e são João Batista aludem ao tema da decapitação; são Sebastião, santa Úrsula, santa Ágata, santa Margarida, por sua vez, representam a problemática mais lata do suplício. Seja para reforçar o poder dos reis absolutos, seja para consolidar um novo tipo de justiça, seja para enfrentar a turbulência decorrente de credos religiosos diversos, o Antigo Regime é o tempo dos suplícios (fig. 1). No espetáculo sangrento dos corpos que pendiam das árvores, se espalhavam, desmembrados, no cadafalso das execuções, apodreciam sob a gula das aves de rapina, a violência se mostrava tão cotidiana e freqüente que corria o risco de banalizar-se (fig. 2). Mesmo se indício de mutação do poder, os suplícios acabaram embebendo o imaginário moderno, colorindo-o de tons sombrios.[8]

Não é pois de estranhar que a obsessão com o suplício, com as execuções, com o dilaceramento entre Luz e Trevas impregne de forma impressionante a iconografia moderna: templos de Jerusalém coalhados de cadáveres, que os soldados passaram pelo fio da espada; cristãos arremessados de penedos por soldados romanos; paisagens em que as cruzes e forcas se erguem contra o horizonte — tudo isso retrata menos o mundo antigo e bem mais as aldeias saqueadas pelas tropas que combatiam na terrível guerra dos Trinta Anos. Neste contexto, os monstros mortos também assumem significado importante: dragões atravessados por lanças contorcem-se sob os olhos da princesa e de são Jorge, ou a horrível Medusa azulada de Rubens, vendo, com pavor, as serpentes dos cabelos fugindo pelo chão (fig. 5). Mesmo os animais surgem sacrificados aos magotes: Lucas Cranach, o Velho, e Lucas Cranach, o Moço, pintaram duas extraordinárias caçadas de cervos em que, pelo arvoredo, pelo prado, pelo vau do rio se embolam animais e caçadores, os chifres de uns e os arcos dos outros formando belos arabescos.

O imaginário do suplício obsedava tanto os grandes artistas quanto os menores. No célebre tríptico *Casamento místico de santa Catarina*, de Hans Memling (1433-94), o painel da esquerda retrata a decapitação de João Batista, sendo o pescoço do santo tratado de forma naturalista.[9] O terrível *Julgamento de Cambises*, de Gérard David (c. 1460-1523), antecipa em cerca de um século e meio a igualmente insuportável *Lição de anatomia*, de Rembrandt (1606-69) (figs. 3 e 4), onde certamente o ato de retalhar cadáveres se atrelava a outro universo mental.[10] Na tela de David, o homem é destituído de sua pele como se fosse uma veste, deixando emergir a musculatura sanguinolenta. São Sebastião não foi objeto apenas do belíssimo Mantegna do Kunsthistorische Museum (fig. 7), mas também do muito menos conhecido quadro de Jan van Hemessen (c. 1504-c. 66) em exposição na Galerie Dutuit do Petit Palais. Discípulo de Rubens, o flamengo Jacob Jordaens (1593-1678) pintou um *Martírio de santa Apolônia* em que as torturas infligidas ao rosto da santa aparecem com nitidez.[11] Marcado por David, Massys e Dürer, Jan Provoost (1465-1529) evidenciava o suplício em suas obras de tema religioso: sua *Crucifixão* é terrível, o plano do fundo esquartejado por lanças em riste, o primeiro plano dominado por velhos com expressão de alegria sádica; o *Julgamento final* impressiona pelo cuidado que o pintor dispensa ao inferno brueghelian e charivariesco da parte direita inferior; por fim, num tríptico aparentemente plácido em que os patronos se fazem ladear por são Nicolau e santa Godelina, perde-se no plano do fundo a cena de uma mulher sendo enforcada por dois homens com um lençol torcido.[12] A atestar o vigor de um imaginário do suplício no Renascimento estão até os objetos referentes à vida material: a louça, os pratos pintados em Gubbio e existentes em Urbino em meados do século XVI. Tal imaginário se alimentava, quer da tradição pagã, quer da bíblica: o que interessa é que, desses enormes acervos culturais, destacasse justamente os temas ligados ao suplício: filhas de Níobe flechadas desfalecendo sobre um rochedo,[13] Florença chorando sobre os filhos mortos.[14] Difícil não ficar intrigado com o universo mental de homens que, entre duas colheradas de sopa, compraziam-se em divisar, no fundo do prato, o jorro sanguinolento que escapava do pescoço decepado de Holofernes.[15]

Igualmente cara a pintores grandes e modestos era a problemática da onipresença de Deus e do Diabo, freqüente nas representações do Juízo Final e da queda dos danados, tão características do mundo da Contra-Reforma. Dois quadros monumentais de Rubens e um belo Luca Giordano remetem a esses temas: respectivamente *O milagre de santo Inácio de Loyola*, *O milagre de são Francisco Xavier* e *O arcanjo Miguel expulsa os anjos maus para o Inferno*, todos pertencentes à coleção do já mencionado museu vienense. O quadro sobre o fundador da ordem jesuítica exibe um clima semidesvairado de misticismo e sexualidade: extático, vestido de amarelo, o santo se ergue no centro do painel, envolto na revoada dos anjos; no alto, à esquerda, fogem demônios cinzentos, voltando para o espectador o dorso e o traseiro nu. O mais interessante, porém, são os dois possessos que, no primeiro plano do quadro, se contorcem aos pés de Inácio, de coloração entre esbranquiçada e cinzenta: a mulher se encontra em desalinho, os olhos vidrados, a boca aberta; o homem, deitado de costas, representado em *raccourci*, tem a cabeça virada ao contrário, como em convulsão. Demônios em fuga e possessos em convulsão aproximam-se, constituindo o lado demoníaco da cena e se opondo, descoloridos, à luminosidade vibrante do santo e dos anjos que o rodeiam. Céu e Inferno, Deus e o Diabo também se polarizam na obra de Luca Giordano: vestido de azul, com enormes asas brancas e uma espada na mão, o arcanjo tem atrás de si anjos e querubinzinhos envoltos em nuvens, e é circundado por uma intensa luz amarela que contrasta com a parte inferior do quadro. É aí, nesse espaço negro e sombrio, que se acotovelam e se amontoam os anjos decaídos, orelhas pontiagudas e chifrezinhos emoldurando-lhes a cabeça. Com o pé esquerdo, Miguel pisa de leve um desses anjos, enquanto os demais berram de pavor.

Os pintores menores abraçavam padrões iconográficos análogos. De Pieter Pourbus (1523-84) é um *Julgamento final* (p. 144) em que, enquanto a corte celeste se compraz na contemplação divina e os justos vão galgando o reino dos Céus, as almas danadas se vêem arrastadas por diabos e sufocadas por serpentes.[16]

Por fim, as naturezas-mortas flamengas também sugerem a relação entre erotismo e suplício (p. 145): mesas, banquetas, bandejas, travessas regurgitam de aves mortas semidepenadas, de peixes molengos com as guelras entreabertas, de ostras úmidas, de caças parcialmente retalhadas por facas e facões. Do espaço etéreo da mística e da religião ao mundo concreto dos alimentos e da subsistência, dor e prazer se opunham e se atraíam, compondo um painel vasto e sugestivo das sensibilidades e da mentalidade de então.[17]

As naturezas-mortas talvez refletissem, em chave invertida, o surgimento da consideração moderna pelos animais (p. 145) de que falou Keith Thomas.[18] Em alguns casos, a citação dos tormentos físicos das praças públicas é inequívoca, como nos galos flácidos de Willem van Aelst (1627-83) que, as cristas sangrando, ocupam toda a tela, pendurados pelos pés.[19] Em outros, faz-se no desdobramento, aos olhos do espectador, de formas múltiplas de seres inanimados, desmembrados, parciais (fig. 8). A interessantíssima *Natureza-morta com torta de peru* (1627) (fig. 9), de Pieter Claesz (1597/8-1660), especialista no gênero, é um exemplo desta exposição teatral de fragmentos:[20] limas descascadas, pães cortados em fatias, gomos de laranja, bagos de uvas, nozes em pedaços, ostras entreabertas dominam o primeiro plano, num convívio tranqüilo com a faca que, muito provavelmente, atuou nesta retalhação; no segundo plano, uma torta semidesfeita exibe o recheio já indistinto; no fundo, soberana, reina uma torta intacta encimada por um peru inteiro, com penas, bico, olhos e tudo. Mais uma vez, inverte-se a ordem natural das coisas: o bicho morto parece vivo, e é o único ser integral num mundo mal amanhado de destroços.

Outras vezes, as naturezas-mortas remetem a analogias curiosas. Inteiros mas recobertos de lanhuras provocadas por instrumentos cortantes; retalhados e em postas sanguinolentas, os peixes mortos de Alexander Adriaenssen (1587-1661) são guardados por um gato vivo.[21] Este quadro lembra *A arraia*, de J.-B. Chardin (1699-1779), que retrata o animal todo dilacerado observado por um gato em sentinela.[22] Apesar de datar de 1728, quando as dissecções humanas se generalizavam e o conhecimento da anatomia animal avançava já em perspectiva científica, não parece arbitrário reconhecer na obra do pintor francês ecos do imaginário atormentado dos suplícios.

Mistura entre o tratamento dos temas bíblicos e o de natureza-morta — indício provável do momento transitório em que este último ainda não se firmara com autonomia — é o curioso *Cristo na casa de Marta e Maria*, de Joachim Bueckelaer (c. 1530-73).[23] As prioridades temáticas aparecem invertidas: ao fundo, Jesus prega entre os de Betânia, como num detalhe; na verdade, o quadro todo é dominado pelas atividades domésticas de Maria e de Marta — esta, como se sabe, representada sempre com os atributos da dona de casa, vestimenta simples e chaves à cinta.[24] As irmãs tratam da refeição, depenando aves e trespassando-as com um espeto. No centro do quadro e por todo o lado direito domina uma profusão de frutas e legumes — alcachofras assemelhadas a genitálias —, animais mortos, inteiros ou aos pedaços — coelhos de olhar vago, um pernil com sua camada de gordura —, aves penduradas pelos pés, ora intactas, ora já sem as penas.

Assim como a iconografia da bruxaria não pode ser tratada isoladamente, mas no conjunto das representações de sua época — a bruxa é freqüentemente representada com os atributos da Avareza alegórica, a mandrágora é igual a Maria Madalena ou a Maria Egipcíaca —, o amor sagrado e o profano podem se beneficiar de incursões — mesmo se aparentemente aleatórias — pelo universo mental num sentido mais lato, pelo imaginário do suplício e do prazer.[25]

ONIPRESENÇA DE DEUS E DO DIABO

Nada melhor, pois, do que as representações artísticas para fixar a sensibilidade de uma época; por meio delas, mais do que com qualquer outro documento, é possível tatear-se as camadas profundas da alma humana e do inconsciente. Mas os textos escritos também remetem a esta sensibilidade peculiar da sociedade moderna, que teatralizava sentimentos de forma até então inédita. Escritos místicos, relatos de vidas de santos e processos inquisitoriais, por exemplo, permitem-nos rastrear igualmente os caminhos tortuosos do amor divino e do amor demoníaco.

O século XVI português conhecera alguns místicos de peso, como o monge arrábido frei Agostinho da Cruz, d. Hilarião Brandão, frei Sebastião Toscano ou o célebre frei Tomé de Jesus (1529-82), que seguira com d. Sebastião para a África e, sobrevivendo a Alcácer Quibir, fora preso pelos mouros. Nos *Trabalhos de Jesus*, obra de mística cristológica, tratara da entrega total do místico ao Amado: "ó amor divino, possui-me todo e de ti possuído arroja-me por onde quiseres, alaga-me em quantos mares quiseres; espedaça-me com quantos tormentos quiseres; porque em ti e contigo não poderei ser perdido. Ouve-me, amor divino, e pois estais mais faminto de mim, do que eu sei desejar, come-me, digere-me, muda-me em ti, não veja em mim em toda a criatura senão a ti".[26]

O apelo violento e apaixonado do frade aludia explicitamente ao suplício, desvendando mentalidade que rimava amor com dor, prazer com sofrer, e coloria o todo com uma certa concepção antropofágica da paixão.

No curiosíssimo episódio da monja italiana Benedetta Carlini, estudado por Judith Brown, erotismo, sacrifício e suplício aparecem entrelaçados no que diz respeito ao casamento místico. Sobre a noiva, dizia Jesus: "Quero que as marcas da minha paixão, nela, fiquem hoje maiores do que nunca, que minha noiva tenha chagas abertas nas mãos e na cabeça, como eu tive quando estava na Cruz, não para que ela sinta dor, mas para que sinta felicidade".[27]

No *Livro da vida*, ao tratar dos degraus da oração, santa Teresa — ao lado de João da Cruz, o grande expoente da mística espanhola — conferira linguagem erótica, se bem que metafórica, aos dois últimos, o terceiro e o quarto, passíveis de serem vividos apenas por alguns eleitos. No terceiro nível, diz:

> Ya, ya se abren las flores, ya comienzan a dar olor. Aquí querría el alma que todos la viesen y entendiesen su gloria para alabanzas de Dios, y que la ayudasen a ella, y darles parte de su gozo, porque no puede tanto gozar. [...] Oh! Válame Dios! Cuál está un alma cuando está ansí! Toda ella querría fuese lenguas para alabar a el Señor. Dice mil desatinos santos, atinando siempre a contentar a quien la tiene ansí. [...] [Sem ser poeta, diz a santa, era no entanto capaz de fazer versos sentidos sobre suas penas, simultaneamente doídas e gozosas:] Todo su cuerpo y alma querría se despedazase para mostrar el gozo que con esta pena siente.[28]

No quarto nível, o Senhor se apoderava da alma como as nuvens dos vapores da terra, elevando-a inteira e lhe mostrando certas coisas do reino que Ele lhe preparara; a alma desfalece como em desmaio, a respiração tornando-se difícil e o corpo tolhido de movimentos:

> Estando ansí el alma buscando a Dios, siente con un deleite grandísimo y suave casi desfallecer toda con una manera de desmayo que le va faltando el huelgo y todas las fuerzas corporales, de manera que, si no es con mucha pena, no puede aun menear las manos; los ojos se la cierran sin quererlos cerrar, u si los tiene abiertos, no ve casi nada [...]; oye, mas no entiende lo que oye. Ansí que de los sentidos no se aprovecha nada si no es para no la acabar de dejar a su placer, y ansí antes la dañan. Hablar es por demás, que no atina a formar palabra, ni hay fuerza, ya que atinase, para poderla pronunciar; porque toda la fuerza esterior se pierde y se aumenta en las de el alma para mijor poder gozar de su gloria. El deleite esterior que siente es grande y muy conocido.[29]

Durante algum tempo, pairaram sérias dúvidas quanto ao caráter divino das bodas de Teresa: seus escritos foram considerados coisa do demônio.[30]

Com base em vidas de santos, o historiador italiano Piero Camporesi teceu análises instigantes, apesar de discutíveis em certos pontos, acerca da fluidez de fronteiras entre o místico e o demoníaco. Na Introdução a *Il pane selvaggio*, por exemplo, diz que os camponeses e aldeões italianos da época moderna viviam "imersos num tempo de espera, numa atmosfera suspensa e enfeitiçada em que o prodígio, o milagre, o insólito pertenciam à esfera do possível e do cotidiano: a santa e a bruxa (*uma santa a seu modo, com indicador diferente*) refletiam as duas faces equívocas, o direito e o avesso da mesma tendência neurótica a afastar-se da realidade, à viagem ao imaginário e ao mergulho no mundo visionário". O santo, "excêntrico mago do êxtase do corpo macerado por cilícios e privações", teria, como as bruxas dos sabás, poderes xamânicos; os místicos às voltas com tentações à santo Antão ou com tentativas de corrigir o rumo pecaminoso de "mulheres de corpo belíssimo" pertenceriam "à mesma cultura da inversão, na qual o sagrado escondia a outra face, a do sacrílego, que confundia construção com destruição, o tudo com o nada, o possível com o impossível". Pureza e porcaria, indecência e sublimidade tinham limites tênues e incertos: "Dir-se-ia quase que a ambigüidade estrutural da cultura folclórica, com sua ótica bidimensional e sua utensilagem mental de gume duplo, invadisse com seu animismo demoníaco os espaços em que a cultura 'superior' tentava elaborar sistemas diferentes de conhecimento".[31]

Com base em relatos de casos de feitiçaria, o historiador inglês Hugh Trevor-Roper percebeu bem a proximidade entre o transe místico e o sabá, entre a beata ou santa e a bruxa; comentando o contexto em que se engastou a caça às bruxas dos séculos XVI e XVII, diz: "Era assim que as virgens piedosas, que se votavam a Deus, se consideravam noivas de Cristo, e as bruxas menos piedosas, tendo-se ligado a Satã, se consideravam as suas concubinas".[32]

Foi ancorado em material semelhante, mas mais arquivístico, que, em *Magistrats et sorciers en France au XVIIe siècle*, Robert Mandrou traçou o painel inquietante dos conventos franceses seiscentistas, sacudidos por uma série de possessões coletivas entre 1610 e 1640, por ele chamadas de "processos escandalosos".[33] Tais possessões mostram como Deus e o Diabo andavam juntos, as freiras reclusas se tornando presas do Maligno através da própria figura do confessor. Sucessivamente em Aix, Loudun e Louviers, nos conventos de ursulinas e hospitalárias, mulheres devotas, "noivas de Cristo" tornaram-se presa da lubricidade do Diabo, que desejava copular com elas. O caso mais célebre foi o de Loudun, protagonizado pela superiora Ursulina, madre Joana dos Anjos, e por várias de suas freiras. Naquele convento, o Diabo teria se encarnado na pessoa do confessor Urbain Grandier, um homem culto e inteligente que se relacionava com vários intelectuais de destaque na época. Grandier foi queimado, e Joana dos Anjos viajou França afora por alguns anos, dando-se em espetáculo escandaloso através de exorcismos públicos, mostrando-se à curiosidade popular como as mulheres barbadas ou os xifópagos que também percorriam a Europa naqueles tempos.

DAS BODAS MÍSTICAS ÀS UNIÕES DIABÓLICAS

Fontes escritas de natureza inquisitorial confirmam esta ambigüidade entre divino e demoníaco. Vou começar por um caso espanhol do século XVI. Trata-se da história de Madalena de la Cruz, religiosa de um convento cordobês que toda a Espanha reputava por santa. Repentinamente, em 1553, descobriu-se que a santidade era falsa aparência e encobria a natureza demoníaca da freira: presa, "confesó espontáneamente que había llevado a cabo todas sus acciones bajo la influencia de Satan a cuyo gobierno se habia entregado en su infancia, anadiendo que tenia trato intimo con él desde hacia más de cuarenta años".[34] Tinha apenas cinco anos de idade quando lhe aparecera pela primeira vez certa visão, tomando-a por um anjo de luz que, às vezes, aparecia-lhe também como Cristo crucificado, incitando-a à santidade; mas, aos doze anos — tempo de puberdade —, a tal visão lhe declarou ser o diabo. Madalena pactuou com ele, que em troca prometeu "sustentarla por gran tiempo en grandes onrras", trazendo-lhe um negro nu que a convidou para "deleites carnales", de que a mocinha fugiu por achar o parceiro "tan feo". O diabo zangou-se, mas logo fizeram as pazes, e no mesmo dia tiveram deleites carnais, que se prolongaram por vários anos, até o tempo em que foi descoberta e confessou.[35]

Um outro caso espanhol, ocorrido no convento das Madalenas de Sevilha no ano de 1578, sugere que algumas dessas projeções imaginárias tinham raízes no universo real. Vivia no tal convento desde a idade de nove anos a jovem Teresa de la Concepción, linda e discreta, "de carácter retraído y no muy dada a ser la primera, más bien siendo seguidora que acólita en lo tocante a la vida del convento". Certo dia, a madre superiora notou que Teresa, então com dezessete anos, "llevaba bulto de preñez o semejaba cossa assí, e inquiriendo de la rea rescebió por respuesta que Dios se lo había mandado, que ansí lo había querido El, que era cossa natural, dado el fervor de la unión que con El tenía''. A prioresa desconfiou que a moça tivesse sido presa de algum demônio íncubo, mas Teresa negou com veemência, ''diciendo que era sin duda virgen y que jamás varón alguno avía estado en su deredor y que ella no sabía nada de varones y mujeres, que nunca avía oydo esplicación y que ella ni siquiera sabía que significaba el bulto que las otras dezían de preñez, que ella no imaginaba tales cossas ni de la relación que avía entre las cossas de que se hablaba''. Sempre desconfiando, a madre superiora solicitou que o confessor tivesse colóquios privados com a grávida; após muita conversa, o padre se mostrou encantado com a inocência da moça no tocante à reprodução animal e às relações entre os sexos, achando-a ''de un profundo amor a la religión y alma enamorada de nuestro Señor inclinada a sequedades y desamparos hallando consolación en la oración y la desciplina siendo su exercicio en el ayuno por sobre más que las demás professas''. A gravidez avançada e a ausência de explicação plausível para o fenômeno levou a Santa Inquisição a intervir no convento e argüir as reclusas. Uma delas, Catalina de la Cruz, de penugem no queixo e voz estranha, levantou a suspeita dos inquisidores, que então pediram à madre superiora que se encerrasse numa cela com a professa. ''Hallóse, con espanto de todos, que la dicha monja no posseya atributo de mujer y más aún, que era varón firme y bien cabal, que daba espanto verlo entre tanta concurrencia de mujeres.'' A monja-homem foi presa, mas acabou fugindo das garras da Inquisição. Quanto a Teresa, negou qualquer relação até o fim, até ser esclarecida pela madre superiora sobre ''las cossas de la generación'': só aí aventou a possibilidade de ter a gravidez advindo de uma sesta que fizera ao lado de Catalina, que tivera ''convulsiones y plazeres''; ela mesma nada percebera ''en lo tocante a las partes de la generación por estar en sueños y dormir en proximidad por mor del frío''. Mais do que devassidão, tratava-se de pura ignorância quanto ao próprio corpo: enamorada de Deus, como dissera seu confessor, a jovem monja acreditara o tempo todo que, de fato, realizara bodas místicas com o Salvador.[36]

No século XVII, em Portugal, a Inquisição degredou para o Brasil várias mulheres, acusadas de falsa santidade. Elas se julgavam santas e proclamavam sua virtude, mas nelas o Santo Ofício não viu senão bruxas, revelando que a diferença na interpretação dos fenômenos devia muito à diferença dos níveis culturais dos agentes envolvidos nessa relação dialógica — as mulheres, quase todas pobres, de um lado; do outro, o Santo Ofício e suas concepções dogmáticas e eruditas acerca da religiosidade.[37] No entanto, essas mulheres pobres bebiam na tradição mística erudita, impregnada de erotismo mesmo nas suas manifestações mais ilustres, como atestam os casos de frei Tomé de Jesus e de santa Teresa. Mulheres simples que eram, vivenciavam de forma curiosa e peculiar o amálgama de anseios místicos e sonhos eróticos. Uma das rés, Maria Antunes, via as almas saírem do purgatório e entrarem no céu; tivera as entranhas feridas por três setas, duas a mais que santa Teresa — a versão popular é sempre exagerada. Nos êxtases místicos que a acometiam, chamava pela fundadora do Carmelo, "dizendo que só a santa sabia o que aquilo era". O fundo de sua crença é inegavelmente calcado na vida da santa de Ávila, como revelam as palavras que proferia quando estava fora de si: "Bendito sejas, esposo celeste, quão grande é a tua luz, e quão grande m'a deste". Nestas ocasiões, tudo era inundado por luz celestial: "não podia ver as criaturas pela muita luz que trazia de Deus"; quando olhava para a hóstia consagrada ou para o cálice, deles saíam três resplendores que a ofuscavam e obrigavam a desviar a vista.[38] Nas suas visões, a linguagem erótica é mais explícita: "estando na oração, sentira interiormente que Cristo Senhor Nosso se lançara em sua alma, e ouvira interiormente que lhe dizia que ela era o seu leito; ao que respondera, também interiormente: 'É possível, Senhor, que vindes a quem vos fez estas chagas?' E que o mesmo Senhor lhe tornara: 'Aí verás quem sou eu' ".[39]

Degredada para Évora já no século XVIII (1758), Maria do Espírito Santo, outra ré do Santo Ofício acusada de crime de feitiçaria, também teria devaneios eróticos com Jesus. Furiosa por querer se sangrar e não ter a aquiescência do sangrador, praguejou "que importava pouco que o sangrador lhe não fizesse a sangria, porque o menino Jesus a sangrara interiormente aparando-lhe o sangue em uma bacia, e lançando-lhe sobre a cama uma colcha guarnecida de diamantes".[40] Difícil não ver no sangue e na colcha rutilante alusões ao defloramento ou à perda da virgindade: é conhecido de todos o hábito mediterrânico de o noivo, após o casamento, mostrar aos convivas das núpcias o lençol conjugal manchado de sangue — prova da honra da noiva e da união consumada.

Maria do Espírito Santo dava ainda asas à imaginação para viver o casamento místico, colocando-o na encruzilhada da religião com o conto popular, com a tradição do maravilhoso:

> que ali se achava o noivo presente, seus parentes já defuntos, e toda a corte do Céu, incensando-a alguns anjos, pondo-lhe outros nos om-

> bros uma riquíssima capa, e outros na cabeça uma preciosa coroa, e que na ação de se darem, ela e o noivo as mãos, ficara a dela por cima, em sinal de que ela o havia de governar; e pedindo ali a Deus não houvesse outra vez no mundo casamento como este, o Senhor assinara a petição, e para maior segurança e firmeza do despacho, mandando vir um tinteiro, lho prometera por letra.[41]

Casando-se como uma princesa ou como se fosse Nossa Senhora, a filha de um barbeiro humilde realizava em sonhos o anseio de subverter a ordem masculina imperante no mundo de então, vendo seu desejo legitimado pelo saber dominante, a letra escrita por Deus Pai Todo-Poderoso.[42]

No século XVIII português, passados cem anos da época áurea da santidade, os processos inquisitoriais acusam um predomínio de uniões demoníacas inequívocas no universo imaginário feminino. Parece ter-se então encerrado a era da ambigüidade, Deus e Diabo se compartimentando em campos bem delimitados. Três casos ilustram esse estado de coisas.

No mês de agosto de 1734, em Lisboa, a jovem negra Marcelina Maria apresentou-se voluntariamente ao Tribunal da Inquisição para confessar certas práticas mágicas. Recorrera a elas para se livrar dos rigores que sofria na condição de escrava, constantemente humilhada pelo senhor e seus filhos. Desesperada, chegara a clamar pelo demônio, que, misteriosamente, sem aparecer, passara a ajudá-la quando amassava o pão. Mordida pela curiosidade e sempre atenta à possibilidade de obter confissões de pacto demoníaco, a Inquisição pergunta se havia chegado a se entregar ao diabo, ou se pensara no assunto; só por um dia, responde Marcelina, quando saíra à procura do maligno de noite e dera com um "vulto muito alto, e lhe parecia que tinha mais altura do que ela, na figura de um bode, não sabe dizer de que cor, porque tanto que viu o corpo se lhe arrepiou, e o lume lhe fugiu dos olhos, e ouviu ao dito vulto articular estas palavras = Aonde vaz = e se levantou logo um pé de vento tão grande que ela cuidava a deitava por terra...". O curioso de seu depoimento espontâneo é que sugere crença então difundida, reveladora de aspecto curioso do imaginário feminino: "e sabendo ela que o demônio torpe tem cópula com algumas mulheres, e que toma a figura de homens *conhecidos*, ela em toda a ocasião que consumou o pecado de cópula carnal fosse com qualquer homem que fosse sempre se benzeu primeiro, para que não sucedesse ser a cópula com o demônio, na forma que ouve a costuma ter com mulheres, o que ouvia dizer comumente...".[43] Há certa lógica na fantasia, pois relações sexuais — fornicação simples ou qualificada, como considerava o Santo Ofício — constituíam pecado grave, pertencendo, nesta qualidade, ao reino de Satã, sempre pronto e apto a ocultar-se por detrás de homens, mesmo os conhecidos. Além disso, fica sugerido no depoimento de Marcelina Maria o temor ante o universo masculino, a alteridade tomando, portanto, conotação infernal.

Um ano antes, na mesma cidade de Lisboa, uma outra escrava negra, anãzinha, é acusada de bruxa junto à Inquisição. Chamava-se Catarina Maria, tinha quinze anos e não aparentava mais que treze; nascera nos matos de Angola, fora batizada no Rio de Janeiro e afinal dera em Lisboa, levada por um soldado que a vendera. Na época de sua prisão, servia na casa de José Machado, beneficiado na igreja de Azambuja e cantor na igreja patriarcal da cidade; o próprio senhor a denuncia, pois a casa toda a odiava e tinha medo dos feitiços e malefícios de que era capaz. Semelhante em tantos pontos ao caso de Marcelina, este dele difere na confissão de cópula demoníaca e na profusão de detalhes com que é narrada. A escrava anã endossa e repete todos os estereótipos demoníacos correntes na época, conhecidos da população e presentes na literatura demonológica em que os inquisidores se apoiavam para seus interrogatórios. Desta forma, referenda que o ato sexual era penoso — ''lhe fez grande dor, e deitou sangue do seu vaso natural'' — e, apesar disso, longo; que o corpo do diabo era frio e áspero; que o Maligno só aparecia à noite, ''e sempre a cópula de noite na cama, e quando ela se deitava nela, e era das dez horas para diante'', como verdadeiro Príncipe das Trevas. Era ainda negro, fato que reforça certas versões européias acerca do Diabo mas que, seguramente, encontraria eco no imaginário de Catarina Maria por ser ela negra também. Apesar do defeito físico e da cor, o diabo a valorizava: da crueza desagradável de sua confissão, ressalta um certo tom delicado quando diz que, ocorrendo-lhe que devia se casar com algum preto como ela, ''o Diabo lhe disse que bastava só ele para marido, e não havia mister outro, nem houve preto nem branco e nenhum homem nunca teve, nem procurou ter cópula com ela, só o demônio é que a tinha, e sempre na figura de preto...''.[44]

É de 1727 um caso muito interessante, que engloba elementos presentes nas histórias de Marcelina e Catarina Maria — o trato dolorido, prolongado e desagradável com o diabo; seu corpo frio, assim como o membro viril; sua exclusividade como amante, sempre exigente da fidelidade das concubinas; a solicitude com que ajudava nos afazeres domésticos, uma vez saciados os torpes apetites — e acrescenta alguns novos. Trata-se do processo de Catarina Fernandes, mendiga, endemoninhada, blasfema, farsante, mulher que vivia vagando de um lugar para outro, destruindo imagens sacras, dando figas e mostrando a língua ao crucifixo, comendo lagartos e lagartixas crus, enfim, identificando-se com o mundo da natureza sem regras, da desordem, da marginalidade. À diferença das anteriores, era branca, e não negra; além disso, seus amores demoníacos geravam frutos: ''por cinco vezes parira do demônio, sendo tudo como monstruoso e não vivente''. Numa dessas ocasiões, especifica melhor a forma do rebento: ''deitou uma cousa que não tinha figura de gente, nem bem de animal, e do tamanho de um cachorro quando nasce''.[45] Na tradição popular européia, seres monstruosos eram fruto de amores culposos e antinaturais, entre eles os demoníacos.[46]

Nenhuma dessas três mulheres reivindicou o status de santa ou aventou a possibilidade de seu parceiro sexual não ser o diabo, mas Deus, Cristo, um anjo. Talvez Catarina Fernandes tente a certa altura enveredar por este caminho, mas deixando indícios de que sabia qual era a verdadeira identidade do homem com quem dormia. Por diversas vezes, diz ela, o demônio se mostrava

> na forma de Cristo Senhor Nosso na cruz com os pés de cabra, que ele procurava esconder, e encobri-los, e lhe aparecia também com a cruz às costas com pés de gente mas a cabeça com dois cornositos, que procurava encobrir com uma cabeleira; também lhe aparecia na figura de Nossa Senhora, que vinha com seu capelo vestida de seda vermelhada, e também lhe via uns cornitos na cabeça que ela procurava encobrir com o capelo, e no braço trazia a forma de um menino, mas não lhe via a cara; e também lhe aparecia na forma de sacerdote quando vai revestido para o altar, com pés de cabra, para os quais muitas vezes olhava, procurando encobri-los, e suposto trazia mãos de gente, as unhas não lhe pareciam serem de forma humana, porque eram muito grandes e descompostas...

O quarto caso, entretanto, relativiza a idéia de que teria havido ausência de ambigüidade no século XVIII, comprovando, uma vez mais, que os fenômenos de mentalidade perdem-se, quase sempre, na longa duração. Além disso, apresenta-se como verdadeiro repositório de crenças populares acerca da natureza do divino e do demoníaco. Refere-se à sentença de soror Maria do Rosário, chamada no século de Maria Teresa Inácia, religiosa dominicana que, devido à vida pouco edificante que levava, viu-se expulsa do convento do Sacramento de Alcântara de Lisboa por seu provincial. Deus lhe dera chagas, Nossa Senhora lhe ofertara o Menino Jesus por esposo, que, uma vez em seu colo, "lhe fizera [...] mil carícias, pondo-lhe a mão pelo rosto e dizendo-lhe que ela era a sua amada e querida esposa". A divina criança lhe dera uma aliança esposalícia, e gostava de se aninhar em seu colo: "Basta já de mãos postas", queixava-se, "pois me quero recostar em teus braços, enchendo-te de doçura e alegria esse coração, que já é todo meu...".

Mas nem tudo eram imagens celestiais nos devaneios de Maria do Rosário. Havia a obsessão com o suplício, tão típica desse imaginário. Nas chagas que lhe apareciam na ilharga por determinação divina, pululavam bichos, que ela não podia tirar. Quando entrava à noite em sua cela, "se lhe abria um boqueirão muito fundo, e a via cheia de fogo, sem ficar livre mais lugar que o em que tinha o corpo"; acorriam então vários demônios, arrastando-a para uma casa escura e a moendo de pancadas: arranhavam-lhe o rosto, "e lhe aparecia muita diversidade de bichos e monstros horrorosos". Ao se aborrecer com ela, Satanás lhe mostrava "uma grande roda de navalhas com muita gente despedaçada, ameaçando-a e dizendo-lhe que o mesmo que via lhe haviam de fazer a ela".

Por fim, fecho inequívoco da união demoníaca, Maria do Rosário, como Catarina Fernandes, concebera e parira sete vezes do demônio: três cachorros, monstros, gatos. As gestações duraram três meses, e os frutos delas, "os levava o demônio, não sabe para que parte".[47]

AMORES SACRÍLEGOS

Amores de padres também eram pecaminosos; de certa forma, somavam o divino e o demoníaco, tornando-se como que um emblema desta junção. Padres namorados houve-os aos montes, sobretudo na colônia brasileira, onde as disposições do Concílio de Trento se implantaram tarde, sendo de 1707 as *Constituições Primeiras do Arcebispado da Bahia*.[48] Em Salvador, na década de 30 do século XVIII, andou um certo frei Luís de Nazaré, frade curandeiro e exorcista que aproveitava das sessões privadas com suas fiéis e pacientes para delas obter favores amorosos, declarando que tais práticas eram essenciais às curas.[49]

Em Minas, na época da Inconfidência, o comportamento do clero nada tinha de exemplar. Os bispos ordenavam visitas pastorais ao interior, fundaram o Seminário de Mariana, escreviam a Roma relatórios decenais que falavam de seu esforço mas insinuavam que era vão. Os documentos mostram que o celibato clerical era uma utopia, e que religiosos tinham amantes, mulheres, filhos e faziam investidas amorosas sobre moças virgens.

O caso que escolhi para ilustrar amores de padres e mostrar que apontam para outra direção, mais terrena e secular, é o da queixa feita por Maria Antonia de Lima contra o vigário de São João del Rei, reverendo Lourenço dos Santos Batista, no ano de 1777. A moça tinha dezessete anos; morava com a mãe, saindo de casa para aprender a ler e costurar e, no mais, vivendo honradamente. Mas o padre começou "a desinquietar a ela queixosa para fins torpes e desonestos, mandando-lhe vários recados por uma sua escrava", prometendo que a dotaria quando quisesse se casar. Acabou por estuprá-la e estragar o casamento que ela tinha arranjado com um moço de Sabará. Ferida na honra e nos projetos, Maria Antonia moveu querela contra o vigário, sendo examinada por parteiras que constataram seu defloramento. Infelizmente não é possível saber como terminou a história, pelo menos por enquanto. O curioso do caso são os bilhetinhos amorosos anexados à querela, reveladores da corte cerrada que o padre namorador fez à moça costureira:

> Meu bem: vejo quanto me diz no seu escrito, e querendo acertar no que hei de ficar com Vossa Mercê, venho a julgar que não quer ser minha, e só quer que eu conheça que se pudesse me serviria, e diz que é o estar donzela, e que se o não estivesse então me serviria; a isto tenho muito que dizer: a primeira que me não tem amor, porque se o tivesse, antes para mais e mais me deixar obrigado, me havia de mandar dizer que tinha grande gosto de estar assim para que eu a desfrutasse...

De forma crua, o sacerdote procura afastar os receios da moça, revelando-se conhecedor de técnicas destinadas à reconstituição do hímen:

> lhe posso afirmar que, querendo ser minha, e dar-me o que diz esta, se quiser casar eu lhe afirmo de a por de sorte que se não há de conhecer, e senão veja um exemplo que há pouco sucedeu, de uma senhora casar, que tinha sido muito má, e o marido, querendo ver se estava honrada, eu lhe dei um remédio que a comeu por donzela; assim, meu bem, desfrute os seus amores, e seja com quem a estima e a pode tratar com segredo igual ao seu, que tanto o quero...

Serviçal e aliciador, acena com vantagens pecuniárias: "Meu amorzinho: tu te podes servir já da preta do defunto, se ela te há de servir quando tua mãe for para fora, podes já descobrir-te com ela para assim ser com mais pressa e lhe podes oferecer o que quiseres, porque tudo se há de fazer, e sabe que és senhora de mim e de tudo quanto tenho, está agora na tua mão, e adeus minha adoração, meu amor e meu tudo. Teu só e cativo, muito cativo''.

Mordido pelo desejo, insiste e dita o comportamento da moça:

> quero que me mande dizer a lei em que havemos de viver, se quer ser minha e não ter susto, e dar-me o que diz tem; eu assim o estimo, e ser o mais cedo que Vossa Mercê desejar; fico esperando a sua resposta, que julgo será assim que me mandarás dizer: eu quero ser tua e tu hás de ser o meu moleque, eu tenho grande gosto de te dar o que eu tenho, que só a ti acho merecedor dele, e há de ser logo, e já...

Há momentos de raiva ante as dificuldades postas pela moça:

> Bravo, meu bem, eu morrendo de saudades e Vossa Mercê vem à vila e não vem à minha casa, e agora manda cá o crioulo, e escreve e não me fala em nada; eu já vivo certo no quanto lhe devo, eu julgo ser certo o meu pensamento, que cedo espero; e não a quero enfadar mais. Adeus, regale-se.

Há instantes de abandono, quando antevê os momentos que passarão juntos: ''eu lhe quero muito, amo-a sem segunda, e desejo estar nos seus braços para gosar da formosura e para que assim melhor sejas senhora, não só de mim como de tudo o que é meu, e adeus''.

Há ainda a exigência da decisão:

> Meu amor, é chegado o tempo de ver e conhecer se me queres bem e me tens amor; fico esperando ver o que obras com quem tanto te quer, ama e deseja servir-te; manda-me dizer se tua mãe foi ou quando vai fazer a jornada, e de tudo quero ter as notícias e tuas ordens, e juntamente saber se necessitas de alguma coisa, porque sabes tudo fica às tuas determinações, e adeus. Teu só e só.[50]

Não fosse a violência do desfecho, o padre galante se transformando num estuprador brutal, o episódio seria engraçado e desmistificador. Padres também namoravam, teciam fantasias, pregavam mentiras para conquistar amores, apesar de serem os sacerdotes de Deus, os oficiantes do culto, os intermediários que ligavam os homens ao campo religioso. Mas no século XVIII, nas vésperas da Revolução Francesa, quando mesmo em Minas outros padres já falavam de independência e de liberdade, lendo os filósofos ilustrados, — como o cônego Luís Vieira da Silva, de Mariana —, amores de padres eram amores de homens, e concubinas de padres nunca se diriam santas ou bruxas. Lamentariam pela violência sofrida, pela honra que rolava por terra, pelo bom partido que, eventualmente,

A sensibilidade barroca exacerba conflitos, colocando-os face a face: eleitos sobem aos Céus, danados são arremessados aos Infernos.

Nas naturezas-mortas, alimentos fragmentados possibilitam analogias com os suplícios humanos.

A obsessão pelo despedaçamento do corpo atinge as representações de animais.

batia asas. Podiam, talvez, ter medo de virar mula-sem-cabeça — reminiscência do tempo em que amores ilícitos ou antinaturais geravam monstros, como os paridos por Catarina Fernandes e por soror Maria do Rosário, indício de traços de longa duração, bem próprios ao universo da cultura popular e das mentalidades. Mas não mistificavam mais os amores e a sexualidade: pragmáticas, fugiam dos padres, ou, defloradas, processavam-nos.

7
MENTES E CORPOS
Os assaltos do diabo

Il vient comme un vent malin, à attaquer le cerveau, comme principe des sentiments, et siège de la raison, et tempestant, et troublant par le dedans les humeurs, obstruant les organes, picquant les meninges, oppilant les nerfs, et ses esprits, et ainsi le corps tombe en convulsion génèrale, et palpitante, et demeurent les possedez tous esvanouys, et troublez.

Jean Taxil, 1602

Le plus souvent je remarquais très bien que j'étais la cause première de mes troubles et que le démon n'agissait que selon les entrées que je lui donnais.

Joana dos Anjos, c. 1634

AVENTURAS EXORCÍSTICAS DE UM FRADE BAIANO NA PRIMEIRA METADE DO SÉCULO XVIII

Durante a década de 30 do século XVIII, vivia em Salvador frei Luís de Nazaré, carmelita calçado que beirava os sessenta anos. Tudo indica que gozava de certa estima social; seu pai era o capitão Miguel Rebello Machado, cavaleiro do Hábito de Cristo e capitão de infantaria que viera de Tânger, de onde procediam também os avós paternos, para morar na Bahia; a mãe era meio portuguesa, meio baiana; tendo aprendido latim, moral e filosofia, o frade era "ordenado de todas as ordens": subdiácono, diácono, presbítero. Na juventude, andara pelos sertões como missionário; na época em que caiu nas malhas do Santo Ofício, era pregador renomado, comissário dos terceiros da Ordem do Carmo e tinha permissão para exorcizar,[1] solicitando-o, para tal, vários membros do clero soteropolitano: padres seculares, como Antônio Furtado, Manuel Pinto, Manuel Cardoso ou o presbítero fulano Gramacho; franciscanos, como certo frei Gaspar; o seu prelado, frei Manuel Ângelo; o próprio arcebispo da Bahia, então d. Luís Álvares de Figueiredo.[2] Entre seus clientes, conta-se ainda uma vasta gama de indivíduos que vai dos artesãos — sapateiros, carpinteiros, ourives — aos homens de negócios e oficiais de várias patentes — no processo, dois coronéis e um capitão.[3]

Respeitado, portanto, por diversos setores da sociedade local, frei Luís exercia uma curiosa modalidade de cura. Quando visitava doentes do sexo feminino, tinha cópulas com elas ou com outras moradoras da casa, pedindo muito segredo e alegando que tais atos eram indispensáveis para que as enfermas recobrassem a saúde. Isto porque o remédio salvador tinha origem nos próprios coitos: chamando moças para assistirem aos procedimentos curativos, violava-as, ou à doente, e lhes ordenava "que limpassem a matéria seminal das ditas cópulas com um paninho e a passassem na barriga da enferma, e que todas lavassem em todas aquelas vezes as partes venéreas com água, e a guardassem em uma panela para irem banhando a dita enferma". Quando as vítimas se amedrontavam ante as conseqüências morais daqueles atos, frei Luís as tranqüilizava: que não tivessem escrúpulo nenhum, "que não era nada, porque tudo aquilo que fazia era cousa da Igreja, e que o fazia pelo livro que tinha nas mãos". Muitas vezes, ele mesmo se encarregava de limpar a matéria seminal das moças.

Processado pela Inquisição em 1740, negou que acreditasse nos poderes médicos destas práticas: utilizava-as "para facilitar mais o ter cópula com as ditas mulheres, que era o seu intento, e tirar-lhes toda a repugnância, que elas podiam ter da sua parte". Justificou o êxito alcançado pelo fato de "serem mulheres rudes, e simples, e que naquelas terras do Brasil facilimamente se enganam com qualquer cousa que lhes dizem, principalmente sendo pessoas de quem formam algum conceito". A seu favor trabalhava a propensão colonial à luxúria, "que naquelas partes do Brasil em que se achava tem uma grande força, e predomínio".[4]

O episódio pode ser tomado como mera malandragem de um frade devasso. Nem por isso deixa de revelar aspectos curiosos do imaginário da época, no qual se mesclavam concepções populares e eruditas acerca da religião, da cura e da sexualidade. O elixir curativo do frade se originava da matéria seminal produzida durante as cópulas, o que as tornava necessárias, mesmo se obviamente ilícitas e pecaminosas por se verificarem de forma desordenada e externa à união conjugal. Se tal justificativa encontrava respaldo na mentalidade popular, afeita a filtros de origem orgânica, havia ainda uma vertente erudita na legitimação dos coitos: o livro (dos exorcismos), a cultura escrita reverenciada numa terra de iletrados, a palavra dos teólogos ou dos doutores da Igreja. Rudes e simples, as mulheres ludibriadas — escravas, na maioria — reverenciavam o frade porque, eclesiástico, gozava de bom conceito: suas palavras neutralizavam a noção de pecado. No decorrer de quase quinze anos, frei Luís exercera sua mania curativa centenas de vezes. Por detrás da malandragem consciente, manifestava-se, subterrânea e arraigada, a reverência arcaica às propriedades sagradas das secreções masculina e feminina: pulsava, portanto, todo um substrato próprio à cultura popular.[5] Mas era no mundo da cultura erudita que o hábito ganhava legitimidade: escudava-se na condição de eclesiástico do sujeito, de leitor de escritos exorcísticos e afeito — mesmo que de oitiva — ao ideário da Igreja. Era a vertente culta que intimidava os humildes: ante seus olhos, aquela estava mais próxima da verdade de Deus.[6]

Curioso, ainda, nesse episódio é o entrelaçamento dos campos médico-religiosos. A maioria esmagadora dos 26 casos atendidos pelo carmelita diz respeito a doenças vagas, atribuídas a feitiços e malefícios: "doença, que diziam ser feitiços, por não obrarem nela os remédios dos médicos, e cirurgiões"; "enfermidade extravagante, e desconhecida, que não obedecia aos remédios da medicina"; "achaque que os médicos não entendiam"; enfermidade dos "três ventos, um de fogo, outro de água, outro de vento"; "queixa de que padecia". O máximo de especificidade que se encontra é a referência a doença "de um quadril da parte direita", ou a "uma grande dor na barriga que costumava dar-lhe todas as luas", ou a doença "por feitiços que lhe havia dado uma concubina de seu marido". Os pacientes eram igualmente referidos de forma imprecisa: uma se achava "doente em uma cama"; outra "tinha feitiços, e havia quinze anos estava enferma"; havia a que estava "fora do seu juízo, e [...] gravemente doente"; a que "estava doente, e dizia achar-se maleficiada", ou simplesmente a que "padecia uns acidentes". Antes de passar pelas mãos de frei Luís, grande parte desses pacientes recorrera aos médicos; não encontrando alívio com as práticas do exorcista, muitos acabaram se entregando aos negros calundureiros.[7] Tais atitudes sugerem, portanto, a existência de considerável circularidade horizontal entre os especialistas da cura e da religião: os médicos sabiam que seus pacientes iam em busca do padre exorcista, e este, por sua vez, aconselhava a consulta aos calundus, numa delimitação tácita e complementar das especialidades: "logo disse ao dito coronel, e ao marido da dita preta, que a mandassem aos curadores chamados calunduzeiros, porquanto a dita queixa eram feitiços, dos que chamam calundus, e os exorcismos não tiravam aquela casta de feitiços, por serem cousa diabólica...". Mas os percursos do demônio não eram desprovidos de regras e itinerários: onipresentes na vida cotidiana, repartiam-se, na verdade, segundo critérios complexos de estratificação social e cultural.[8]

Se não serviam para tirar "cousa diabólica", por que se recorria aos exorcismos? Os tão citados "malefícios" e "feitiços" subjacentes à maioria das doenças referidas não teriam o concurso do diabo? Não passaria frei Luís de mero curandeiro, incapaz de desentranhar demônios dos corpos achacados? Em apenas um caso chamaram o frade para dar cabo do Inimigo: tratava-se de Elias, "um moço [...] filho de Domingos Fernandes Dourado, o qual se achava possesso do demônio". Há referência a outro episódio de possessão, que, entretanto, acabou mostrando ser de natureza distinta: a possessa fingia estar à mercê dos demônios para poder se casar com o mulato que a acompanhava. O fingimento não era destituído de significado: os demônios em assalto ao corpo podem muito bem ser aqui identificados à "violência selvagem do desejo" de que fala Michel de Certeau.[9]

Sob a especialidade em exorcizar, frei Luís abrigava, na verdade, outras especialidades, referidas ao domínio do corpo e de seus mistérios: à extração de criaturas ínferas, que delegava aos negros da África, preferia a manipulação de fluidos corporais associada a complexas aventuras eróticas. Por que curiosos mecanismos tais práticas estariam, na mentalidade do homem setecentista, associadas ao exorcismo de demônios? Difícil saber. Mais evidente, entretanto, é a nítida superioridade que o frade exorcista parecia sentir com relação a seus conterrâneos: branco, letrado, conhecedor de suas origens, filho de um cavaleiro do Hábito de Cristo e de uma senhora a quem chamavam dona, frei Luís usava e abusava dessas distinções, desconsiderando, conforme se viu acima, as negras rudes e analfabetas da terra que também era a sua. Usava e abusava igualmente das prerrogativas de exorcista, instrumentalizando-as e lendo-as de forma livre nos confins de mundo cristão que era a Bahia da primeira metade do século. Os livros que usava eram proibidos pelo Santo Ofício; um deles, em particular, continha fórmulas exorcísticas próprias para os moribundos, e inadequadas a outras circunstâncias. Apesar disso, frei Luís fazia os exorcismos ''sempre do mesmo modo a toda a sorte de pessoas, sem reflexão, nem conhecimento do estado em que se achavam'': sua prática se pautava pela desordem e falta de método, agregando ''cousas impróprias, obscenas, indecentes e supersticiosas'' para ''conseguir fins torpíssimos''.

Voltemos à associação entre o exorcismo, as doenças e as práticas sexuais do carmelita. A experiência e informações de terceiros levaram-no a acreditar na virtude curativa das ervas que receitava nos fervedouros e lavatórios, trazendo para as fórmulas estereotipadas do exorcismo procedimentos próprios à cultura oral e popular. A fraqueza da vontade, a ''cega e tão vehemente paixão da lascívia'' jogara-o no campo de atuação do Inimigo: ''de tal sorte endurece o coração, e perverte o juízo daqueles que sem temor de Deus se entregam a ela que muitas vezes tem feito cair nos maiores abismos de maldade e até apostatar da Fé e do conhecimento o culto do verdadeiro Deus, e dar adoração ao demônio''. Deus e o desejo eram incompatíveis: sendo eclesiástico, a sua ''miséria humana'' só poderia ser negada, voltando, tortuosamente, por meio de práticas de exorcismo, ou seja, de desentranhamento de demônios. Num curiosíssimo mecanismo inconsciente, eram os próprios demônios internos que, simbolicamente, frei Luís de Nazaré exorcizara durante quase quarenta anos por todo o território da Bahia.[10]

Apesar de pena relativamente branda — abjurar de leve, ouvir sentença na sala do Tribunal, ser privado dos poderes de exorcista mas não do hábito de carmelita, e degredado por cinco anos para o convento mais remoto de sua província —, o velho frade, que contava então 63 anos, conheceu os rigores do Santo Ofício, sendo torturado e intimidado pelos inquisidores. O processo não deixa saber em que canto do Império terminou seus dias, ou mesmo se, uma vez purgada a culpa, pôde voltar para a cidade da Bahia. Valendo-se da prática exorcística como instrumento de poder, amalgamando tradições de filiação diversa num mundo culturalmente complexo, no qual o deslizamento do campo religioso para o mágico se fazia sem maiores impactos, este baiano nato, afeito aos vícios do escravismo e da condição colonial, não abandonou totalmente as raízes portuguesas e européias. Compassivo talvez ante os demônios da carne, desistente quanto a demônios mais ferozes, frei Luís de Nazaré não perdia ocasião de, nas missões sertanejas ou nas festividades da Quaresma, pregar ''com desengano, e abominação dos maus costumes, e cantigas profanas, que o diabo por modas novas introduz a cada passo neste país".

O EXORCISMO DE UMA ENERGÚMENA LISBOETA NA ÚLTIMA DÉCADA DO SÉCULO XVII

Por volta de 1695, o futuro bispo do Maranhão d. frei José Delgarte, então padre vigário da Ordem da Santíssima Trindade, participara dos exorcismos de uma jovem possessa conhecida em Lisboa pela dimensão espantosa de seus ataques demoníacos.[11] Mais tarde registrou a experiência, dando igualmente conta de informações que corriam sobre o caso.[12] Chamava-se Mariana; tivera visões obscenas desde menina, e, a partir de certa época, começou a lhe aparecer um jovem mancebo vestido de forma inusitada, "à francesa, com cabeleira branca, toda polvilhada, sendo que naquele tempo ainda se não usava mais, que nos velhos".[13] O jovem a incitava ao pecado e lhe pedia que o adorasse. Desde então, viveu possuída pelo diabo, atirando o rosário de contas em Nossa Senhora, desacatando os sucessivos exorcistas, quase todos trinitários, que tentaram salvá-la. Por arte do demo, desafiava a ordem natural das coisas: uivava como cão, estraçalhava objetos como um leão, vomitava fogo azul e espuma, fazia surgirem serpentes, arremessava os religiosos pelo ar, desencadeava tormentas, dava a ilusão de que o telhado ruía. Chegara a permanecer horas embaixo d'água sem se afogar, atravessando ainda um fogaréu sem que as chamas a queimassem. A certa altura, recebeu um dote para ser religiosa, mas não a suportaram no convento. Por fim, foi parar na Inquisição, onde os exorcismos dos padres a fizeram ficar livre do demo por um mês. Mas os tormentos retornaram, e foi nas escolas gerais do Santo Ofício que o bispo do Maranhão a conheceu. Nada pôde fazer por ela, que acabou morrendo no interior do Reino; deixou entretanto um registro impressionante dos exorcismos a que submeteu a infeliz, onde estão implícitas — e às vezes explícitas — questões importantes de natureza metafísica e cognitiva.

Mariana é a personagem menos importante do relato, nomeada apenas nas seis primeiras páginas. A partir de então, é o demônio (ou os demônios) que ocupa o centro das atenções do bispo, ora seu oponente em diálogos curiosíssimos, ora espectador atento dos arrazoados do Inimigo.[14]

Em uma ou outra passagem, afloram, é claro, pontos comuns

entre o que se via por demoníaco na Colônia e o que era tido como tal na Metrópole, ressaltando a importância do diabo no cotidiano luso-brasileiro (fig. 10, entre as pp. 68 e 69): ''Se vísseis o que padece um Rei, porque não evita no seu reino bailes, pois então ainda os não havia, porque esta peste diabólica há poucos anos se introduziu; porque não evita comédias; que são bailes, e comédias, mais que redes com que estou pescando almas para amaldiçoarem o Altíssimo?'', indagava o demônio. Mas tais proposições lembravam não apenas as de frei Luís acerca das cantigas profanas como também as do moralista luso-brasileiro Nuno Marques Pereira, remetendo, em última instância, à idéia então corrente na sociedade ocidental de que o trabalho do diabo se assemelhava ao do ator: invenção histriônica, charlatanice, exibição.[15]

Muito há, portanto, de comum entre os traços da possessão lusitana e o que se conhece do assunto em outros países do continente. Eram sete, como os de madre Joana dos Anjos, os demônios que habitavam o corpo de Mariana: Lúcifer, Lusbel, Asmodeu, Satanás, Mosca, Mosquito e Jumento, nomes talvez menos eruditos e mais afeitos ao universo cotidiano do que os que atormentaram as freiras de Loudun cinqüenta anos antes, porém, como estes, destinados a criar pontos de referência e recortar espaços no ''anonimato neutro do diabólico''.[16] Por ser o da luxúria, Asmodeu era o pior de todos: quando sua face aparecia, os exorcistas tinham que voltar o rosto para o lado, não suportando olhá-la, ''tão asquerosa, e tão feia''.[17] Pela boca da energúmena, os diabos falavam línguas estranhas, outro lugar-comum da possessão demoníaca; para experimentar os dons lingüísticos de Mariana, um franciscano ''lhe fez o exorcismo na língua mourisca; suposto o demônio não respondesse na mesma língua ao religioso, contudo nas ações que fazia bem dava a entender que sabia aquela língua'':[18] na *gramática diabólica* da possessão, a possessa fala línguas sem as conhecer, pois se trata de um sistema fechado, ao qual, como no sonho, se chega por meio do inconsciente.[19] Quando enfurecido ou contrariado, o demônio de Mariana saltava sobre o oponente para asfixiá-lo com as mãos, em procedimento também análogo ao do que habitava madre Joana:[20] caretas, contorções, convulsões exprimiam um vocabulário corporal demoníaco, externo, como o latim, o hebreu — ou, no caso de Mariana, o mourisco — à linguagem comum, barroco e desconhecido como os territórios longínquos do Novo Mundo recém-descoberto.[21]

O mais impressionante dos traços próprios à relação entre exorcismo e possessão é justamente aquele que, no teatro e nas festas, tanto frei Luís como o diabo de Mariana condenavam: o caráter público e espetacular. Se as cantigas profanas e as comédias se viam detratadas pelos exorcistas, aproveitava-se dos assaltos demoníacos ao corpo humano o aspecto exemplar, persuasório e, desde que bem conduzidos, profundamente pedagógico. Ciente dos prodígios que obrava Mariana, o embaixador da França ''se resolveu a vê-los, e foi com toda sua família às Escolas Gerais com a mesma curiosidade, com que podia ir ver uma comédia, ou uns touros''.[22]

Feitiços, vôos noturnos, assembléias demoníacas apresentavam caráter secreto, e foi este um dos principais responsáveis pela associação secular que tiveram com seitas heréticas, subversivas e tudo quanto fosse identificável à anti-sociedade.[23] A possessão, por sua vez, tinha que ocorrer abertamente, as possessas se dando em espetáculo, a *piedade* se tornando *publicidade*. O exorcismo era o expediente que sublinhava o caráter público da possessão. Exorcizava-se em capelas, igrejas, praças a céu aberto — ''aqueles exorcismos se deviam fazer em público no Terreiro do Paço'', dizia um dos religiosos que examinaram Mariana: jamais num quarto isolado, protegido dos olhares da platéia.[24] Escolhiam-se cuidadosamente os componentes do cenário: cordas para os pés e mãos rebeldes, travesseiro para a cabeça agitada, crucifixos, água benta, estola, livro.[25] Atraía-se com igual apuro a assembléia: letrados, religiosos sem conta, o núncio apostólico, o embaixador da França acorreram ao palco dos tormentos de Mariana, aguardando o fecho de longas sessões de três e até quatro horas. Fenômenos complementares, a possessão e o exorcismo eclodem no contexto de uma sensibilidade marcada pelo primado do *visual*: ''fui a tempo que se lhe fazia o exorcismo'', diz d. frei José Delgarte ao iniciar sua narrativa, ''e confesso que *vi muitas coisas admiráveis mais compreensíveis pelos olhos que pelos ouvidos*''. O mundo barroco se impunha ao longo reinado da audição, quando *ouvir dizer* era mais importante do que presenciar.[26]

Fenômenos sob medida para o olhar: hospedando-se certa noite em casa de Mariana, frei João Pinheiro ''vendo-a com os imaginados acidentes, e *vista feroz*, com que nele fitava os olhos, conheceu e declarou que estava certamente possuída do inimigo''. Só os olhos podiam perscrutar os indícios da presença demoníaca: ''ficava com o semblante feroz e uma *cor de fogo azul*, e rugia os dentes, *estendia os braços, abria os dedos*, e continuando uivo à maneira de cão, *esgrimia uma mão com outra*''.[27] Por meio do olhar, ampliava-se o campo dos sentidos, abrindo-se a possibilidade de outras percepções: ''Quando lhe rezava alguma oração em a cabeça da Magnifica, ou Evangelho, sentia eu os demônios, que latejavam debaixo tão propriamente; como se palparam os ratos debaixo de um coro, e isto muitas vezes...''.[28]

Cenas imaginadas ganhavam forma verbal através de metáforas visuais, de encenações teatrais implícitas: ''Gritava contra os religiosos maus, pelo péssimo exemplo que davam aos seculares, dizendo que desejara correr uma cortina ao inferno, para nos mostrar o fogo em que ardiam: *olhai*, dizia, para vossos pais e patriarcas, cotejai a vossa vida, com as suas; oh, se *vísseis* no Inferno, dizia, tantos prelados das religiões, por que não acudiram a sua obrigação, pelos afetos da carne, e sangue...''.[29]

E aqui se descortina outro plano importante desse teatro infernal: o exemplo, a pedagogia. Mostrando as penas e padecimentos da possessa, o exorcismo alerta contra os horrores que espreitam os caídos, e reafirma as virtudes de Deus:

> Tocava-se no exorcismo os tormentos, que no inferno padecem os danados, mandou-se do demônio, que formasse o semblante deles, e como todos éramos religiosos, fez a efígie dos condenados, pelos três pecados opostos às três virtudes, obediência, pobreza, e castidade, que proveitosos e próprios retratos para os nossos desenganos, e para emendar os nossos defeitos repentinamente inchou com grande deformidade o rosto da criatura...[30]

Desfigurando o rosto de Mariana em caretas horríveis, o diabo diz estar imitando o semblante de Lutero e de Calvino: repete no ''teatro'' de Lisboa o que já havia feito em Coimbra, ''de que resultou a conversão de alguns hereges ingleses''.[31] Muitos outros podem se mirar no suplício de Mariana: ''Ele permita, que estes brados da Divina Justiça despertem a tantos pecadores, que descansadamente dormem no sono da culpa, e considerem a nobreza de suas almas, criadas para louvarem a Deus...''.[32] Mariana trouxera para a esfera pública a mais horrenda dimensão do seu íntimo a fim de que outros pudessem fazer o caminho inverso: fora instrumento dos avisos e da piedade de Deus.

Parte desses exemplos se dirige ao clero. Ironizando os maus pregadores, afeitos a modismos retóricos e a sermões vazios, o diabo acabava agindo contra seus interesses:

> ó idiota ridículo, e ignorante, cuidas que estás no púlpito pregando ramelhetes? Para este fim foram os teus estudos, para te achares na hora da morte cheio de horror, e confusão, os teus sermões não servem para o mundo, nem para Deus, e só servem para mim: mas que digo, desa-

> venturado de mim, se com este aviso me faço guerra a mim mesmo; porque o meu desejo só encaminhava a ruína das almas, e estas se livrarão das minhas garras, ouvindo a palavra de Deus, pregada como Deus manda.[33]

E aqui já se passa para outra esfera: a do combate.

Se no plano mais próprio das idéias o relato de frei Delgarte suscita a questão da causalidade dos fenômenos — o que o demônio pode ou não fazer, desafiando a ordem natural das coisas —, é entretanto no que diz respeito ao aspecto metafísico do combate entre Céu e Inferno que reside a contribuição mais original do texto.[34] Diferente dos demônios mais vulgares presentes em grande parte das possessões, o nosso se aproxima em alguns pontos do ser ardiloso e hábil que seduziu Fausto, ou ainda do Lúcifer que, cheio de orgulho, capitaneou a revolta contra Deus.[35]

No debate travado entre os exorcistas e o demônio, este aparece como um ser perplexo e revoltado. Deus era um juiz tirano e injusto, diria,

> pois por um só pecado, e de pensamento me condenou por toda a eternidade, e Adão pecou, e nele o gênero humano, e foi registrado, e eu mereci a Deus a menor piedade, eu fui o desgraçado, e os homens venturosos, pois ofendendo continuamente acham nele piedade, para mim, não há mais, que justiças, e para os outros tudo são clemências; para mim, não há mais, que fogo eterno, e para vós houve o sangue do filho do Altíssimo, e houve os sacramentos, desgraçado demônio, e mil vezes desgraçado, de que temeis ó miserável demônio que não pode nada, pois ainda quando intenta fazer alguma diligência para a vossa ruína, logo desembainha a espada o Anjo de vossa guarda...

Ante a dúvida do exorcista — "se pudera ser objeto da minha piedade...", "sc me fora lícito compadecer-me de tua miséria..." —, emendava, cheio da soberba própria aos seres luciferinos: "não tenhas piedade de mim, porque não sinto o que padeço, nem me arrependo de haver pecado".[36] A revolta do demônio expressava um tema controverso e muito debatido na teologia dos infernos: a questão da eternidade das penas, conflitante com a bondade infinita de Deus.[37]

E o inferno, tão descrito por catecismos e autores seiscentistas e setecentistas? Pela boca de Mariana, moça pobre que nascera numa região atrasada de Portugal — a cidade da Guarda —, Satanás pinta um inferno caracterizado antes por dilaceramentos internos do que físicos, filiando-se, neste sentido, à interpretação teresiana: "aqui estou padecendo todos os tormentos do Inferno, aqui está o rugir dos dentes, os açoites, as cadeias, a razina; o enxofre, aqui as blasfêmias, as desesperações, aqui a crudelíssima apreensão da certeza da eternidade, o fogo, a neve, o pavor eterno''.[38] E levantava a voz, inconformado: ''guerra, guerra, desordem, desordem, ódio, confusão, eternidade, eternidade''. Era a dimensão metafísica da Queda que o revoltava, e não os suplícios representados pela iconografia, descritos em textos literários, invocados em sermões e, todos eles, tributários das coloridas visões populares que haviam florescido na Idade Média. Num país tão pouco afeito à especulação filosófica como Portugal, o demônio erudito que habitava essa moça simples é muito mais do que enigmático.

CONCLUSÃO

Em nenhum momento se cogitou que Mariana ou frei Luís fossem feiticeiros; sobre o carmelita pesou, quando muito, a suspeita de pacto, e a energúmena foi vista, o tempo todo, como um corpo infeliz assaltado pelo Maligno.[39]

O relato dos exorcismos de Mariana em Lisboa oferece múltiplos elementos para a análise. Lá estão o problema do pacto, da ''violência selvagem do desejo'', da inserção cotidiana do demônio, sempre prestes a desmontar cavaleiros, destelhar casas, enfurecer criaturas, semear a discórdia. Lá está a dimensão psicológica do fenômeno: a possuída não tem vontade própria, manifestando, nos ataques, um outro ''eu'' no qual se desconhece. Lá está o caráter exemplar e pedagógico da possessão, que justifica o horror do próprio fato e o sofrimento da possessa. Lá está, de quebra, uma curiosa reflexão metafísica sobre as atribuições respectivas de Deus e do Diabo, sobre a natureza e âmbito dos dois campos específicos, o divino e o demoníaco, concebidos em termos antagônicos e irredutíveis que, de certa forma, a perplexidade do demônio que possui Mariana atenua um pouco. Lá estão, por fim, as linhas mestras da sociedade européia do Antigo Regime: a hierarquia social, a delimitação mais nítida de campos cognitivos, os indícios de uma sensibilidade barroca, a força da *microfísica do poder* atuando por meio da *pedagogia do medo*.[40] A possessão de Mariana é compreensível, e quase natural num mundo em que a alteridade é rejeitada — parafraseando Lévi-Strauss, numa sociedade em que domina a antropemia (de *emein*, ''vomitar'').[41]

Os exorcismos de frei Luís de Nazaré realizados em Salvador e em partes do interior baiano se revestem das insígnias do exorcismo tradicional: o frade atua por meio dos manuais — o *Mestre da vida*, do obscuro dominicano fulano Franco, ou *Cura de malefícios*, do igualmente desconhecido franciscano frei Aleixo Cândido Brunol —, veste a energúmena com a estola, distribui água benta, profere palavras sagradas. O espaço do mal, entretanto, é fluido e mutável. Do que estão possuídos os exorcizados? De vagos "malefícios", "feitiços", "doenças". Nada que afete a alma, que mude o curso do pensamento, que interfira na personalidade. Qual o procedimento adotado para suprimir o mal? O mais variado: recurso à medicina, ao exorcista, aos negros calundureiros, ao exorcista de novo, e tudo sob conselho de prelados, religiosos, do próprio arcebispo primaz do Brasil. Longe de ser ação exemplar, o exorcismo é motivo de prevaricação: os cozimentos de ervas, os lavatórios recomendados encobriam o objetivo ignóbil das cópulas: "tudo isto sempre com o pretexto dos exorcismos", confessaria o frade.[42] Se o mal existe, ele é difuso, e indefinida a ação dos representantes do campo mágico-religioso. Não há certezas, não há verdades, é inconcebível um discurso moral como o que fecha o relato do bispo do Maranhão sobre os padecimentos de Mariana. No mundo da Colônia (pode-se dizer recorrendo mais uma vez a Lévi-Strauss), os diferentes se entredevoram, o outro é neutralizado pela incorporação: uma sociedade antropofágica em que, europeu de origem, o frade carmelita, impotente ante o malefício, recomenda o recurso aos negros calundureiros que trouxeram da África suas práticas curativas.

Esboçada a tentativa de tipologia, cabe nuançá-la. Parece terem sido pouco freqüentes os exorcismos em Portugal: nada que se compare aos casos espetaculares que sacudiram os conventos franceses no tempo de Henrique IV e de Luís XIII, onde constituíram rica alegoria social e política do dilaceramento provocado pelas lutas religiosas.[43] Nada parecido, tampouco, ao episódio de Salem, ocorrido em 1692 na Nova Inglaterra, quando a comunidade toda se viu às voltas com casos de possessão.[44] Por isso, o episódio de Mariana se mostra tão intrigante, sobretudo na discussão metafísica, nada comum em Portugal: indício, talvez, dos traços de continuidade histórica que amarravam o pequeno reino atlântico ao conjunto do continente europeu.

Já frei Luís é um exemplo extraordinariamente característico da forma como é vista a possessão no Brasil até os dias de hoje.[45] Suas práticas estapafúrdias, a maneira de praticar o exorcismo, o ecletismo mental manifestado pela perfeita aceitação dos ritos de calundu atestam, por outro lado, a impossibilidade de se considerar o campo médico como sujeito a evolução linear, sugerindo antes a presença de noção pluricausal de etiologia — que mescla etiologia personalista e naturalista —, ampla o suficiente para integrar as causas sobrenaturais como normalmente operantes.[46]

Num contexto como este, jamais se exorcizariam demônios dilacerados, pois a ambigüidade — elemento constitutivo do universo de crenças em que surgem os Sacis, os Zé Pelintras, as Maria Padilhas, os Pedro Malasartes — é vivida de forma mais natural e serena. O demônio metafísico de Mariana, portanto, pressupõe um mundo em que Bem e Mal são irredutíveis e antagônicos: é essa irredutibilidade que o revolta e angustia, conhecedor, como parece ser, da fatal presença demoníaca no seio de cada um dos homens.

Fenômeno comum num mundo de dilaceramentos religiosos como era o do Ocidente moderno, a possessão assumia, entretanto, face específica referida à sociedade em que se manifestava. Tal especificidade dizia respeito, em última instância, às relações entre sistemas de crenças. O episódio de Mariana em Lisboa e o de frei Luís em Salvador foram tomados justamente com o intuito de mostrar tal diversidade. Mas nem por isso são modelos: por baixo da esquematização que tracei aqui, pulsa um mundo de significados miúdos e variáveis, como os demônios que assaltavam os corpos dos possessos.

8
EM TORNO DE UM MITO
A elipse do sabá

Do batuque infernal, que não finda,
Turbilhona o fatal rodopio;
Mais veloz, mais veloz, mais ainda
Ferve a dança como um corrupio.

Bernardo Guimarães, "A orgia dos duendes"

A crença em bruxas que se esfregam com ungüentos, voam sob a forma de animais ou cavalgando vassouras, reúnem-se em assembléias noturnas macabras, adorando o diabo e com ele mantendo relações sexuais, tem origem misteriosa e controversa. Por algum tempo, acreditou-se que se entroncava em ritos de fertilidade antiqüíssimos. Discutiu-se, depois, sua existência real ou imaginária: pessoas não voam em vassouras, nem são passíveis de metamorfose, diziam alguns; outros, menos céticos com relação à capacidade demoníaca de atuar entre os homens, viam nas descrições desses ajuntamentos prova evidente de ações heréticas e profanatórias, tributárias do contexto que gerou joaquinistas, cátaros, albigenses e tantos outros desviantes do cristianismo. Hoje, as interpretações mais vigorosas vêem no sabá das bruxas uma construção mítica complexa e multifacetada, novelo em que se embaraçam diversas meadas culturais, a maior parte delas remontando a épocas muito remotas: a crença na metamorfose, na cavalgada noturna do exército furioso ou de mulheres seguidoras de Diana, Abúndia, Holda, ou, ainda, a familiaridade com formas extáticas, peculiares aos xamãs da Europa Centro-Oriental e de certas regiões da Ásia.

Com esta designação, entretanto, e com todos os traços acima referidos, o sabá surgiu na Europa por volta do século XV, manifestando-se de forma mais característica em algumas regiões da França e da Alemanha mas, sob nomes diversos e com variações múltiplas, estendendo-se da península Itálica à Escócia, da Espanha à Dinamarca, da Rússia a Portugal. Muitas pessoas foram então executadas pela justiça civil ou pelos tribunais religiosos, acusadas de praticarem bruxaria e comparecerem às tais reuniões profanatórias. Nas acusações, o sabá e o pacto com o diabo ocuparam lugar central: é preciso não esquecer que, desde santo Tomás de Aquino, todo um corpo doutrinal começara a ganhar força na Europa, sendo, posteriormente, denominado de *demonologia*.

O sabá não foi criação de demonólogos, pesadelo de uma elite apavorada: a interpretação de cunho mais cultural e antropológico, voltada para a análise do mito, mostra, ao contrário, que ele se constituiu a partir de trocas intensas entre universos culturais diversos e socialmente distintos. Mas houve regiões, como a Inglaterra, em que a alusão a esses encontros noturnos mostrou-se quase inexistente: acreditava-se em bruxas e na sua capacidade de fazer malefícios, invocar diabos, nutrir *demônios familiares*. Entretanto, nada além disso.[1]

Qual teria sido o significado do mito do sabá e da presença diabólica no imaginário luso-brasileiro do Antigo Regime? Homens cultos teriam partilhado as mesmas concepções do povo no tocante à bruxa e às assembléias noturnas? Num contexto culturalmente tão diverso quanto o do Império Português, como se manifestaria este outro amálgama cultural? Tentando responder estas perguntas, ou pelo menos avançar um pouco na compreensão do fenômeno, recorrerei, aqui, a uns poucos escritos franceses sobre o Brasil quinhentista, passando depois ao estudo da produção jesuítica e das concepções inquisitoriais acerca da ação do demônio entre os homens, destacando igualmente o registro das práticas populares — efetivas ou imaginárias — realizado pelo Santo Ofício. A idéia central é que o universo luso-brasileiro deve ser entendido de forma inter-relacionada: o imaginário português no tocante à demonologia e ao mito do sabá é muito específico no contexto europeu, e tal especificidade, ao mesmo tempo que se perpetuou na colônia brasileira, nutriu-se, para se manter, de traços próprios ao universo colonial. Neste sentido, o imaginário sabático e demonológico é compreendido nos quadros do antigo sistema colonial, sendo uma de suas faces: afinal, desde sua descoberta, em 1500, até a independência, em 1822, o Brasil integrou o Império Português.

O treinamento do *olhar demonológico sobre a América* ter-se-ia feito, com grande freqüência, na caça às bruxas. Deparando-se com as práticas mágico-religiosas dos ameríndios, os europeus tiveram que recorrer a imagens que lhes eram familiares — a bruxa voadora, o sabá das feiticeiras — para, por meio delas, poderem entender, de forma analógica, o que tinham sob os olhos. Tal recurso não implicava, obrigatoriamente, a explicitação do vínculo, mas a adoção de uma certa estrutura mental e discursiva. Sem aludir ao vôo noturno ou ao sabá, muitos dos cronistas e eclesiásticos que descreveram as práticas mágico-religiosas americanas fizeram-no utilizando a terminologia que conheciam e empregavam para designar os agentes satânicos por excelência. Xamãs, caraíbas e pajés tupis, enfim, todos os responsáveis pelo espaço sagrado foram quase sempre chamados de bruxos e feiticeiros — termo aliás empregado por muitos até os dias de hoje, mas que se cunhou no Quinhentos europeu, no rastro da demonologia e da caça às bruxas, como foi dito no capítulo "O conjunto: América diabólica".

Ainda nesse capítulo, viu-se como, na *Informação da terra do Brasil* de 1549, o jesuíta Manuel da Nóbrega descrevera os costumes religiosos dos índios chamando-os de feitiçaria. Viu-se ainda que um outro europeu, o capuchinho francês Yves d'Evreux, detivera-se em alusões aos feiticeiros tupis e suas relações com os diabos.[2] Escrevendo em meados do século XVI, e mostrando em muitas passagens uma visão positiva do ameríndio, André Thevet não deixa, entretanto, de os considerar como bárbaros, assustando-se, significativamente, com a expressão de seu olhar, que ele reputa de "fort espouuantable": "les yeux toutefois mal faits, c'est à sçauoir noirs, lousches et leur regard presque comme celuy d'une beste sauuage".[3]* Alude ao diabo na forma de *espírito maligno*:

> C'est chose admirable que ces pauvres gens encores qu'ils ne soient raisonnables, pour estre priuez de l'usage de vraye raison, et de la cognoissance de Dieu, sont subiets à plusieurs illusions phantastiques, et persecutiõs de l'esprit malin. Nous auons dit, que par deça aduenait cas semblable auant l'auenement de nostre Seigneur: car l'esprit malin

(*) "muito assustador": "os olhos todavia malfeitos, ou seja negros, vesgos e o olhar quase como o de um animal selvagem".

ne s'estudie qu'à séduire et debaucher la creature, qui est hors de la congnoissance de Dieu.[4]*

O espírito maligno, aqui, é Anhan. Alude ao diabo também expressamente:

> Ce peuple ainsi elongné de la vérité outre les persecutiõs qu'il reçoit du malin esprit et les erreurs de ses songes, est encores si hors de raison, qu'il adore le Diable par le moyen d'aucuns siens ministres, appellez Pages... Ces Pages ou Charaibes sont gens de mauvaise vie, qui se sont adonnez à seruir au diable pour receuoir leurs voisins. Tels imposteurs pour colorer leur mechanceté, et se faire honorer entre les autres, ne demeurent ordinairement en un lieu. Ainsi sont vagabonds, errant çà et là par les bois et autres lieux....[5]**

Aqui, ao consórcio com o diabo, soma-se outro defeito execrado pelos europeus da época: a vagância, a itinerância.

Em "O conjunto: América diabólica" mostrou-se, por fim, que, mesmo sem aludir ao sabá, era ele que, com certeza, subjazia como paradigma em várias das descrições européias das práticas ameríndias; no século XVI, ao enunciar o inferno, era o sabá que se achava retratado pelo jesuíta Azpilcueta Navarro: "Vi seis o siete viejas que apenas podían tener en pie dançando por el deredor de panella y atizando la oguera que parecían demonios en el infierno".[6]

Sintomaticamente, não é portuguesa a única associação explícita entre rituais tupis e o sabá europeu, detectada com argúcia por Michel de Certeau.[7] Tendo pernoitado em Cotina com Jacques Rouffeau (Rifault?), Jean de Léry viu no dia seguinte grande movimento de selvagens, que chegavam dos locais próximos e se juntavam com os de lá, somando, numa espécie de grande praça, cerca de quinhentos ou seiscentos. Quando os franceses iam perguntar o

(*) "É coisa admirável que esta pobre gente, ainda que não seja racional, por estar privada do uso da verdadeira razão, e do conhecimento de Deus, esteja sujeita a várias ilusões fantásticas, e perseguições do espírito maligno. Dissemos que por aqui ocorriam casos semelhantes antes do advento de Nosso Senhor: pois o espírito maligno não se esforça senão em seduzir e corromper a criatura, que se encontra privada do conhecimento de Deus."

(**) "Esse povo, assim afastado da verdade, além das perseguições que sofre do espírito maligno e dos erros de seus sonhos, acha-se ainda tão fora de juízo, que adora o Diabo por meio de alguns ministros seus, chamados Pajés... Esses Pajés ou Caraíbas são gente de má vida, que se entregaram ao serviço do Diabo para receber seus vizinhos. Para colorir sua maldade e se fazer reverenciar entre os demais, esses impostores em geral não permanecem num só lugar. São assim vagabundos, errando aqui e ali pelos bosques e outros lugares..."

motivo daquela assembléia, viram que os índios se separavam em três grupos: "tous les hommes en une maison à part, les femmes en une autre, et les enfans de mesme".* Dez ou doze caraíbas tinham se juntado aos homens: duvidando que fossem capazes de fazer algo extraordinário, Léry pediu aos companheiros que permanecessem todos ali para ver "ce mystere". Confinados na casa das mulheres e impedidos pelos caraíbas de saírem dela, os franceses começaram a ouvir um barulho surdo que vinha da casa dos homens, "comme vous diriez le murmure de ceux qui barbotent leurs heures".** Ao que as índias, que eram cerca de duzentas, se levantaram subitamente e se ajuntaram, umas ao lado das outras, sobre um montículo. Vindas da casa contígua, as vozes masculinas foram se elevando, repetindo a interjeição de encorajamento corrente entre os índios: *he, he, he, he*. Para desconcerto dos franceses, as mulheres responderam a mesma interjeição com voz trêmula, passando então a gritar por um quarto de hora. "Et de faict, parce que non seulement elles hurloyent ainsi, mais qu'aussi avec cela sautans en l'air de grande violence faisoyent branler leur mammelles & escumoyent par la bouche, voire aucunes (comme ceux qui ont le haut mal par deça)[8] tomboyent toutes esvanouyes, ie ne croy pas autrement que le diable ne leur entrast dans le corps, & qu'elles ne devinssent soudain enragees."*** Léry teve medo, por um momento desejou estar seguro na fortaleza dos franceses. Mas a barulheira passou, e sobreveio uma música tão bela que, contrariando os conselhos dos companheiros e do intérprete, Léry resolveu deixar a casa em que se encontrava e se dirigir para a dos homens, de onde vinha a melodia. O intérprete e os companheiros tentaram dissuadi-lo, mas ele foi mesmo assim, e, movido pela "vertigem da curiosidade" de que fala Certeau, fez um buraco no teto da cabana dos homens, que acabaram convidando-o a entrar no recinto. O que viu pareceu-lhe comparável à idolatria que campeava na Europa em torno das relíquias de santo Antônio ou são Bernardo, habilmente manipulada por charlatães:

(*) "todos os homens em uma casa separada, as mulheres em uma outra, e da mesma forma as crianças."

(**) "como diríeis do murmúrio dos que balbuciam suas horas."

(***) "E, de fato, como elas não apenas urravam mas, ao mesmo tempo, saltando no ar com grande violência, faziam com que os seios sacudissem e escumavam pela boca, e algumas até (como as que, entre nós, têm o grande mal) caíam totalmente desmaiadas, não duvido que o diabo lhes entrasse no corpo, fazendo com que, subitamente, se tornassem enlouquecidas."

Tout pres à pres l'un de l'autre, sans se tenir par la main ni sans se bouger d'une place, ains estans arrengez en rond, courbez sur le devant, guidans un peu le corps, remuans seulement la iambe & le pied droit, chacun ayant aussi la main dextre sur ses fesses, & le bras & la main gauche pendant, chantoyent & dansoyent de ceste façon. Et au surplus, parce qu'à cause de la multitude il y avoit trois rondeaux, y ayant au milieu d'un chacun trois ou quatre de ces *Caraibes*, richement parez de robbes, bonnets & bracelets, faits de belles plumes naturelles, neuves & de diverses couleurs: tenant au reste en chacune de leurs mains un *Maraca*, c'est à dire sonettes faites d'un fruit plus gros que oeuf d'austruche, dont i'ai parlé ailleurs, à fin, disoyent-ils, que l'esprit parlast puis après dans icelles pour les dedier à cest usage...*

Enquanto os índios ficavam sempre em círculos, os caraíbas saltavam para a frente e para trás, brandindo um pau que trazia na extremidade uma erva de Petun seca e acesa, assoprando sua fumaça sobre os circunstantes para que tivessem coragem na guerra. Por duas horas, os quinhentos ou seiscentos selvagens não cessaram de dançar e de cantar, suscitando num Léry desconcertado sentimentos contraditórios em que medo e repulsa se alternavam com uma atração e um fascínio indisfarçáveis.

Et de faict, au lieu que du commencement de ce sabbat (estant comme i'ay dit en la maison des femmes), i'avois eu quelque crainte, i'eus lors en recompense une telle ioie, que non seulement oyans les accords si bien mesurez d'une telle multitude, & surtout por la cadence & le refrein de la balade, à chascun couplet tous en traisnant leurs voix, disans: *heu, heuaure, heura, heuraure, heura, heura, oueh*, i'en demeuray tout ravi: mais aussi toutes les fois qu'il m'en ressouvient, le coeur m'en tressaillant, il me semble que ie les aye encore aux oreilles''.[9]**

(*) Bem perto um do outro, sem se segurar pela mão nem sair do lugar, mas dispostos em círculo, curvados para diante, inclinando um pouco o corpo, movendo apenas a perna e o pé direito, cada um mantendo a mão direita sobre as nádegas, e deixando pender o braço e a mão esquerda, cantavam e dançavam desta forma. E ademais, como devido à multidão havia três círculos, e permanecendo no meio de cada um deles três ou quatro desses caraíbas, ricamente paramentados com roupas, toucados e braceletes feitos de belas plumas naturais, novas e de cores diversas: segurando enfim em cada uma das mãos um maracá, ou seja chocalhos feitos de um fruto maior que ovo de avestruz, de que falei acima, a fim de que, diziam, o espírito falasse nelas para dedicá-las a esse fim...

(**) ''E, de fato, se no início desse sabá (estando eu, como disse, na casa das mulheres) tive algum temor, tive então como recompensa uma alegria tal que não apenas ao ouvir os acordes bem medidos de tal multidão, mas sobretudo pela cadência e o refrão da balada, a cada estrofe todos, arrastando as vozes, dizendo: *heu, heuare, heura, heurare, heura, heura, oueh*, fiquei de todo encantado: mas da mesma forma, a cada vez que me recordo disso, o coração me estremece e parece-me que ainda me vêm aos ouvidos.''

Os sentimentos complexos que Léry nutria pelo ritual indígena talvez fossem análogos à fascinação apavorada que pulsa nos relatos minuciosos dos demonólogos europeus seus contemporâneos, ou mesmo na obsessão por confissões escabrosas com que os inquisidores portugueses perseguiam seus réus — artífices privilegiados da ''sociedade singularmente confessante'' de que falou Michel Foucault.[10] Não é gratuita a associação do ritual indígena com o sabá das bruxas, como não são aleatórias as outras expressões encontradas para qualificá-lo: *bacchanales, singeries*. Mulheres que urravam e sacudiam os seios, para caírem extáticas ou convulsas no chão; homens nus que aspiravam a fumaça de ervas e dançavam em círculos por horas a fio evocavam, no imaginário europeu, a lembrança das bacanais gregas, igualmente rememoradas pelos caçadores de bruxas.[11] A previsão de coisas futuras, a evocação de espíritos superiores ou de divindades supremas, por sua vez, era macaqueação grosseira dos ritos cristãos, tal como o diabo era o macaco de Deus. Num procedimento heterológico, o olhar europeu aproximava as práticas rituais dos tupis brasileiros a bacanais e macaquices muito suas conhecidas: o sabá das bruxas.[12]

Se o francês Léry vislumbrou nos hábitos religiosos dos ameríndios os atributos do sabá das bruxas, os portugueses preferiram detectar no cotidiano da Colônia, do meio natural à vida dos homens, a presença do Diabo, deixando de lado a de suas asseclas. O próprio nome de Brasil teria surgido por inspiração do Demo.[13] Foi ele, portanto, a grande vedete dos escritos quinhentistas e seiscentistas sobre a colônia lusitana na América.

SABÁS PORTUGUESES DO SEISCENTOS E SETECENTOS

Num estudo notável sobre a feitiçaria e a magia portuguesas no século XVI, Francisco Bethencourt afirmou que, em Portugal, o complexo sabático raras vezes aparece articulado, contendo tanto o vôo noturno, quanto a metamorfose animal, a adoração e pacto com o diabo, o ajuntamento de seguidores do demônio em assembléia. No entanto, como também já ressaltei em outro trabalho, muitos desses elementos se fazem presentes de forma avulsa, *sem se combinarem*. O caso mais curioso talvez seja a insistência no recurso ao vôo mágico, capaz de transportar pessoas em grandes distâncias e, desta forma, reduzir, no imaginário, as dimensões mundiais do Império Português — indício de que elementos míticos podem mudar de feição ao sabor de contingências cotidianas.[14]

Nos casos levantados por Bethencourt com base em processos inquisitoriais, adorava-se o demônio em assembléias noturnas realizadas num pardieiro, ou num local próximo a Lisboa denominado *Val de Cavalinhos*, às quais se chegava através do vôo. Aparecem ainda referências à unção com ervas, à metamorfose em pássaros negros, à dança desconcertada dos participantes.[15] Não vou me ater a estes casos, mas procurarei tomá-los como pontos de referência no cotejo com outros episódios ocorridos posteriormente, quando o fluxo migratório da Metrópole para a Colônia já se tornara constante.

Do século XVII são dois processos que descrevem, sem nomear, o que parece ser um sabá. No primeiro deles, de 1624, os ecos são menos acentuados, mas bastante evidentes. A ré se chamava Ana Antônia do Boco, era mulher de meia-idade e morava no Norte de Portugal, no termo de Barcelos. Praticava adivinhações e sortilégios, tendo por eles sido denunciada à Inquisição. Uma vez presa e intimidada, confessou, como em tantos casos análogos de que se tem notícia, comparecimento a uma assembléia noturna e adoração do diabo.[16]

Segundo a confissão, Ana do Boco se encontrara várias vezes com o demônio a fim de lançar sortes. Instada por um homem chamado Manuel Fernandes, foi certa noite, por volta de nove horas, a uma encruzilhada, onde estavam várias mulheres suas conhecidas, todas pertencentes, como ela, a um universo predominantemente rural. A conselho de uma delas, que funcionava como espécie de "mestra", untou-se com certa água e viu-se transportada para outro lugar, São Martinho dos Carvalhos, achando-se então em camisa e descabelada.[17] A mestra, de nome Cecília, começou a invocar os demônios, fazendo um ruído com os dedos como quem chama galinhas, e dizendo "pilos, pilos". Logo apareceram vários demônios em figuras de bodes; um deles colocou-se, de pé, no meio dos circunstantes, que o adoraram dizendo: "Adoro-te, meu Deus Barrabás". Depois, todos dançaram, e cada um dos demônios teve ajuntamento carnal com cada uma das pessoas, "estando as ditas pessoas de costas, e os demônios em cima delas. E depois de assim estarem desapareceram os ditos demônios, e a Ré com a dita companhia se tornaram a achar na primeira parte donde tinham saído". O episódio durara cerca de duas horas. Curiosamente, havia entre os participantes dois supostos cristãos-novos: o único homem, Manuel Fernandes, e uma moça que andava amasiada com um clérigo da região — um e outro, portanto, representando os indivíduos que se situavam nas franjas da sociedade bem ordenada, e que desafiavam valores dominantes.

O inquisidor não fez caso da assembléia noturna, nem do vôo, nem do ungüento, nem do coito anal. Mas aferrou-se ao pacto demoníaco e à adoração do bode. Perguntou a Ana se achava que os participantes haviam feito pacto, indagando também se a ré sabia o que este significava. Para Ana, ter pacto era "andar misturada" com o diabo, gozando da sua amizade. Mas não tinha muita certeza. Quanto à adoração, Ana só confessou que a fizera com fervor após ter sido ameaçada pelo Santo Ofício com a tortura. E foi esta adesão de corpo e alma que a condenou, fazendo-a sair penitenciada em auto-de-fé. Da sua penitência constava também o degredo para o Brasil, que entretanto parece não ter se cumprido. A própria Inquisição achou por bem levantá-lo: "e que seja desterrada para sempre do Arcebispado de Braga, pela ocasião que pode haver vivendo nele de tornar aos mesmos erros, e que soe a sua sentença em quatro anos de degredo para o Brasil, para exemplo, mas que em efeito não tenha o dito degredo pelo perigo que há vivendo naquelas partes de a tornar a enganar o diabo".[18]

O outro processo seiscentista é de 1691, sendo a ré, Leonor Fernandes, natural do Algarve.[19] Ficando amiga de certa mulher, "lhe dissera esta que se ela queria ser bruxa e feiticeira, e por este meio ter muitos bens, ela a ensinaria". Leonor começou a se encontrar com a mestra, instada, primeiramente, a oferecer ao diabo um bolo confeccionado com seu sangue. Depois, sucederam-se encontros noturnos, sempre às sextas-feiras, das oito para as nove da noite, deles participando outras duas mulheres. Nestas reuniões, untavam-se com um ungüento amarelado, "cada uma por baixo dos braços, peitos e pescoço". Leonor se transformava em rato, a mestra em gato, as duas outras mulheres tomavam respectivamente a feição de galinha e de almotolia redonda.

> E nesta forma saíram todas pela porta fora, junto da qual estava um demônio em figura de corpo humano, negro e com rabo muito comprido, o qual as levava pelos ares com grande velocidade, e as pusera em um campo distante dali mais de dez léguas, onde já estavam mais quatro mulheres, que ela não conhecia, mas vira que estavam nuas assim como elas iam, e vira também os sete demônios que ali estavam em figura humana e corpórea de homens, rostos feios e denegridos, membros grossos e todos com rabos compridos.

A amiga de Leonor distribuía então pequenas candeias azuladas que recendiam enxofre;[20] tocando um pandeirinho, entregava-se, junto com as demais, a "uma dança e folia com os mesmos demônios, tomando cada uma o seu às costas, servindo-lhe de mula ou cavalo, bailando, correndo e saltando, cantando e dizendo cânticos ao demônio: que é nosso amigo, é nosso Pai, é nosso Deus, que nos há de dar tudo quanto quisermos e lhe pedirmos''. Depois, arrenegavam da Fé, beijavam o ânus do diabo, e, apartando-se um pouco, cada uma tinha ajuntamento carnal com um parceiro ínfero.

Para voltar ao universo cotidiano, as mulheres novamente se untavam, transformavam-se nas figuras aludidas, eram transportadas pelos ares. Tudo havia de ser antes da meia-noite, porque ''depois daquela hora se não podiam fazer tais ajuntamentos''. Chegando em casa, recobravam a forma habitual, vestiam-se, sentiam ''grandes acidentes e trabalhos''.

Dentre todos os casos portugueses de que se tem notícia, talvez seja esta a descrição mais próxima do estereótipo europeu, contendo o aliciamento do neófito, o uso do ungüento, a metamorfose, o vôo, a dança desconcertada e grotesca, a renúncia à Fé cristã, a adesão ao antimundo demoníaco, a cópula com Satanás.[21] Juntamente com outras narrativas, reais ou fictícias, as ''aventuras'' de Leonor Fernandes atestam a existência, no povo lusitano, de crenças constitutivas do mito do sabá tal como este se manifestava por toda a Europa. Tais crenças foram testemunhadas e coletadas pelos demonólogos que as condenavam e perseguiam, e que, contraditoriamente, se tornaram responsáveis pela sua perpetuação. Sem querer entrar em discussão difusionista, mas reconhecendo o enorme interesse teórico e metodológico de estudos como o de Ginzburg em *Storia notturna*, cabe ressaltar que os passarões negros encontrados por Bethencourt em processos quinhentistas diferem do modelo do vôo em vassoura ou da metamorfose mais comum em lobo e gato, mas apresentam similitude intrigante com os corvos descritos por Jean de Nynauld, autor seiscentista menos eminente do que Bodin, Del Rio, De Lancre, Boguet.[22]

Se crenças populares européias mostravam-se uniformes por sob a camada mais superficial das variações locais, integrando assim Portugal ao restante da Europa, a leitura dos inquisidores apresentava coloração específica. Vôos e metamorfose animal preocupavam-nos pouquíssimo, mais alertas que estavam aos conventículos e, sobretudo, ao pacto demoníaco. Na maioria dos processos, era a preocupação com o pacto ou com o reconhecimento de Satanás por Deus que tinha destaque maior, sugerindo que, em Portugal, interessava, antes de tudo, a adoração ao Diabo. O mito do sabá, com sua multiplicidade de elementos, parecia alheio ao universo dos inquisidores, que, no entanto, acreditavam na força da ação do Demo entre os homens. A sentença de Ana do Boco deveria ser publicada no auto-de-fé para servir como exemplo e intimidar o povo, mas não se cumpria pelo temor de que no Brasil, terra onde o diabo campeava solto, atuando nas idolatrias e subvertendo a natureza, a ré voltasse a cair em tentação. Leonor Fernandes não foi castigada por comparecer a conventículos com o demônio, mas por ter jurado em falso e mentido, dizendo, entre outras coisas, que, "no ajuntamento carnal que tinha com o demônio, lhe achava o corpo com calor tépido como os mais corpos humanos": mostrando familiaridade com a literatura demonológica, os inquisidores sabiam ser "sempre frio o corpo fantástico, que o demônio toma".[23]

No século XVIII, quatro dos seis processos que, no meu conhecimento, aludem ao sabá em Portugal são, significativamente, processos de indivíduos relacionados, de uma forma ou de outra, com o universo colonial.[24] Três deles diziam respeito a escravos penitenciados em junho de 1731, quando a produção crescente do ouro e diamantes do Brasil central financiava o prestígio português na Europa e os caprichos suntuários de d. João V.

Manuel da Piedade nascera no Brasil, na cidade da Bahia, e morara em muitos lugares da Colônia e do Reino, provavelmente por acompanhar seu senhor, que era capitão. Confeccionava e vendia bolsas de mandinga, amuletos usados para ter sorte e coragem em brigas. Nos cárceres do Santo Ofício, sofreu várias sessões de tortura até confessar que adorava o diabo. O que aqui interessa é o relato que fez de uma assembléia noturna ocorrida nas imediações do Porto, onde, pela meia-noite, reuniam-se alguns negros a quem o diabo aparecia, ora na figura de cabra parda, ora na figura de gato, pedindo que os assistentes lhe dessem seu sangue.[25]

Os outros dois negros, José Francisco Pereira e José Francisco Pedroso, eram naturais de Judá, Costa da Mina, e tinham morado no Brasil durante algum tempo, lá recebendo o batismo e a crisma. Em Portugal, haviam também se envolvido no comércio de bolsas de mandinga, preparando-as ritualisticamente, enterrando-as de noite, em encruzilhadas, para terem mais poder. Ambos foram torturados, confessando comparecimento a assembléias noturnas e adoração do demônio. Mas suas confissões diferiram, variando os elementos da demonologia que incorporaram.

Francisco Pedroso andava em correrias com o demo pelos campos, e com ele aprendia a preparar a mandinga. Das suas confissões, ressalta o demônio na forma de súcubo, "mulher bem vestida e bem bizarra''. Foi nesta forma que compareceu na assembléia noturna que descreve:

> na noite de São João do ano passado, nos olivais de São Bento, foi com o preto José Francisco e pela meia-noite aonde acharam o demônio em figura de mulher, e tanto ele como o José Francisco se abraçaram e beijaram com o demônio; e lhe [sic] prometeu entregar-lhe a sua alma, a qual com efeito lhe entregou na mesma noite do São João, tendo-o por Deus e como tal o adorou pondo-se de joelhos diante do mesmo demônio, batendo nos peitos, beijando o chão...[26]

Na imaginação popular européia, havia dimensão sabática na noite de São João, ''profeta vítima da libido cruel e incestuosa de Herodíade''.[27] Por outro lado, a noite de 23 de junho continha forte carga mágica: era solstício de verão, quando o céu mais se abria e mais se aproximava dos mortais.

Francisco Pereira, que inicialmente confessara as mesmas práticas que o companheiro, entrou num delírio de loquacidade após prováveis sessões de tortura, confessando relações homossexuais com o demônio íncubo, que o sodomizava, e relações com o demônio súcubo, sempre insatisfatórias dada a frialdade do coito.[28] No seu imaginário, o demônio era o mago da metamorfose: aparecia-lhe na figura de homem branco e preto, mas com pés de pata ou de lebre; na figura de mulher, mas com os pés revirados; na figura de bode preto, na de burrinho, na de galinhas com pintinhos, na de lagarto, cágado, sapinho, gato pintado. Presidia assembléias concorridas em Val de Cavalinhos, o mesmo lugar registrado duzentos anos antes nos processos analisados por Bethencourt, e onde todos se postavam de joelhos para adorá-lo.[29] Convocava seus asseclas para os encontros fazendo com que o galo cantasse às dez horas da noite, e neles se apresentava na figura de homem, mas ''de instante a instante mudava de cores, tanto no rosto como no vestido''; servia passas e vinho de sabor insosso, e copulava com todos os presentes, exigindo-lhes adoração.[30]

Apesar de negro e africano, José Francisco Pereira mostra impressionante familiaridade com o imaginário europeu do sabá. Estão presentes na sua confissão a assembléia noturna, o coito insatisfatório e frio, sodomítico em grande parte das vezes, seguido de dores e até de derramamento de sangue; as comidas insípidas; a metamorfose constante do demônio, que, em certa passagem, quando muda também de cor, sugere até proximidade com o diabo de De Lancre, igualmente cambiante, iluminando o sabá com seu corno.[31] Sob a pressão inquisitorial, a crença na virtude das bolsas de mandinga e de certas raízes brasileiras cede lugar a um imaginário basicamente europeu, com o qual talvez adquirisse familiaridade no próprio cárcere do Santo Ofício.

O quarto processo deste bloco teve lugar em 1735. A ré era Maria de Jesus, negra de Luanda que fora cativa mas se achava, naquele momento, livre e recolhida no Hospital de São Francisco, em Lisboa. Tivera trato com o demônio desde os doze anos, com ele aprendendo feitiços e malefícios e, em troca, adorando-o de joelhos. Certa feita, o diabo lhe dera uma tigelinha com ungüento branco e um vidrinho de óleo, ensinando-a a se untar com eles. Descalça e em camisa, passou então a sair com o companheiro infernal, que a levava para "além do mar", na Mouta, onde, numas hortas, se encontravam com outros demônios e com mulheres, "e todos se punham a bailar com castanholas", abraçando-se, beijando-se e, por fim, tendo cópula sexual.[32] Além da companhia no "conventículo diabólico do sítio da Mouta", Maria de Jesus contava com o diabo nos afazeres domésticos mais leves: ajudava-a a varrer e lavar a casa e o hospital, mas nunca aparecia nos serviços "de maior trabalho, como era amassar, peneirar e joeirar".[33]

Por que curiosos mecanismos aculturadores teria o imaginário desses negros africanos, alguns com passagem pelo Brasil, se mostrado mais permeável a concepções européias milenares do que o de outros réus portugueses do Santo Ofício? Seria porque, ao fim e ao cabo, o sabá era então um *discurso banalizado*, um estereótipo desprovido de conteúdo, ridicularizado pelas elites ilustradas da Europa — passível, nesta qualidade, de ser deslocado para outros contextos?[34] Ou a adesão de José Francisco a elementos do mito sabático se deveria antes à crescente familiaridade que adquirira com o diabo dos *colonizadores* — o diabo onipresente, inspirador das práticas mágicas de africanos e ameríndios, pintado sempre de cores aterradoras para melhor intimidar os *colonizados*?

IMPASSES DA INQUISIÇÃO ENTRE SATÃ E SEUS AGENTES

Durante o século XVIII, aprofundaram-se, no mundo luso-brasileiro, as trocas culturais entre os universos distintos que compunham o Império Lusitano, dos quais, aqui, interessam a colônia brasileira, a costa atlântica da África e a metrópole européia. É desta época, ao que tudo indica, a maioria dos casos de feitiçaria originários das colônias a chegarem ao Tribunal lisboeta do Santo Ofício. Sob tal impacto, os inquisidores oscilaram entre a perplexidade, característica sobretudo dos primeiros decênios, e a tolerância, dominante sobretudo por volta de meados do século. Perplexidade e tolerância manifestaram-se ainda nos julgamentos de presumidos feiticeiros portugueses, mas, como também em períodos anteriores, predominou a tendência a valorizar o pacto demoníaco em detrimento da assembléia noturna, mesmo que, vez ou outra, os agentes da Inquisição ensaiassem o rastreamento do sabá.

De 1709 é um caso curioso, no qual tanto o padre confessor da ré quanto os inquisidores desconfiam, sem explicitar, que poderia haver sabá detrás das práticas denunciadas ou confessadas ao Tribunal. Elas envolviam certa moça empregada em casa de família, Josefa Maria, e mais duas outras companheiras. O padre, na verdade, é quem deflagra todo o processo, negando confissão às incriminadas por achar que "saíam de noite para falar com o demônio, com quem haviam feito pacto", e que, não contentes, ainda matavam meninos pequenos nas andanças noturnas. O inquisidor, irritado com as hesitações de Josefa — que esperou sete anos por julgamento, esquecendo-se, no decorrer do processo, de muito do que confessara —, queria saber se a ré ia aos ajuntamentos apenas na companhia do diabo ou se saía em bando. O coletivo, aqui, sugere que pensava no mito sabático.

O que Josefa confessou foram crenças constitutivas do mito, ou a ele periféricas, que, no seu imaginário, apresentavam-se de forma desconexa. Em companhia de outras cinco mulheres, que a vinham buscar em casa, friccionara as axilas com um ungüento malcheiroso e saíra por doze noites voando pelos ares, indo ter a um campo onde se realizavam bailados e se copulava com os demônios. Por outras vezes, andara só com o demônio, passando através de portas e janelas fechadas, rumando para Val de Cavalinhos — sempre ele — e chupando o sangue de criancinhas.[35] Avizinhando-se, por um lado, do conto popular — as doze noites, os doze cisnes selvagens de Andersen, as doze princesas que gastavam seus sapatos em frenéticos bailes —, o imaginário de Josefa embebia-se, por outro, no vampirismo, constitutivo da assembléia noturna das bruxas mas dotado de autonomia e especificidades próprias.[36] Tanto o confessor quanto Josefa aludem ao vampirismo, que, desta forma, aparece como crença bem repartida entre camadas sociais distintas.

Vampirismo e capacidade de atravessar janelas — seja na forma humana, seja na animal, diminuindo de tamanho — também aparecem, curiosamente, do outro lado do Atlântico, associados a elementos peculiares ao contexto colonial. Em 1742, chegava à Inquisição de Lisboa, vinda do Brasil, uma presa acompanhada da respectiva devassa contra ela, resultante de visita pastoral realizada na região das Minas Gerais. Chamava-se Luzia da Silva Soares e era acusada de culpas de feitiçaria e pacto demoníaco. Ficara presa no Rio de Janeiro desde 1739, e antes fora barbaramente torturada pelos senhores, sob alegação de que, com feitiços, conspirava contra suas vidas: enterrava raízes e pós brancos, queimava a cabeça dos senhores com os fervedouros que fazia, punha penas sob sua cama para impedir que se consumassem seus atos sexuais, perfurava bonecos com agulhas para, analogicamente, provocar-lhes doenças. Tais práticas, muito presentes na cultura popular européia, poderiam, entretanto, ser aproximadas a práticas de origem africana[37]. Mas de outras que Luzia confessou ressaltam sem dúvida a filiação européia e os ecos fragmentados do complexo sabático. Todos os sortilégios tinham a ajuda do diabo, que costumava lhe aparecer nas encruzilhadas, em vulto de bode, a negra o chamando de ''meu rei barbado'' e lhe prometendo ser sua. Matara uma criança, entrando em seu quarto pela fresta da janela, transformada em borboleta, e chupando-lhe o sangue pelo nariz; depois, desenterrara seu cadáver, tomando-lhe os braços, pernas e miolos para confeccionar feitiços e poções.

Ainda no Brasil, como se disse, Luzia fora torturada por seus senhores. Foram eles que, durante a tortura, insistiram em que ela fazia mingaus com miolos de crianças defuntas; para tentar se ver livre do suplício, a escrava concordara com a sugestão, confessando tudo quanto se lhe perguntava. Num de seus relatos desesperados, confessara ter feito pacto com o diabo quando, estando num campo, ''lhe apareceram umas luzes que lhe andavam à ronda, depois do que lhe falou o demônio, e perguntou se queria ser sua''. Na sessão de Exame, já nos cárceres do Santo Ofício lisboeta, o inquisidor alude ao sabá, o que era muito pouco comum nos interrogatórios daquele tribunal. Mesmo assim, o que ressalta da pergunta sobre a assembléia é, como sempre, o rastreamento do pacto demoníaco e da adoração ao diabo: ''perguntada se se achou ela ré em alguns ajuntamentos donde visse, e conhecesse pessoas, que com ações, ou palavras invocassem o demônio, e lhe pedissem ajuda para algum fim, e por algum modo o adorassem...''. Aqui como em outros episódios análogos, não há recurso à palavra *sabbat*. A ela preferia-se *conventículos* ou *ajuntamentos*: tanto o mito quanto o vocábulo eram assim pouco familiares ao contexto português.

Em 1745, após a reinquirição das testemunhas brasileiras, Luzia foi considerada inocente pelo Santo Ofício, que nela viu uma vítima da terrível justiça privada dos senhores de escravos da Colônia. Acreditou que ela nunca fizera pacto, nem adorara o demônio. De qualquer forma, sua saga ilustra os modos pelos quais concepções diversas sobre feitiçaria se superpunham e, algumas vezes, se fundiam.[38]

Exatamente na mesma época, outra negra da Colônia praticava ritos que confundiriam os inquisidores e os colocariam às voltas com a tradução de universos culturais distintos. Luzia Pinta era acusada de promover reuniões noturnas para curar e prever coisas futuras. Do interior de Minas Gerais, o Juízo Eclesiástico denunciou-a ao Santo Ofício, que providenciou sua remoção para o Reino. Luzia começou a ser interrogada em março de 1743. Confessou que tinha o dom de adivinhar por "destino" que Deus lhe dera, e herança de seus ancestrais africanos; em certas ocasiões, seu corpo ficava caído no chão, feito morto, enquanto, em espírito, ela ia a vários lugares.[39] Considerava obra de Deus os ritos a que presidia, e que na sua língua se chamavam *calundus*. Granjeara fama de curandeira de *feitiços*, e atendia os que a procuravam sentada numa espécie de pequeno altar, mandando ajudantes seus tocarem instrumentos e cantarem por largo espaço de tempo. A música sincopada ajudava o êxtase: Luzia ficava "como fora de seu juízo", entrando-lhe pela cabeça "os ventos de adivinhar" e lhe sugerindo os remédios adequados para cada achaque.[40]

Para Luzia, a "doença" dos calundus era contagiosa, mas sobretudo entre membros da mesma família: ela provavelmente a "pegara" de uma tia, involuntariamente, tendo a primeira manifestação quando, em Minas, na vila de Sabará, ouvia missa num dia santo. Calundu era ainda coisa sobrenatural, "porque quando lhe vem esta", dizia a negra, "fica parada com os olhos no céu por algum espaço de tempo, no fim do qual abaixa a cabeça fazendo cortesia, e logo olha para os doentes, e conhece, então, os que hão de viver e tem remédio na sua queixa, e também os que não tem aos quais por esta razão não aceita por seus enfermos, e os manda outra vez levar pelas pessoas que os trouxeram".[41]

Uma doença sobrenatural que deixava a pessoa fora de seu juízo, habilitando-a a curar e prever o futuro, só podia se manifestar, segundo a ótica inquisitorial, por ação demoníaca, constituindo forte indício de pacto com o diabo. Luzia não confessou nem mesmo após a sessão de tormento, e saiu penitenciada em auto-de-fé, encarochada por feiticeira. A separação entre o corpo que ficava caído no chão e o espírito que vagava talvez colocasse para os inquisidores o problema polêmico das relações entre alma e corpo, tão discutido nos textos demonológicos. O aspecto de ritual coletivo do calundu descrito por Luzia e seus acusadores pode momentaneamente ter impressionado a Inquisição, fazendo-a lembrar as reuniões de bruxas européias da mesma forma como Léry pensara no sabá ao presenciar os ritos tupis do litoral brasileiro. Seja como for, os inquisidores, adeptos ao que tudo indica do demonólogo jesuíta Martín del Rio, devem ter concluído pelo caráter ilusório das viagens extáticas, sem lhes dar maior importância: apenas a morte poderia separar corpo e alma. Assim como pouco se incomodaram com os êxtases, em nenhum momento do processo chegaram a aludir à assembléia.[42]

Em 1760, quase vinte anos após condenar Luzia Pinta, o Tribunal de Lisboa desconsiderava as acusações de Catarina Dias, mulher de 42 anos, natural do bispado da Guarda. Tinha familiaridade com o demônio desde os doze anos, e por diversas ocasiões comparecera a ajuntamentos realizados numa montanha, onde, no meio de festejos com tambores e violas, inúmeras pessoas — mais de sessenta, entre elas dois padres — ajustavam os malefícios por fazer: entornar o vinho das adegas, chupar o sangue de crianças, a própria Catarina confessando ter provocado a morte de cerca de trezentas delas. Mas nada disso impressionou os juízes da Inquisição: consideraram que tinha ''grande falta de juízo'' — uma embusteira que não merecia crédito — e determinaram que fosse solta sem condenação.[43]

Vinte e cinco anos antes, um homem acusado de feitiçaria fora supliciado em auto-de-fé no Convento de São Domingos em Lisboa. Chamava-se Francisco Barbosa, tinha cerca de sessenta anos e era pedreiro de profissão.

A condenação deste homem em 1735, com pena capital, é muito estranha. Seus crimes envolviam o curandeirismo, a adivinhação e práticas libidinosas de abuso sexual com mulheres. Fazia lavatórios com infusões de ervas, jactava-se de descobrir tesouros ocultos guardados por mouras encantadas, dizia saber o que se passava em terras distantes, no caso o Brasil. Não há nenhuma alusão a sabá, apenas a confissão de pacto e adoração do demônio.[44] Da mesma época, ou de períodos anteriores são dezenas de processos análogos, que não conheceram desfecho tão trágico. Francisco Barbosa, o tio de Massarelos, foi o único homem que recebeu da Inquisição a pena capital por feitiçaria em todo o século XVIII, e talvez em todo o período de funcionamento do Tribunal. Nove anos depois dele, era supliciada no mesmo local, no convento de São Domingos, uma velha de setenta anos chamada Mécia da Costa, a Borrachoa, moradora no Reino do Algarve. Participação em sabá não consta de suas culpas: como Francisco Barbosa, acusavam-na de adorar o demo.[45] Daí em diante, tudo indica que, em Portugal, o Santo Ofício nunca mais queimou ninguém por crime de feitiçaria. Mesmo assim, sua execução deve ter sido, no gênero, uma das últimas da Europa, então já bafejada pelas Luzes de maneira bem uniforme.

CONCLUSÕES

Para melhor compreender a presença de Satã e seus asseclas no imaginário luso-brasileiro é preciso separar a obsessão demoníaca, os malefícios e o sabá. Eles não são obrigatoriamente coincidentes, os arranjos, neste sentido, mostrando-se bastante complexos.

Primeiramente, há a presença do diabo, impressionantemente destacada. Ela se fazia notar no cotidiano dos campos e das cidades portuguesas: diabos que dormiam em palheiros esperando selar pactos com os mortais, ou que, na espreita de novos adeptos, vagavam pelos arrabaldes das grandes cidades, freqüentando locais conhecidos por todos: Val de Cavalinhos, Campos da Cotovia, Mouta. No espaço privado, ajudavam a amassar o pão ou a varrer a casa. No mundo ultramarino, trabalhavam para subverter a natureza, incorporando-se nas feras estranhas e nos homens selvagens. Eram a inspiração maior das idolatrias, ou seja, das práticas mágico-religiosas dos tupis e, depois, dos escravos africanos. Em pleno século XVIII, demônios eram chamados os colonos rebeldes, *conventículos* as tentativas de rebelião.

O diabo não foi sempre o mesmo nesse mundo complexo e plural, heterogêneo pelas etnias e pelas culturas que abrigava. A iconografia européia mostra que, com o descobrimento da América e, certamente, com a colonização, ganhou cocares de penas e tornou-se cada vez mais negro: *O Inferno*, quadro de um anônimo português da primeira metade do século XVI, atesta bem tal influência.[46] Parece mesmo correto afirmar com Certeau que o mundo das práticas mágicas americanas influenciou no fortalecimento da demonologia européia, chegando a alimentar a construção da feitiçaria sabática.

Mas, a partir do manancial comum, variaram os produtos daí advindos, ao sabor das especificidades culturais. O francês Léry viu no rito tupi orquestrado pelos caraíbas um equivalente do sabá. Os colonizadores e catequistas portugueses rastrearam na América a ação do demo, privilegiando-a e narrando-a na *linguagem dos contrários* própria à demonologia;[47] não consta, entretanto, que dessem igual importância ao sabá, relacionando-o com os ritos ameríndios. Em Portugal, o Santo Ofício condenou Luiza Pinta menos pelo ritual que praticava do que pelo presumido pacto a ele subjacente; rigorosos no julgamento de culpas como o judaísmo e, já no século XVIII, a franco-maçonaria, os inquisidores portugueses não pareceram muito convencidos da importância das bruxas, nem do alcance de seus poderes.[48]

Os malefícios e as práticas mágico-curativas integraram a maior parte da feitiçaria luso-brasileira — como ocorreu, aliás, em boa parte da Europa. Difundiram-se vigorosamente na colônia brasileira, reformulando-se, inclusive, no seio das relações escravistas e plurirraciais — como fica patente, por exemplo, no caso de Luzia da Silva Soares.

E o sabá? Entre o povo lusitano, a idéia do conventículo noturno, as concepções acerca do vôo e da metamorfose, o fantasma do infanticídio marcaram presença, mesmo se de forma *esparsa*, *desarticulada* e *fragmentária*. Umas tantas alusões às danças demoníacas e à reverência ante o demo sugerem conexões entre este imaginário e o misterioso mito do sabá. Entretanto, engastado num império vasto e culturalmente diverso, tal imaginário mostrou impressionante plasticidade, permeável a trocas triangulares verificadas entre Portugal, Brasil e África. O vôo das bruxas serviu ao propósito ou ao anseio de conhecer paradeiros e destinos esparsos pelas diversas paragens dos domínios coloniais. Escravos africanos residentes na Metrópole ou nas vilas do Brasil colonial incorporaram fragmentos do sabá europeu. O êxtase e a possessão de ritos como os afro-brasileiros e ameríndios alimentaram, como se disse, o imaginário demonológico português, como aliás o fizeram, na América hispânica, com o imaginário demonológico espanhol.[49] Mas, ao contrário do ocorrido com o francês Léry, não suscitaram aproximações imediatas com a reunião noturna das bruxas.

Curiosamente, como a contradizer os que vêem no sabá a criação arbitrária de uma elite aterrorizada, ele não encontrou eco nos inquisidores, familiarizados com a literatura demonológica mas obstinados em dela retirar, antes de tudo, o pacto demoníaco — este sim, pelo menos em terras lusitanas, muito mais identificado às concepções eruditas do diabo e da feitiçaria.[50] O processo do único homem queimado em terras lusitanas por feitiçaria não alude ao sabá,

A bruxa subjaz a outras representações, colorindo, no imaginário europeu, toda uma gama de terrores difusos.

mas vários outros, sobretudo de mulheres, relatam com impressionante uniformidade os encontros demoníacos em vales ou montanhas, coloridos por danças, refeições insossas e coroados pela orgia sexual. Tais narrativas populares não chegaram, porém, a impressionar de forma mais viva os juízes do Santo Ofício. Empirismo ou pobreza imaginadora?[51] Difícil responder. Talvez parte do aparente ceticismo lusitano possa ser creditada à secular experiência com cul turas diversas e com ritos estranhos: o convívio com diferentes populações da África, da Índia, do Brasil relativizaria ou deslocaria o pavor ante o *outro*, indubitavelmente cristalizado, por grande parte da Europa, no mito do sabá.

Epílogo

PERSISTÊNCIAS ÍNFERAS

Bernardo Guimarães e o imaginário demonológico

O Diabo está desmoralizado. Só os poetas — as eternas crianças — ainda acreditam, ou fingem acreditar nele.

Olavo Bilac

Embora fosse poeta de algum valor até por volta dos quarenta anos de idade, Bernardo Guimarães (1825-82) é lembrado sobretudo por romances de cunho social e regional. Da época em que ainda produzia bons versos data "A orgia dos duendes", que, na conferência sobre "O Diabo", Olavo Bilac considerou "poesia engraçadíssima", creditando-lhe o registro sertanejo de tradições sabáticas ou, em outras palavras, de "cerimônias da demonologia brasileira". Após transcrever passagens do poema, acrescenta: "todas essas personagens de que fala o poeta, e cuja tradição ainda hoje anda tão espalhada pelo interior do Brasil — o lobisomem, o galo preto, o sapo inchado —, são figuras da demonologia antiga".[1]

De certa forma, Bilac atirou no que viu e acertou no que não viu. A primeira afirmação é ambígua e sujeita a equívocos: como se as lendas do nosso sertão tivessem tradição sabática própria. A segunda ajusta a primeira: tais personagens, disseminadas no imaginário brasileiro, derivam da demonologia antiga, portanto, européia; são indícios da longa duração de tais crenças, e de seu vigor.

É sabido que "Orgia dos duendes" circulou em regiões de Minas Gerais na forma de cantiga, os versos iniciais sendo entoados arrastada e monotonamente até pelo menos o começo deste século. Eu mesma conheci essa versão, que minha avó paterna aprendeu em Barbacena com os mais velhos, e cantava para os netos pequenos que ouviam, se lembro bem, sem medo nenhum.

À primeira vista, mantém-se a posição de Bilac: um poema jocoso, que retrata, de forma burlesca, bruxas e diabretes às voltas com caldeirões repugnantes, onde, bem ao gosto das crianças, fervia o caldo viscoso das asas de morcego, pernas de aranha, baba de sapo, miolo de gente. Um comentário curto de Antonio Candido, todavia, aponta sentido bastante diferente, Guimarães sendo caracterizado como "o autor convulso e dramático da 'Orgia dos duendes' ".[2]

Não sou crítica literária, nem ao menos historiadora da literatura. Resolvi, entretanto, dar minha versão dessa história porque, há mais de dez anos, desde que comecei a estudar a feitiçaria e as práticas mágicas, o poema de Guimarães, na sua forma cantada, vem martelando meus ouvidos, vindo do fundo da infância. Passei a aproximá-lo, mecânica e impensadamente, de um quadro de Goya que também aprecio desde menina, *Dos viejos comendo sopas*. O quadro nada tem de engraçado: na verdade, é terrível na sua fantasmagoria caricata.[3]

"Orgia de duendes" e *Dos viejos...* podem ser aproximados porque expressam, na forma cifrada comum às manifestações artísticas, um imaginário apavorante, que, durante séculos, traduziu tanto os terrores atávicos da cultura quanto episódios concretos de fúria e destruição.[4]

Vejamos o poema:

A ORGIA DOS DUENDES
Bernardo Guimarães

I

Meia-noite soou na floresta
No relógio de sino de pau;
E a velhinha, rainha da festa,
Se assentou sobre o grande jirau.

Lobisome apanhava os gravetos
E a fogueira no chão acendia
Revirando os compridos espetos,
Para a ceia de grande folia.

Junto dele um velhinho diabo
Que saíra do antro das focas,
Pendurado num pau pelo rabo,
No borralho torrava pipocas.

Taturana, uma bruxa amarela,
Resmungando com ar carrancudo,
Se ocupava em frigir na panela
Um menino com tripas e tudo.

Getirana com todo o sossego
A caldeira da sopa adubava
Com sangue de um velho morcego,
Que ali mesmo co'as unhas sangrava.

Mamangava frigia nas banhas
Que tirou do cachaço de um frade
Adubado com pernas de aranhas,
Fresco lombo de um frei dom abade.

Vento sul sobiou na cumbuca,
Galo-preto na cinza espojou;
Por três vezes zumbiu a mutuca,
No cupim o macuco piou.

E a rainha co'as mãos ressequidas
O sinal por três vezes foi dando,
A coorte das almas perdidas
Desta sorte ao batuque chamando:

''Vinde, ó filhas do oco do pau,
Lagartixas do rabo vermelho,
Vinde, vinde tocar marimbau,
Que hoje é festa de grande aparelho.

Raparigas do monte das cobras,
Que fazeis lá no fundo da brenha?
Do sepulcro trazei-me as abobras,
E do inferno os meus feixes de lenha.

Ide já procurar-me a bandurra
Que me deu minha tia Marselha,
E que aos ventos da noite sussurra,
Pendurada no arco-da-velha.

Onde estás, que inda aqui não te vejo,
Esqueleto gamenho e gentil?
Eu quisera acordar-te c'um beijo
Lá no teu tenebroso covil.

Galo-preto da torre da morte,
Que te aninhas em leito de brasas,
Vem agora esquecer tua sorte,
Vem-me em torno arrastar tuas asas.

Sapo-inchado, que moras na cova
Onde a mão do defunto enterrei,
Tu não sabes que hoje é lua nova,
Que é o dia das danças da lei?

Tu também, ó gentil *Crocodilo*,
Não deplores o suco das uvas;
Vem beber excelente restilo
Que eu do pranto extraí das viúvas.

Lobisome, que fazes, meu bem,
Que não vens ao sagrado batuque?
Como tratas com tanto desdém,
Quem a c'roa te deu de grão-duque?''

II

Mil duendes dos antros saíram
Batucando e batendo matracas,
E mil bruxas uivando surgiram,
Cavalgando em compridas estacas.

Três diabos vestidos de roxo
Se assentaram aos pés da rainha,
E um deles, que tinha o pé coxo,
Começou a tocar campainha.

Campainha, que toca, é caveira
Com badalo de casco de burro,
Que no meio da selva agoureira
Vai fazendo medonho sussurro.

Capetinhas trepados nos galhos
Com o rabo enrolado no pau,
Uns agitam sonoros chocalhos,
Outros põem-se a tocar marimbau.

Crocodilo roncava no papo
Com ruído de grande fragor;
E na inchada barriga de um sapo
Esqueleto tocava tambor.

Da carcaça de um seco defunto
E das tripas de um velho barão,
De uma bruxa engenhosa o bestunto
Armou logo feroz rabecão.

Assentado nos pés da rainha
Lobisome batia a batuta
Co'a canela de um frade, que tinha
Inda um pouco de carne corruta.

Já ressoam timbales e rufos,
Ferve a dança do cateretê;
Taturana, batendo os adufos,
Sapateia cantando — o le rê!

Getirana, bruxinha tarasca,
Arranhando fanhosa bandurra,
Com tremenda embigada descasca
A barriga do velho Caturra.

O *Caturra* era um sapo papudo
Com dous chifres vermelhos na testa,
E era ele, a despeito de tudo,
O rapaz mais patusco da festa.

Já no meio da roda zurrando
Aparece a *mula-sem-cabeça*,
Bate palmas, a súcia berrando
— Viva, viva a sra. condessa!...

E dançando em redor da fogueira
Vão girando, girando sem fim;
Cada qual uma estrofe agoureira
Vão cantando alternados assim:

III

TATURANA

Dos prazeres de amor as primícias,
De meu pai entre os braços gozei;
E de amor as extremas delícias
Deu-me um filho, que dele gerei.

Mas se minha fraqueza foi tanta,
De um convento fui freira professa;
Onde morte morri de uma santa;
Vejam lá, que tal esta peça.

GETIRANA

Por conselhos de um cônego abade
Dous maridos na cova soquei;
E depois por amores de um frade
Ao suplício o abade arrastei.

Os amantes, a quem despojei,
Conduzi das desgraças ao cúmulo,
E alguns filhos, por artes que sei,
Me caíram do ventre no túmulo.

GALO-PRETO

Como frade de um santo convento
Este gordo toutiço criei;
E de lindas donzelas um cento
No altar da luxúria imolei.

Mas na vida beata de ascético
Mui contrito rezei, jejuei,
Té que um dia de ataque apoplético
Nos abismos do inferno estourei.

ESQUELETO

Por fazer aos mortais crua guerra
Mil fogueiras no mundo ateei;
Quantos vivos queimei sobre a terra,
Já eu mesmo contá-los não sei.

Das severas virtudes monásticas
Dei no entanto piedosos exemplos;
E por isso cabeças fantásticas
Inda me erguem altares e templos.

MULA-SEM-CABEÇA

Por um bispo eu morria de amores,
Que afinal meus extremos pagou;
Meu marido, fervendo em furores
De ciúmes, o bispo matou.

Do consórcio enjoei-me dos laços,
E ansiosa quis vê-los quebrados,
Meu marido piquei em pedaços,
E depois o comi aos bocados.

Entre galas, veludo e damasco
Eu vivi, bela e nobre condessa;
E por fim entre as mãos do carrasco
Sobre um cepo perdi a cabeça.

CROCODILO

Eu fui papa; e aos meus inimigos
Para o inferno mandei c'um aceno;
E também por servir aos amigos
Té nas hóstias botava veneno.

De princesas cruéis e devassas
Fui na terra constante patrono;
Por gozar de seus mimos e graças
Opiei aos maridos sem sono.

Eu na terra vigário de Cristo,
Que nas mãos tinha a chave do céu,
Eis que um dia de um golpe imprevisto
Nos infernos caí de boléu.

LOBISOME

Eu fui rei, e aos vassalos fiéis
Por chalaça mandava enforcar;
E sabia por modos cruéis
As esposas e filhas roubar.

Do meu reino e de minhas cidades
O talento e a virtude enxotei;
De michelas, carrascos e frades,
De meu trono os degraus rodeei.

Com sangue e suor de meus povos
Diverti-me e criei esta pança,
Para enfim, urros dando e corcovos,
Vir ao demo servir de pitança.

RAINHA

Já no ventre materno fui boa;
Minha mãe, ao nascer, eu matei;
E a meu pai por herdar-lhe a coroa
Em seu leito co'as mãos esganei.

Um irmão mais idoso que eu,
C'uma pedra amarrada ao pescoço,
Atirado às ocultas morreu
Afogado no fundo de um poço.

Em marido nenhum achei jeito;
Ao primeiro, o qual tinha ciúmes,
Uma noite co'as colchas do leito
Abafei para sempre os queixumes.

Ao segundo, da torre do paço
Despenhei por me ser desleal;
Ao terceiro por fim num abraço
Pelas costas cravei-lhe um punhal.

Entre a turba de meus servidores
Recrutei meus amantes de um dia;
Quem gozava meus régios favores
Nos abismos do mar se sumia.

No banquete infernal da luxúria
Quantos vasos aos lábios chegava,
Satisfeita aos desejos a fúria,
Sem piedade depois os quebrava.

Quem pratica proezas tamanhas
Cá não veio por fraca e mesquinha,
E merece por suas façanhas
Inda mesmo entre vós ser rainha.

IV

Do batuque infernal, que não finda,
Turbilhona o fatal rodopio;
Mais veloz, mais veloz, mais ainda
Ferve a dança como um corrupio.

Mas eis que no mais quente da festa
Um rebenque estalando se ouviu,
Galopando através da floresta
Magro espectro sinistro surgiu.

Hediondo esqueleto aos arrancos
Chocoalhava nas abas da sela;
Era a Morte, que vinha de tranco
Amontada numa égua amarela.

O terrível rebenque zunindo
A nojenta canalha enxotava;
E à esquerda e à direita zurzindo
Com voz rouca desta arte bradava:

"Fora, fora! esqueletos poentos,
Lobisomes, e bruxas mirradas!
Para a cova esses ossos nojentos!
Para o inferno essas almas danadas!"

Um estouro rebenta nas selvas,
Que recendem com cheiro de enxofre;
E na terra por baixo das relvas
Toda a súcia sumiu-se de chofre.

V

E aos primeiros albores do dia
Nem ao menos se viam vestígios
Da nefanda, asquerosa folia,
Dessa noite de horrendos prodígios.

E nos ramos saltavam as aves
Gorjeando canoros queixumes,
E brincavam as auras suaves
Entre as flores colhendo perfumes.

E na sombra daquele arvoredo,
Que inda há pouco viu tantos horrores,
Passeando sozinha e sem medo
Linda virgem cismava de amores.

Sem ser mencionado, é o sabá das bruxas a personagem central do poema de Bernardo Guimarães — da mesma forma que o cotejo com outras obras de Goya, das representações dos *aquelarres* à série dos *Caprichos*, torna óbvia a filiação dos velhos que comem sopas à antropofagia e às feiticeiras. Numa clareira da floresta, à meia-noite, personagens sobrenaturais — homens e mulheres — se reúnem, assessorados por vários diabos. Preparam alimentos asquerosos, dançam desenfreadamente, discorrem sobre toda a sorte de vícios, desaparecendo com o dia. ''Orgia dos duendes'' é assim mais um elo na longa tradição lusitana que faz uma elipse do sabá:[5] no poema, estão presentes tanto os elementos do mito quanto os do rito.

Vejamos primeiro os componentes míticos. O zoomorfismo, elemento importantíssimo do sabá, mostra-se nos nomes das bruxas: Taturana, Getirana, Mamangava, Galo-Preto, Sapo-Inchado, Crocodilo, Lobisome. A tradição milenar do exército furioso, analisada por Ginzburg em mais de um trabalho, encontra-se retratada nas ''mil bruxas'' que surgem ''uivando'', ''cavalgando em compridas estacas''.[6] O apreço pela inversão se expressa na linguagem tensa dos contrários, o *sagrado batuque*,[7] ou na ambigüidade mais ampla que, num imaginário impregnado de magismo e de elementos pagãos, esfumaça, com freqüência, as fronteiras entre sagrado e demoníaco: arcando sob o peso de pecados horrendos, Taturana foi freira professa, e morreu morte de santa; ''como frade de um santo convento'', Galo-Preto viveu como asceta até estourar, de ataque apoplético, nos abismos infernais; Esqueleto espalhou morte e devastação, e mesmo assim lhe ergueram altares e templos; Crocodilo foi papa: vigário de Cristo em vida, portador da chave dos céus, viu-se, com a morte, arremessado aos infernos. Por fim, ainda no universo do mito, a galeria dos horrores praticados pela assembléia noturna exibe, de forma insistente e repetitiva, a quebra dos tabus. Após se entregar a amores sacrílegos e ver o amante-bispo assassinado pelo marido ciumento, Mula-sem-Cabeça matou o marido, picou-o e o comeu ''aos bocados''; por artes ocultas que dominava, Getirana dava cabo dos rebentos gerados ainda no ventre; Taturana se iniciou nos prazeres do amor com o próprio pai, dele tendo um filho. A rainha do conventículo terrível relata, com irônicas inflexões de linguagem (''Já no ventre materno fui boa;/ Minha mãe, ao nascer, eu matei...''), como se tornou matricida, parricida, fratricida e assassina dos vários maridos que, barba-azul de saias, foi acumulando numa vida de vícios. Bernardo Guimarães esgravata, portanto, os recônditos mais tenebrosos da cultura, pondo a nu a antropofagia, o infanticídio, o incesto.

Ossos e pedaços do corpo dos cadáveres — a mão do defunto enterrada na cova, o ''seco defunto'', a canela de frade ''que tinha/ inda um pouco de carne corruta'' — integravam as práticas rituais da magia européia, sendo parte importante do imaginário tecido em torno do sabá das bruxas. As alusões a tais fragmentos são recorrentes no poema, assim como à sopa adubada com sangue de morcego, ao lombo de abade ou ao "menino com tripas e tudo" que se frigiam na panela, à "caveira/ com badalo de casco de burro" que servia de campainha. A dança frenética, o rodopio fatal e vertiginoso é alusão explícita à dança sabática, invocada num sem-número de tratados demonológicos e processos movidos contra as presumidas bruxas. Como a atestar o enraizamento, intuído por Bilac, do imaginário demonológico milenar em sertões brasileiros, Bernardo Guimarães acrescenta elementos dos ritos indígenas à sua assembléia: a fogueira e a *bandurra*, ou cabaça, centrais nas cerimônias tupis e exaustivamente registradas pelos cronistas e viajantes estrangeiros desde o século XVI;[8] "a *dança do cateretê*", praticada nas regiões rurais do Sudeste brasileiro, de origem duvidosa — africana para uns, indígena e lusitana para outros — mas, de qualquer forma, alheia ao universo em que se constituiu o sabá;[9] a *embigada*, ou *umbigada*, quase sempre identificada às danças de roda africanas apesar de presente também em manifestações portuguesas como o fandango e o lundu.[10] No poema, curiosamente, umbigada e cateretê designam o corrupio sabático, ilustrando, sem dúvida, essa preocupação em mostrar a acomodação local do fenômeno. Tal intuito é reforçado pelos objetos específicos ao contexto brasileiro: o *jirau* sobre que se assenta a "velhinha, rainha da festa"; a *cumbuca* na qual assobia o vento sul; o *marimbau* tocado ora pelas lagartixas de rabo vermelho, ora pelos "capetinhas trepados nos galhos".[11]

As duas primeiras partes do poema contêm, na verdade, elementos de ironia que ajudam a entender a leitura que dele fez Bilac. É quando o poeta descreve o rito, qualificando-o de "festa de grande aparelho", "grande folia" ou apenas "festa"; entretanto, conforme desentranha as personagens de regiões profundas, vai assinalando sua filiação infernal e tenebrosa: é do "antro das focas" que sai o vermelho diabo, do "tenebroso covil" o Esqueleto, da "cova" o Sapo-Inchado, do "fundo das brenhas" as "raparigas do monte das cobras", encarregadas de trazer ao narrador abóboras do "sepulcro" e, do "inferno", feixes de lenha. Na segunda parte já se pode constatar certa mudança de tom: há mau agouro nos sussurros da selva e nas estrofes entoadas, "ruído de grande fragor" no ronco do Crocodilo. A alusão à dança, ao sapateado, aos rodopios imprimem ao poema um ritmo vertiginoso; a terceira parte é o frenesi resultante dessa farra, quando cada uma das personagens narra atos deploráveis e arrasta o leitor para as camadas profundas do universo mítico.

É neste nível que o poema adquire tonalidade tenebrosa inequívoca. Terminado o relato sinistro, o batuque se torna, no início da quarta parte, infernal e infindo: inflexão que prepara a chegada da Morte, rebenque em punho, obrigando a ''nojenta canalha'', as ''almas danadas'', os ''ossos nojentos'', a ''súcia'' recendente a enxofre a voltar para as regiões subterrâneas de onde nunca deveria ter saído: ''Para a cova esses ossos nojentos!/ Para o inferno essas almas danadas!''.

Uma vez recalcados os pesadelos da cultura e do inconsciente, a ''nefanda, asquerosa folia/ dessa noite de horrendos prodígios'', aflora à superfície o sonho ideal de pureza, etéreo e imune aos fantasmas da carne e do vício: ''Passeando sozinha e sem medo/ Linda virgem cismava de amores''.

Apresentando analogia mais evidente com o mundo fantástico e místico de Jerônimo Bosch, onde a feitiçaria foi representada com freqüência — lembre-se, por exemplo, o casal que, cavalgando um peixe-voador, se desloca para o sabá numa das *Tentações de santo Antão* existentes no Museu do Prado —, a tensão entre ironia e tragédia presente no poema de Bernardo Guimarães lembra ainda o tratamento dado ao tema por Goya. Julio Caro Baroja assinala que ''Bosch pintava para censurar, e foi com objetivo pio e moralizador que Filipe II comprou suas telas; mais tarde, a contemplação das fantasias do artista genial suscitaria antes sarcasmos frios e ímpios''. Goya viveu num outro momento, quando o humor se tornara arma do espírito crítico e da desmistificação; pretendendo, como tantos ilustrados, caçoar da crença em bruxas, acabou deixando uma obra poderosa que ''inspira não o riso, mas um terror pânico'', pondo a nu ''uma sociedade feia e bestial, às voltas com toda sorte de crimes e violências''.[12] Dentre as oitenta águas-fortes que integram a série dos *Caprichos* (figs. 11 e 12 entre as pp. 68 e 69), Caro Baroja detectou a presença nítida da feitiçaria em vinte delas![13]

Goya é sem dúvida tributário da crítica ilustrada às tradições populares. Desde o final do século XVII, físicos e matemáticos demonstraram, graças ao método experimental, a irrealidade dos ''fatos'' da bruxaria, explicando muitos dos fenômenos até então atribuídos à esfera sobrenatural: substituiu-se, na bela fórmula de Robert Mandrou, uma ''onipresença sobrenatural de Deus e do Diabo por uma visão mais racional da existência'', restituiu-se ao Homem e à Natureza ''uma autonomia que a confusão anteriormente admitida entre natural e sobrenatural tornava impossível''.[14] O discurso médico transforma a bruxa e a possessa em doentes mentais, abrindo a via para que a falta de razão se identifique à superstição. Se alguns intelectuais como Herder e os Irmãos Grimm se empenham na recuperação do universo popular europeu, encontra-se igualmente entre os ilustrados a tendência a ridicularizar as tradições populares orais: as bruxas, como disse Lynn Thorndike, não tinham biblioteca.[15] Os que persistem nesse tipo de crença são chamados de "ignorantes", "incultos", ou referidos como "essas pobres pessoas".

Um marco na ridicularização burlesca da bruxaria e dos manuais demonológicos é o livro do abade Bordelon, *Histoire des imaginations extravagantes de monsieur Oufle* (anagrama de *Le fou*), publicado em 1710 e que, segundo Baroja, estaria para a demonologia assim como o *Dom Quixote* de Cervantes está para as novelas de cavalaria.[16] Cerca de meio século depois, detecta-se num texto de Voltaire movimento complementar: a tendência a transformar a feitiçaria em ficção, inscrevendo-a num tempo encantado e idílico, próprio aos contos de fadas: tempo de mistério, a nobreza curando o tédio dos longos serões de inverno com histórias de fantasmas, bruxas e aparições, como as da Fada Melusina no castelo de Lusignan; "todas as damas queriam tirar a sorte; os possessos corriam pelos campos, todo mundo tinha visto o Diabo, ou esperava vê-lo". "Hoje", conclui o ilustrado, "joga-se insipidamente o baralho, e é uma pena que sejamos descrentes".[17]

O texto de Voltaire acusa uma inflexão: entre o tempo de Luís XIII — que adormecia ouvindo os *Contos de Mamãe Ganso* — e o de Luís XVI, as histórias de fadas se viram banidas do universo adulto, refugiando-se no mundo dos simples e das crianças.[18] A bruxaria se tornara assunto de médicos, motivo de chacota, argumento para ficção, derivativo para crianças: medicalizado, ridicularizado, ficcionalizado, infantilizado, o discurso sobre a feitiçaria acabara prisioneiro de vários cárceres — maneira compensatória, talvez, com que os mecanismos da cultura estancaram a ferida profunda das perseguições em massa.

Durante o século XIX, passados duzentos anos do pico de perseguição às bruxas, quando o terror que por tanto tempo paralisara as populações européias refluíra para o universo infantil, o sabá se tornou tema constante da literatura. Victor Hugo numa balada famosa da década de 1820 — a Balada XIV —, Théophile Gautier em "Albertus ou l'âme et le péché" marcam a primeira e a segunda metade do Oitocentos, seguindo a seara aberta pela "Noite de Walpurgis" de Goethe e modulando, em tons diversos, a negatividade comum aos românticos.[19] Juntamente com outros membros do romantismo paulistano, Bernardo Guimarães se atrela, portanto, a uma tradição; cabe entretanto lembrar que, para esses jovens que freqüentaram a Faculdade de Direito de São Paulo entre 1840 e 1860, o pendor pelos temas satânicos se aliava ao humor e à obscenidade.[20]

Se em *Dos viejos comendo sopas* o horror da velhice é pintado com a referência iconográfica da bruxa, do repasto sabático, da semi-animalidade monstruosa, a "Orgia dos duendes", ao retratar de forma elíptica o sabá das feiticeiras, discorre, de forma cifrada, sobre os fantasmas da sexualidade — tema, de resto, igualmente caro à literatura ocidental da época.[21]

Ao fazê-lo, entretanto, o poeta passa em revista os estereótipos da bruxaria e do sabá que a Ilustração desterrara para as profundezas do inconsciente. Sem crer em bruxas, deplorando, talvez, tal ceticismo, apresenta com o tema mais do que a familiaridade comum às crianças, instruídas pelos contos de fadas. Em "A orgia dos duendes", o que chama a atenção do historiador é a ambigüidade entre o sagrado e o demoníaco, o recurso à linguagem dos contrários, o desvendamento, enfim, das estruturas míticas profundas que, sob ângulos diversos, procurou-se detectar ao longo deste livro. Elas estão todas na "Orgia dos duendes", que na verdade é orgia de bruxas. Por que, mais uma vez, a elipse? Seria a insistência em recorrer a ela característica da mentalidade luso-brasileira?

A assembléia de bruxas descrita no poema harmoniza, de forma impressionante, tradições européias e brasileiras — entendendo-se, por tal, o cruzamento complicado das diversas culturas que, de um lado e de outro do Atlântico, se entreteceram durante séculos. Bernardo Guimarães atesta, na longa duração, a persistência enigmática de estruturas imaginárias, e sobretudo o fascínio pelos elementos da demonologia quando se deseja falar do *outro*, externo ou interno. No século XVI, os europeus desterravam seus demônios para o outro lado do Atlântico, travestindo-os em astecas, incas ou tupinambás, mas, ao mesmo tempo, fazendo com que permanecessem ancorados na tradição demonológica do Velho Continente. Na segunda metade do século XIX, emancipada a antiga Colônia, os poetas cismavam em demônios internos, mas recorriam aos mesmos velhos estereótipos. Por isso, creio, nosso poeta e sua "Orgia de duendes" servem de bom fecho a este trabalho.

NOTAS

Primeira parte — MACRODEMONOLOGIA:
O DIABO NAS MALHAS DO ANTIGO REGIME

1. *O CONJUNTO: AMÉRICA DIABÓLICA* (pp. 21-46)

Uma primeira versão deste trabalho foi apresentada na Reunião Anual da Sociedade Brasileira para o Progresso da Ciência (SBPC), São Paulo, 17/7/92. Uma segunda versão, bem diferente da primeira, foi publicada pela revista *Tempo Brasileiro*, nº 110, 1992. Estão aqui incorporadas partes de um artigo escrito em 1988, apresentado inicialmente como conferência na Universidade de Southampton em dezembro desse ano e posteriormente publicado em *Portuguese Studies*, vol. 6, 1990, pp. 85-93. O presente estudo, na forma como se encontra, é bem mais amplo do que as versões anteriores, e inédito; para esta versão definitiva, foram imprescindíveis a leitura e sugestões feitas por Ronaldo Vainfas e Maria Manuela Carneiro da Cunha.

(1) Para Gil Vicente, ver "Auto das fadas", in *Obras*, ed. Mendes dos Remédios, Coimbra, França Amado, 1912, t. II, pp. 293-5. Luís de Camões, *Os lusíadas*, Canto V, Belo Horizonte, Itatiaia/Edusp, 1980, pp. 192-3.

(2) Para Zurara, ver Fortunato de Almeida, *História da Igreja em Portugal*, ed. Damião Peres, Porto, Portucalense Editora, 1967, 4 vols., p. 368. Para João de Barros, *Ásia — primeira década*, 4ª ed. rev. e pref. Antonio Baião, Lisboa, Imprensa Nacional/Casa da Moeda, reimpr. 1988, Livro I, cap. 2, p. 14.

(3) Para Pero de Góis, ver Raimundo Faoro, *Os donos do poder*, 2ª ed., Porto Alegre, Globo, 1975, vol. 1, p. 143. Para a citação de d. João III, referente ao *Regimento de 1548*, ver Serafim Leite, S. I. (org.), *Cartas dos primeiros jesuítas do Brasil*, São Paulo, Comissão do IV Centenário da Cidade de São Paulo, 1954, t. I, p. 5.

(4) Ver principalmente Stuart Clark, "The scientific status of demonology", in Brian Vickers (org.), *Occult & scientific mentalities in the Renaissance*, Cambridge University Press, 1984, pp. 351-74. Nas páginas 352-3: "[...] those individual scientists who concerned themselves with demonology without any sense of incongruity or of the compromising of their criteria of rational inquiry: from Agostino Nifo, Giovanni d'Anania, and Andrea Cesalpino in sixteenth-century Italy to Henry More, Joseph Glanville, and Robert Boyle in later seventeenth-century England. Others not

primarily concerned with natural philosophy nevertheless combined it with demonology without intellectual embarrassment: for example Jean Bodin, Lambert Daneau and the Dutchman Andrea Gerhard (Hyperius). In perhaps the largest group there were the many physicians who made special studies of demonic pathology: the Italian Giovanni Battista Codronchi, the Germans Wilhelm Schreiber and John Wier, the Swiss Thomas Erastus, the Englishman John Cotta, and the many French doctors involved in cases of possession, among them Jacques Fontaine, Michel Marescot, and Pierre Yvelin'' [... aqueles cientistas que se preocuparam com demonologia sem nenhum sentimento de contradição ou de comprometer, com isso, seu critério de investigação racional: de Agostinho Nifo, Giovanni d'Anania, e Andrea Cesalpino na Itália do século XVI a Henry More, Joseph Glanville, e Robert Boyle na Inglaterra do final do século XVII. Outros, apesar de não se interessarem primordialmente pela filosofia natural, combinaram-na com a demonologia sem nenhum embaraço intelectual: por exemplo, Jean Bodin, Lambert Daneau, e o holandês Andrea Gerhard (Hyperius). No que talvez fosse o grupo maior, havia os vários médicos que fizeram estudos especiais de patologia demoníaca: o italiano Giovanni Battista Codronchi, os alemães Wilhelm Schreiber e Johann Wier, o suíço Thomas Erastus, o inglês John Cotta, e os vários médicos franceses que se ocuparam com casos de possessão, entre eles Jacques Fontaine, Michel Marescot, e Pierre Yvelin]. Do mesmo autor, o artigo extremamente erudito e original sobre demonologia protestante e sua penetração nas universidades do Norte da Europa: ''Protestant demonology: sin, superstition, and society (c. 1520-c. 1630)'', in Bengt Ankarloo e Gustav Henningsen, *Early Modern European witchcraft — centres and peripheries*, Oxford, Clarendon Press, 1990, pp. 45-81.

(5) Para as implicações políticas da obra demonológica de Jaime VI, ver o brilhante ensaio de Christina Larner, ''James I and VI and witchcraft'', in *Witchcraft and religion: the politics of popular belief*, Oxford, Basil Blackwell, 1985. Ver ainda Stuart Clark, ''King James's *Daemonologie*: witchcraft and kingship'', in Sidney Anglo (ed.), *The damned art: essays in the literature of witchcraft*, Londres, 1977, pp. 156-81. Para Bodin, ver *Jean Bodin*. Atas do Colóquio Interdisciplinar de Angers (24-27 maio 1984), Angers, 1985. Ver também Christopher Baxter, ''Jean Bodin's *De la Démonomanie des sorciers*: the logic of persecution'', in Sidney Anglo, op. cit., pp. 76-105. Na página 102: ''In political and religious theory alike, Bodin sought for a synthesising principle above the conflicts which had torn his country apart. He found it, in the *République*, in the concept of sovereignty. He found it, in the *Démonomanie* and in the *Heptaplomeres*, in the strict monotheism of his system of daemonic Judaism'' [Tanto na teoria política quanto na religiosa, Bodin buscou um princípio unificador que pairasse acima dos conflitos que tinham destroçado seu país. Ele o encontrou, na *République*, no conceito de soberania. Ele o encontrou, na *Démonomanie* e no *Heptaplomeres*, no monoteísmo estrito do seu sistema de judaísmo demoníaco]. Para Nicole Jacques-Chaquin, a *Démonomanie*, longe de constituir exceção incompreensível, se inscreve perfeitamente bem na linhagem das obras políticas do autor: o Príncipe dispõe de poder permanente e absoluto, impõe a seu arbítrio a lei sobre os súditos sem no entanto se sujeitar a ela. Ora: ''Le Dieu de la *Démonomanie* est bien ce souverain absolu, à qui non seulement tous les miracles sont possibles, mais qui peut se permettre à tout instant de changer la loi qu'il a promulguée. Ce que nous nommons désordre est donc tout aussi divin que l'ordre. Satan peut bien disposer de povoirs extraordinaires, il n'en reste pas moins l'instrument de Dieu...'' [O Deus da *Démonomanie* é exatamente esse soberano absoluto, a quem não apenas são possí-

veis todos os milagres como é cabível alterar, a cada momento, a lei que ele próprio promulgou. O que chamamos desordem é portanto tão divino quanto a ordem. Satã pode muito bem dispor de poderes extraordinários sem deixar de ser, com isso, o instrumento de Deus], Nicole Jacques-Chaquin, "Nynauld, Bodin et les autres: les enjeux d'une métamorphose textuelle", in *De la lycanthropie — transformation et extase des sorciers — 1615*, édition critique augmentée d'études sur les lycanthropes et les loups-garous, Paris, Frénésie Éditions, 1990, p. 22. Pensando ainda na ambigüidade de Bodin, demonólogo, teórico do Estado e da economia política, Trevor-Roper escreveu uma bela frase: "In those years of apparent illumination there was at least one quarter of the sky in which darkness was positively gaining at the expense of light" [Nesses anos de aparente iluminação, as trevas estavam a ganhar terreno sobre a luz em pelo menos um quarto do céu], H. Trevor-Roper, *The European witch-craze of the Sixteenth and Seventeenth Centuries*, Londres, Penguin, 1988, p. 8 [trad. port.: *Religião, reforma e transformação social*, Lisboa, Presença/Martins Fontes, 1972, p. 73]. Para Hélène Merlin, a posição singular de Bodin se devia ao fato de aliar, paradoxalmente, duas perspectivas em uma: a visão voluntarista de Deus e do Diabo: "Aussi peut-il à la fois élaborer, sur le modèle divin, la théorie de la souveraineté et de l'absolutisme royal, et attribuer à Satan un pouvoir exorbitant" (p. 70) [Com base no modelo divino, ele pôde elaborar, simultaneamente, a teoria da soberania e do absolutismo real, e atribuir a Satã um poder exorbitante]. Hélène Merlin afirma ainda que a política impõe sua existência, ao lado do direito e da teologia, a partir das guerras de Religião, e "nasce sob o signo do demoniaco" (p. 71), "Le devenir démoniaque du corps politique sous les guerres de Religion", *Frénésie*, Sorcelleries, nº 9, 1990, pp. 57-75.

(6) Baseio-me aqui no estudo de Maria Tausiet Carlés, "Le sabbat dans les traités espagnols sur la superstition et la sorcellerie aux XVIe et XVIIe siècles", Colóquio Internacional Le sabbat des sorciers en Europe, Saint-Cloud, 4-7/11/92, texto mimeo. esperando a publicação das atas. A autora considera como mais diretamente ligados à problemática demonológica os seguintes tratados: Martín de Andosilla, *De Superstitionibus*, Lyon, 1510; Martín de Castañega, *Tratado muy sotil y bien fundado de las superstitiones y hechicerias y vanos conjuros y abusiones y otras cosas al caso tocantes y de la possibilidad y remedio dellas*, Logrono, 1529; Alonso de Castro, *De sortilegiis et maleficiis et eorumque punitione*, Lyon, 1558; Pedro Ciruelo, *Reprovacion de las supersticiones y hechicerias*, Salamanca, 1538; Martín del Rio, *Disquisitionum magicarum*, Lovaina, 1599; Benito Perer, *Adversus fallaces et superstitiosas artes, id est, de magia, de observatione somniorum et de divinatione astrologica*, Ingolstad, 1591; Blasco de Lanuza, *Combate de demonios y patrocinio de angeles*, San Juan de la Pena, 1652; Gaspar Navarro, *Tribunal de superstición ladina*, Huesca, 1632; Rodrigo Antonio de Ribera y Andrada, *Magia natural y artificial*, 1632 (obra da qual só se conserva o título); Francisco Torreblanca Villalpando, *Epitomes delictorum in quibus aperta, vel oculta invocatio daemonis interventi, con su Defensa en favor de los libros catolicos de la Magia*, Sevilla, 1618.

(7) Maria Tausiet Carlés, op. cit., p. 3.

(8) Michel de Certeau, "Travel narratives of the French to Brazil: Sixteenth to Eighteenth Centuries", *Representations*, "The New World", nº 33, 1991, pp. 221-6 e 225.

(9) Giulia Lanciani, "O maravilhoso como critério de diferenciação entre sistemas culturais", *Revista Brasileira de História*, São Paulo, ANPUH/Marco Zero, vol. 11, nº 21, 1990-1, p. 22.

(10) Para a importância da visão, ver Sérgio Buarque de Holanda, *Visão do Paraíso*, 2ª ed., São Paulo, Nacional, 1969. A visão seria um sentido menos intelectual, predominante no século XVI: ver Lucien Febvre, "O homem do século XVI", *Revista de História*, vol. 1, 1950. Para a visão no conhecimento moderno, ver Alphonse Dupront, "Espace et humanisme", *Bibliothèque d'Humanisme et Renaissance*, 8 (1946), 7-104, pp. 54. Igualmente Robert Mandrou, *Introduction à la France Moderne*, Paris, Albin Michel, 1974, pp. 76-7. Ver ainda o meu *O diabo e a terra de Santa Cruz*, São Paulo, Companhia das Letras, 1986, cap. 1. Para o comentário a Merleau-Ponty, ver Luce Giard, "Epilogue: Michel de Certeau's heterology and the New World", *Representations*, "The News World", 1991, pp. 212-21, particularmente p. 216. Para o papel das viagens no imaginário europeu, ver Frank Lestringant e Christian Jacob (orgs.), *Arts et légendes d'espaces — figures du voyage et réthoriques du monde*, Paris, PENS, 1981. Ver ainda Frank Lestringant, *Écrire le monde à la Renaissance*, Paris, Paradigme, 1993. Devo estas duas indicações a Mary del Priore.

(11) Certeau, "Travel narratives of the French to Brazil: Sixteenth to Eighteenth Centuries", *Representations*, cit.

(12) Entre muitos, ver Stuart Clark, "Inversion, misrule and the meaning of witchcraft", *Past & Present*, nº 87, maio 1980; Robert Rowland, " 'Fantasticall and devilishe persons': European witchbeliefs in comparative perspective", in Bengt Ankarloo e Gustav Henningsen (org.), *Early Modern European witchcraft — centres and peripheries*, Oxford, Clarendon Press, 1993, pp. 161-90; Sophie Houdard, "Frontière et altérité dans le *Tableau de l'inconstance des mauvais anges et des démons*, de Pierre de Lancre", *Frénésie — Histoire — Psychiatrie — Psychanalyse: Sorcelleries*, nº 9, 1990, pp. 23-31.

(13) Giulia Lanciani, op. cit., passim.

(14) É evidente que a problemática da *heterologia* transcende a questão demonológica. Para outra interpretação, bela e sutil, das aproximações seletivas com relação à América, numa perspectiva que se poderia chamar também de heterológica, ver Inga Clendinnen, *Ambivalent conquests — Maya and Spaniards in Yucatan, 1517-1570*, Cambridge University Press, 1991, pp. 24 ss. Nelas, a autora mostra como os espanhóis viram no Yucatán apenas os aspectos da vida nativa que lhes interessavam, deixando de registrar ou captar a porção menos visível ou evidente das relações de autoridade.

(15) "The European experience profoundly influenced its Andean counterpart: the ideology of the demon hunters in Europe shaped the ideology of the extirpators in the New World; and, as in Europe, the trials to eliminate idol worshippers had deep effect on the social and religious life of those groups caught in the witchhunt net" [A experiência européia influenciou profundamente o seu correlativo andino: a ideologia dos caçadores de demônios na Europa moldou a ideologia dos extirpadores no Novo Mundo; e, como na Europa, os processos voltados para a eliminação dos idólatras teve efeitos profundos sobre a vida religiosa e social dos grupos envolvidos na teia da caça às bruxas], Irene Silverblatt, *Moon, sun and witches — gender ideologies and class in Inca and colonial Peru*, Princeton University Press, 1987, p. 159. Serge Gruzinski também se mostrou sensível à relação entre idolatrias e demonologia: "Mais l'Eglise s'en serait encore tenue à une position défensive si elle n'avait fait que traduire les croyances et les pratiques indigènes en idolâtrie puis celle-ci en sorcellerie démoniaque. Au fur et à mesure que l'explication diabolique récupère obstinément la plupart des manifestations traditionelles, la christianisation à son tour suscite une catégorie inédite d'apparitions calquées sur les schémas de la démonologie occidentale.

Elles n'ont guère de rapport avec les expériences indigènes précédemment évoquées, même si l'affrontement avec la divinité en constitue encore la trame'' [Mas a Igreja teria continuado numa posição defensiva caso tivesse apenas traduzido as crenças e práticas indígenas em idolatria e, a seguir, esta última em feitiçaria demoníaca. À medida que a explicação diabólica recupera, obstinadamente, a maior parte das manifestações tradicionais, a cristianização, por sua vez, suscita uma categoria inédita de aparições calcadas em esquemas da demonologia ocidental. Elas não têm relação com as experiências indígenas evocadas anteriormente, mesmo quando a trama continua sendo constituída pelo afrontamento com a divindade]. Ver ''Visions et christianisation: l'expérience mexicaine'', in Jean Michel Sallmann, *Visions indiennes, visions baroques: les métissages de l'inconscient*, Paris, PUF, 1992, pp. 117-49 e 123.

(16) Baseio-me no interessantíssimo artigo de Pierre Ragon, ''Démonolâtrie et démonologie dans les recherches sur la civilisation mexicaine au XVIe siècle'', *Revue d'Histoire Moderne et Contemporaine*, t. XXXV, abr.-jun. 1988, pp. 163-81, particularmente p. 170. Curiosamente, muitas das idéias do autor sobre as relações entre demonologia e práticas religiosas americanas coincidem com as minhas. Para tanto, ver o já aludido *O diabo e a terra de Santa Cruz* e ainda ''The devil in Brazilian history'', *Portuguese Studies*, vol. 6, 1990, pp. 85-93.

(17) Pierre Ragon, op. cit., p. 175.

(18) Ver Gustav Henningsen, ''The diffusion of magic in colonial America'', in *Clashes of culture: essays in honour of Niels Steensgaard*, ed. Jens Christian V. Johansen, Erling Ladewig Petersen e Henrik Stevnsborg, Odense University Press, 1992, pp. 160-78. Serge Gruzinski também faz a relação entre Olmos e Castañega: ''il est significatif que l'ouvrage de Olmos ait été la pure et simple transposition d'un traité de Fray Martín de Castañega consacré à la sorcellerie espagnole. Un livre auquel le missionaire apporta peut-être sa collaboration quand en 1527 il participait à la chasse aux sorciers en Pays basque'' [é significativo que a obra de Olmos não tenha sido senão a transposição pura e simples de um tratado de fray Martín de Castañega dedicado à feitiçaria espanhola, livro com o qual o missionário talvez tenha colaborado quando participava, em 1527, da caça às bruxas no País Basco]. Ver ''Visions et christianisation: l'expérience mexicaine'', in Jean-Michel Sallmann, op. cit., p. 123.

(19) Juan Polo de Odegardo, *Los errores y supersticiones de los indios*, in *Colección de libros y documentos referentes a la historia del Perú*, 2ª sér., vol. 3, Lima, 1916, p. 29. Ver a respeito Sabine MacCormack, ''Demons, imagination and the Incas'', *Representations*, ''The New World'', 1991, pp. 121-46, particularmente p. 136.

(20) Jean de Léry, *Histoire d'un voyage faict dans la terre du Brésil*, ed. Paul Gaffarel, Paris, Alphonse Lemerre Éditeur, 1880, 2 vols., vol. 2, p. 71. Examino mais detidamente tal relação no capítulo 8 deste trabalho.

(21) Apud Gruzinski, ''Visions et christianisation: l'expérience mexicaine'', in Jean-Michel Sallmann, op. cit., p. 132.

(22) Pierre Ragon, op. cit., p. 170.

(23) Apud *Diálogo sobre a conversão do gentio*, ed. Serafim Leite, Lisboa, Edição Comemorativa do IV Centenário da Fundação de São Paulo, 1954, p. 16.

(24) Yves d'Evreux, *Voyage au Nord du Brésil fait en 1613 et 1614*, ed. Hélène Clastres, Paris, Payot, 1985, cap. ''Comme le diable parle aux sorciers du Brésil, leur fausses prophéties, idoles et sacrifices'', pp. 221 ss.

(25) Idem, ibidem, cap. ''De quelques autres cérémonies diaboliques pratiquées par les sorciers du Brésil'', pp. 233-4.

(26) Carta do padre Azpilcueta Navarro aos jesuítas de Coimbra, 28/3/1550, in padre Serafim Leite, *Monumenta Brasiliae*, Roma, Ed. Monumenta Historica Societatis Jesu, 1956, vols. 1 a 4, p. 178.

(27) Apud J. T. Toríbio Medina, *Historia del Tribunal del Santo Oficio de la Inquisición de Lima* (*1569-1820*), Santiago, Imprenta Gutemberg, 1887, t. II, pp. 35-41 (edito expedido contra astrólogos, judiciários e feiticeiros).

(28) Miguel de Estete, "Relación de la conquista del Perú", in *Colección de libros y documentos referentes a la historia del Perú*, 2ª sér., vol. 8, Lima, 1928, pp. 38-9. Ver a respeito Sabine MacCormack, "Demons, imagination and the Incas", *Representations*, "The New World", 1991, pp. 121-46, especialmente pp. 129-30.

(29) João de Barros, *Ásia — dos feitos que os portugueses fizeram no descobrimento e conquista dos mares e terras do Oriente — Primeira década*, 4ª ed. rev. e pref. Antonio Baião conforme ed. princeps, Lisboa, Imprensa Nacional/Casa da Moeda, 1988, Livro V, "Como partido Pedrálvares teve um temporal na paragem do Cabo Verde, e seguindo sua derrota descobriu a grande terra a que comumente chamamos Brasil, à qual ele pôs nome Santa Cruz...", pp. 174-5. Robert Southey estranha que a mudança de nome tenha amofinado Barros "mais que de costume, e mais do que era razoável"; em vez de atribuí-la ao triunfo de Satã, o historiador inglês credita a mudança ao fato de o nome de Brasil encontrar-se em voga entre os geógrafos desde o último quartel do século XV. Lembra também a existência, entre vários povos, da tradição relativa a uma ilha encantada chamada Brasil, defendendo a estranha tese de um nome em busca de um lugar: "Era pois natural que apenas aparecesse um país a que se pudesse aplicar, se fixasse nele este nome, que até então andava vago e incerto, e daqui provavelmente veio o ter ele prevalecido sobre a denominação oficial, e até santificada pela sanção religiosa", Robert Southey, *História do Brasil*, trad., Belo Horizonte, Itatiaia; São Paulo, Edusp, 1981, vol. 1, pp. 57-8, nota 27.

(30) "A historiografia brasileira se inicia realmente com a obra de Pero de Magalhães Gândavo", José Honório Rodrigues, *História da história do Brasil. Primeira parte — Historiografia colonial*, São Paulo, Nacional, 1979, p. 426.

(31) Pero de Magalhães Gândavo, *História da província Santa Cruz*, Rio de Janeiro, Edição do Anuário do Brasil, s. d., pp. 79-80.

(32) Frei Vicente do Salvador, *História do Brasil — 1500-1627*, 3ª ed. rev. Capistrano de Abreu e Rodolfo Garcia, São Paulo, s. d., p. 15. Gândavo e frei Vicente parecem ser os únicos "historiadores" dos primeiros tempos coloniais a abraçarem a tradição. Gabriel Soares de Souza, tão afeito ao maravilhoso nas descrições da flora, dos bichos, dos monstros, mostra-se, ao tratar do descobrimento do Brasil, eminentemente pragmático. Ver *Notícia do Brasil*, introd., coment. e notas prof. Pirajá da Silva, São Paulo, Martins, s. d., p. 65: "Esta terra se descobriu aos 25 [sic] dias do mês de abril de 1500 anos por Pedro Álvares Cabral, que neste tempo ia por capitão-mor para a Índia por mandado de El-Rei D. Manuel, em cujo nome tomou posse desta província, onde agora é a capitania do Porto Seguro, no lugar onde já esteve a vila de Santa Cruz, que assim se chamou por se aqui arvorar uma muito grande, por mandado de Pedro Álvares Cabral, ao pé da qual mandou dizer, em seu dia, a 3 de maio, uma solene missa com muita festa, pelo qual respeito se chama a vila do mesmo nome, e a província por muitos anos foi nomeada por de Santa Cruz [...]". Mero registro de fatos, nenhuma alusão ao pau-brasil infernal.

(33) Rocha Pita é lacônico, mas atesta conhecimento da referida tradição: "Este foi o primeiro descobrimento, este o primeiro nome desta região, que depois esque-

cida de título tão superior, se chamou América, por Américo Vespúcio, e ultimamente Brasil pelo pau vermelho, ou cor de brasas, que produz", *História da América portuguesa*, 2ª ed. rev. e anot. J. G. Goes, Lisboa, Editor Francisco Artur da Silva, 1880, p. 3. O *Peregrino* é mais enfático: "Não foi menos venerada a Santa Cruz nesta Província do Brasil, quando pelo capitão Pedro Álvares Cabral foi descoberto este Estado no ano de 1500. E assim, acompanhado de muitos Portugueses saltaram em terra (a qual chamaram Porto Seguro, por reconhecer ali o abrigo de seus maiores trabalhos, depois da grande derrota, e tempestades do mar) aos três dias do mês de Maio, como afirmam alguns: e logo arvorando o estandarte da sagrada Cruz em demonstração de grande alegria, se celebrou a Missa, e houve pregação, não faltando salvas de artilharia da Armada; e puseram por nome a terra tão formosa, Província da Santa Cruz: título, que depois converteu a cobiça, e os interesses do mundo em Província do Brasil, como vulgarmente hoje se chama", Nuno Marques Pereira, *Compêndio narrativo do Peregrino da América*, 6ª ed., Rio de Janeiro, Publicação da Academia Brasileira, 1929, p. 90. Sobre a idéia de inferno, purgatório e paraíso na obra deste autor, ver Patrícia Albano Maia, "Do paraíso ao purgatório: a antiutopia de Nuno Marques Pereira no *Compêndio narrativo do Peregrino da América*", comunicação apresentada ao Congresso América 92: Raízes e Trajetórias, São Paulo, ago. 1992. Marques Pereira pode ter lido João de Barros, clássico da língua portuguesa, e Gândavo, que teve sua *História da província Santa Cruz* publicada em 1576, em Lisboa. Já frei Vicente permaneceu inédito por mais de dois séculos, apesar de conhecido e noticiado por intelectuais setecentistas como Barbosa Machado ou Jaboatão. Ver a respeito José Honório Rodrigues, *História da história do Brasil*, op. cit., pp. 493-4.

(34) Padre Jerônimo Rodrigues, "A missão dos carijós", in Serafim Leite (org.), *Novas cartas jesuíticas (de Nóbrega a Vieira)*, São Paulo, Nacional, 1940, p. 123.

(35) In Serafim Leite, op. cit., p. 174.

(36) Para a referência a Alfredo Bosi, ver *História concisa da literatura brasileira*, São Paulo, Cultrix, 1970, p. 26. Para todo o resto, valho-me do belo artigo de Décio de Almeida Prado, "O teatro como instrumento de catequese", *Nossa América*, maio-jun. 1989, pp. 73-88. Na página 84, uma observação brilhante e irônica: "O inferno acha-se representado por nada menos do que quatro diabos, reunidos em conciliábulo — o concílio do Mal. Não só um deles preside a sessão, ouvindo os demais, dando-lhes a palavra, como a certo momento todos se sentam, parecendo senhores interessados em resolver problemas práticos através da livre discussão. Sabemos que o ato de sentar, quando a personagem nada tem a dizer, devendo contudo reaparecer mais tarde, é freqüente em tal tipo de peça, resolvendo, para o autor, o difícil manejo das entradas e saídas de cena. Assim mesmo, causa espécie, como uma contradição entre forma e conteúdo, ver personalidades dramáticas usualmente tão dinâmicas, de tanta vivacidade verbal e corporal como as provenientes do Inferno, em posição tão estática — talvez os quatro primeiros diabos sentados de toda a história do teatro ocidental".

(37) Alonso de Zorita, *Historia de la Nueva Espana*, manuscrito do Palácio Real, nº II-59, fls. 245-60. Apud Pierre Ragon, op. cit., p. 167.

(38) Ver Pierre Duviols, *La lutte contre les religions autochtones dans le Pérou colonial — l'extirpation de l'idolâtrie entre 1532 et 1660*, Lima, Institut Français d'Études Andines, s. d.

(39) Martín de la Coruña, *Relación de las cerimonias y ritos y población y gobierno de los Indios de la provincia de Michoacán* (1541). Sahagún, *Historia general*

de las cosas de Nueva Espana, ed. Angel Maria Garibay K., México, Porrúa S. A., 1956, 4 vols., vol. 3, pp. 355-7. Ver a respeito Pierre Ragon, op. cit., pp. 166-8.

(40) Para tal inflexão no discurso jesuítico, ver Adriana Romeiro, ''Todos os caminhos levam ao céu'', dissertação de mestrado, IFCH-Unicamp, 1991, cap. 1, ''Os cavadores de almas'', passim.

(41) Ragon, op. cit., pp. 170 ss. Stuart Clark, ''Inversion, misrule and the meaning of witchcraft'', pp. 98-127.

(42) Diego Durán, *Historia de las Indias de Nueva Espana e islas de Tierra Firme*, ed. Angel Maria Garibay K., México, Porrúa S. A., 1967, 2 vols., vol. 1, p. 236. Em toda esta parte referente à inversão e à desordem, vali-me da análise inteligente de Ragon, op. cit., p. 174.

(43) Para a carta de Luís da Grã, ver padre Serafim Leite (org.), *Novas cartas jesuíticas*, p. 163. Padre Fernão Cardim, *Tratados da terra e gente do Brasil*, 3ª ed., São Paulo, Nacional/MEC, 1978, pp. 185-6. A simbologia do fogo ocupa papel central na feitiçaria: ver Nicole Jacques-Chaquin, ''Feux sorciers — quelques réflexions sur l'imaginaire démonologique (XVe-XVIIe siècles)'', *Terrain*, nº 19, out. 1992, pp. 5-16.

(44) Para a linguagem dos contrários, valho-me aqui da análise de Stuart Clark acima mencionada.

(45) Robert Ricard, *La conquête spirituelle du Mexique. Essai sur l'apostolat et les méthodes missionaires des ordres mendiants en Nouvelle Espagne de 1523-1524 à 1572*, Paris, Institut d'Ethnologie, 1933, pp. 100-1, nota 75.

(46) Dentre os historiadores, é Serge Gruzinski quem dá a mais sofisticada e completa definição de idolatria, ''dimensão secreta [...] que invade o essencial da existência indígena'', sistema integrado, verdadeira cosmovisão. A idolatria, por um lado, se manifesta no âmbito restrito da domesticidade; por outro, se generaliza e dissemina por toda a vida cotidiana. A ênfase em tal bifrontalidade imprime à idolatria caráter vasto e abrangente: o fenômeno é analisado no âmbito multifacetado da cultura, acentuando-se-lhe o caráter simbólico em detrimento do mecânico (*práticas* mágicas). Para Gruzinski, as práticas mágicas passam a se destacar no contexto da idolatria quando esta, atraída pela magia européia, soçobra nela, se mecaniza, perde a dimensão cósmica. *La colonisation de l'imaginaire — sociétés indigènes et occidentalisation dans le Mexique espagnol — XVIe-XVIIIe siècle*, Paris, Gallimard, 1988, sobretudo pp. 189-238, e pp. 239-61. Muito interessante também é a tipologia criada por Ronaldo Vainfas, que vê nas Américas *idolatrias ajustadas* e *idolatrias insurgentes*. Ver ''Idolatrias e milenarismos: a resistência indígena nas Américas'', *Estudos Históricos*, Rio de Janeiro, vol. 5, nº 9, 1992, pp. 29-43.

(47) André Thevet, *Les singularitez de la France Antarctique*, ed. Paul Gaffarel, Paris, Maisonneuve & Cie, 1878, p. 168.

(48) Notar como esta afirmação de Acosta se aproxima à de Pierre de Lancre, que será desenvolvida na conclusão deste trabalho. A obra de Acosta que interessa para a sua definição final de idolatria é a *Historia natural y moral de las Indias* (*1590*). Ver Pierre Duviols, op. cit.

(49) ''Colóquios de 1524, colecionados por Bernardino de Sahagún em 1564, nos quais os doze franciscanos expõem aos líderes político-religiosos e sábios, sobreviventes da conquista do México, a nova ordem cristã'', in Paulo Suess, *A conquista espiritual da América espanhola — 200 documentos — século XVI*, Petrópolis, Vozes, 1992, pp. 429-75, especialmente cap. XI, ''Onde se diz como se convocaram e se encarregaram os diabos de andar sempre enganando os homens na terra'', pp. 462-5, e cap. XIV, ''Onde se diz como os diabos são muito invejosos, muito aborrecedores das pessoas'', pp. 471-5.

(50) Baseio-me em Ragon, op. cit., e Sabine MacCormack, op. cit.

(51) Ver a respeito Serge Gruzinski, op. cit., pp. 191-2. Os trabalhos de Ruiz de Alarcón e Jacinto de la Serna, respectivamente *Tratado de las supersticiones y costumbres gentílicas que hoy viven entre los índios...* (1629) e *Manual de ministros de índios para el conocimiento de sus idolatrías y extirpación de ellas* (1656), não foram publicados no século XVII; já os trabalhos menos importantes de Sanchez de Aguilar, Gonzalo de Balsalobre e Ricardo Villavicencio foram mais felizes: respectivamente *Informe contra idolorum cultores* (Madri, 1639), *Relación auténtica de las idolatrías...* (México, 1656), *Luz y método de confesar idólatras y destierro de idolatrías...* (Puebla, 1692).

(52) "Relação etnográfica de Bernardino de Sahagún sobre a degeneração da disciplina e dos costumes indígenas causada pela destruição de suas idolatrias", in Paulo Suess (org.), op. cit., pp. 217-24, citações à página 218.

(53) Ricard, op. cit., p. 105.

(54) Diego de Landa, *Relación de las cosas de Yucatán*, apud Inga Clendinnen, op. cit., p. 70. Sobre o fato, a autora comenta: "[...] it was these books which were later systematically destroyed by the friars: an act of vandalism which must have been monstruously unintelligible to its victims, which is I suppose the essential horror of vandalism", p. 134 [[...] são esses os livros que depois foram sistematicamente destruídos pelos frades; um ato de vandalismo que deve ter sido monstruosamente ininteligível para suas vítimas, o que é, a meu ver, o horror essencial do vandalismo].

(55) Ver Gruzinski, op. cit., p. 233.

(56) Inga Clendinnen, op. cit., p. 80.

(57) Remeto mais uma vez ao estudo brilhante e sutil de Inga Clendinnen, op. cit., p. 77 e passim.

(58) Apud Duviols, op. cit., p. 35.

(59) Ricard, op. cit., p. 389.

(60) Serge Gruzinski, op. cit.

(61) Nancy Farris, *Maya society under colonial rule — the collective enterprise of survival*, Princeton University Press, 1984, p. 286.

(62) Serge Gruzinski, op. cit., p. 241.

(63) Irene Silverblatt, op. cit., p. 195. A citação anterior se encontra à página 173.

(64) Serge Gruzinski, op. cit., p. 215.

(65) "Soustraite en partie au contrôle des autorités ecclésiastiques, la fabrication d'images chrétiennes, de peintures, de statuettes, d'ex-voto remplit l'univers indigène de représentations qui scandalisèrent fréquemment le clergé. En 1585 des voix demandèrent au IIIe Concile mexicain d'interdire la figuration des démons et des animaux au côté des saints car les Indiens les adoraient 'comme auparavant'. En 1616 un prêtre s'en prit aux 'statues du Christ, aux images peintes sur bois ou sur papier dont les factures étaient si laides et d'allure si vilaine qu'elles rassemblaient davantage à des pantins, à des gribouillages ou à une autre chose ridicule" [Parcialmente subtraída ao controle das autoridades eclesiásticas, a fabricação de imagens cristãs, de quadros, de estatuetas, de ex-votos preenche o universo indígena de representações que amiúde escandalizaram o clero. Em 1585 ergueram-se vozes pedindo ao III Concílio Mexicano que proibisse a representação figurativa de demônios e de animais ao lado dos santos, pois os índios os adoravam "como outrora". Em 1616, um padre protestou contra as estátuas de Cristo, imagens pintadas em madeira ou papel cuja execução era tão feia e de aspecto tão desagradável, que mais pareciam títeres ou garatujas do que outra coisa], Serge Gruzinski, op. cit., p. 243.

(66) Sérgio Buarque de Holanda, *Visão do Paraíso*, 2ª ed., São Paulo, Nacional, 1969. Gilberto Freyre, *Casa-grande & senzala*, 9ª ed., Rio de Janeiro, José Olympio, 1958. Para a polêmica do jusnaturalismo, ver Lewis Hanke, *The Spanish struggle for justice in the conquest of America*, 2ª ed., Boston/Toronto, Little Brown & Co., 1965. J. S. Silva Dias, "A revolução dos mitos e dos conceitos", in *Os descobrimentos e a problemática cultural do século XVI*, Coimbra, Universidade de Coimbra, 1973, pp. 177-276.

(66a) Valho-me aqui da análise de Sophie Houdard, "Frontière et altérité dans le *Tableau de l'inconstance*", op. cit., p. 24. Ver também, da mesma autora, *Les sciences du diable — quatre discours sur la sorcellerie*, Paris, Cerf, 1992, cap. IV, pp. 161-216, "Pierre de Lancre et le diable Protée".

(67) Pierre de Lancre, *Tableau de l'inconstance des mauvais anges et des démons où il est amplement traité des sorciers et de la sorcellerie*, introd. crit. e notas Nicole Jacques-Chaquin, Paris, Aubier, 1982, Livro I, discurso II, "Qu'il ne se faut étonner puisqu'il y a un si grand nombre de mauvais Anges, qu'il y ait tant de Magiciens Devins et Sorciers, et pourquoi ceux du pays de Labourd ont tant d'inclination, et courent si fort à cette abomination", pp. 69-88 e 79. A associação entre os selvagens e os bruxos do Labourd me foi sugerida pela leitura de Sophie Houdard, op. cit., p. 27: "On comprend mieux aussi l'interprétation sémantique que le conseiller donne alors à l'espace basque: les labourdins sont comme les sauvages de l'île espagnole; comparés, traduits en termes de sauvagerie, ils forment un espace nettement autre" [Compreende-se melhor também a interpretação semântica que o conselheiro faz então do espaço basco: os laburdinos são como os selvagens da ilha espanhola; comparados, traduzidos em termos de selvageria, formam um espaço cuja natureza é claramente outra].

(68) Utilizo propositalmente concepções diversas que discorrem sobre um mesmo fenômeno, a constituição do sistema colonial e das relações entre Europa e América. Para a colonização como sistema — formulação de Jean-Paul Sartre —, ver Fernando A. Novais, *Portugal e Brasil nos quadros do antigo sistema colonial, 1777-1808*, São Paulo, Hucitec, 1979; para o processo de ocidentalização, ver Serge Gruzinski, op. cit.

(69) Penso aqui no capítulo de Marx intitulado "Teoria moderna da colonização", in *O capital*, trad., Rio de Janeiro, Civilização Brasileira, s. d., vol. 1, p. 883.

(70) De Lancre, *Tableau...*, discurso II, p. 80.

(71) Tal afirmação foi feita por Michel Meurger no Colóquio Internacional Le sabbat des sorciers en Europe, Saint-Cloud, 4-7/11/92; no momento, não tenho condições de precisar em que fontes se baseia.

(72) Carlo Ginzburg, *Storia notturna — una decifrazione del sabba*, Turim, Einaudi, 1988 (trad. *História noturna — decifrando o sabá*, São Paulo, Companhia das Letras, 1990). Ver também sua comunicação "Sur les origines du sabbat", Colóquio Internacional Le sabbat des sorciers en Europe, Saint-Cloud, 4-7/11/92, texto mimeo. esperando a publicação das atas.

(73) Charles Zika, "Body parts, Saturn and cannibalism: visual representations of witches' assemblies in the Sixteenth Century", comunicação apresentada no Colóquio Internacional Le sabbat des sorciers en Europe, Saint-Cloud, 4-7/11/92, texto mimeo. esperando a publicação das atas, p. 15. A análise brilhante de Zika mostra que, malgrado referências textuais medievais ao canibalismo das bruxas, este só começa a ser representado pela iconografia na segunda metade do século XVI, o que sugere descompasso entre a figuração escrita e a visual no tratamento do tema. "This

would have been facilitated by the popularity of visual depictions of Amerindians as cannibalistic 'savages' from the 1530s and especially after the 1550s. *By the beginning of the Seventeenth Century, literate readers throughout Europe would have readily identified the native populations of the Americas, and especially the Brazilian Tupinamba, with such deeds*. The ritual cannibalism of the Tupinamba had been made especially famous by the various editions of Hans Staden's illustrated account. The illustrations to his work picked up the main elements of cannibalistic imagery which had become a stock element in the depiction of Brazilian Indians from the early years of the century and had featured widely in the maps of Martin Waldseemuller, Lorenz Fries, Simon Grynaeus, Sebastian Munster and others. The cannibalism of the Tupi were also graphically illustrated in works by André Thevet and others from the late 1550s, and achieved new status in the widely disseminated narratives of European voyages to America put together and illustrated by Theodore de Bry and his sons between 1590s and 1620s'' [Isto poderia ter sido facilitado pela popularidade das representações visuais dos ameríndios como 'selvagens' canibais por volta de 1530 e, sobretudo, após a década de 1550. *No início do século XVI, leitores cultos de toda a Europa identificariam prontamente as populações nativas das Américas, e especialmente os tupinambás do Brasil, com tais práticas*. O canibalismo ritual dos tupinambás tornara-se particularmente famoso com as várias edições do relato ilustrado de Hans Staden. As ilustrações deste trabalho reuniram os principais elementos do imaginário canibalístico que havia se tornado elemento básico na representação dos índios brasileiros desde os primeiros anos do século e tinham sido amplamente retratados nos mapas de Martin Waldseemuller, Lorenz Fries, Simon Grynaeus, Sebastian Munster e outros. O canibalismo dos tupis foi também representado graficamente em trabalhos como os de André Thevet e outros no final da década de 1550, e alcançou novo status nas narrativas européias de viagem à América amplamente divulgadas na coletânea ilustrada de Theodore de Bry e seus filhos entre as décadas 1590 e 1620], op. cit., p. 15 (grifo meu).

(74) Para os temas ligados a Saturno, ver, entre outros, R. Klibansky, E. Panofsky e F. Saxl, *Saturne et la mélancolie*, trad., Paris, Gallimard, 1992.

(75) Nuno Marques Pereira, op. cit. No prefácio da obra, Nuno Marques Pereira diz que resolveu escrever o livro para ''avisar e denunciar'' vícios e pecados que ocorriam no Brasil, ''levado pelo zelo e amor de Deus e da caridade do próximo, e por ver e ouvir contar da geral ruína e feitiçaria e calundus nos escravos e gente vagabunda, no estado do Brasil, além dos pecados, superstições e abusos [...]''. Remeto novamente à comunicação de Patrícia Albano Maia, ''Do paraíso ao purgatório...''. *Discurso Histórico e Político sobre a sublevação que nas Minas houve no ano de 1720 — No fim do qual se explicam as razões que o excelentíssimo senhor conde general teve para proceder sumariamente ao castigo,* publ. J. P. Xavier da Veiga, *A revolta de 1720 em Vila Rica*, Ouro Preto, Imprensa Oficial de Minas Gerais, 1898.

2. *O ENRAIZAMENTO: CIRCULARIDADE DE CULTURAS E CRENÇAS — BRASIL, 1543-1618* (pp. 47-57)

Publicado em versão ligeiramente diferente em *Historica — Revista do Arquivo*, nº 1, 1993, pp. 24-31.

(1) Capistrano de Abreu, ''Atribulações de um donatário'', in *Caminhos antigos e povoamento do Brasil*, ed. da Sociedade Capistrano de Abreu, Rio de Janeiro,

Livraria Briguiet, 1930, pp. 35-50; a citação está na página 45, e nas páginas 46-50 publica-se, em grafia modernizada, o interrogatório de 8 de outubro de 1550. Para o interrogatório global, ver "Inquyrycam que ho vigairo desta vyla de Porto Seguro tirou jumtamente com ho padre Manuell Collaço e Pero Anes Vycemte Juiz ordinairo sobre as heresias e blasfemeas que Pero do Campo Tourinho Governador desta Capytanya dyzya e fazya contra Deus noso Snñor", Arquivo Nacional da Torre do Tombo, Inquisição de Lisboa, proc. nº 8821, apud Carlos Malheiro Dias (org.), *História da colonização portuguesa do Brasil*, Porto, Litografia Nacional, 1924, vol. III, pp. 271-83. Falam ainda de Tourinho os autores seguintes: F. A. Varnhagen, *História geral do Brasil antes de sua separação e independência de Portugal*, 4ª ed., rev. e notas Rodolfo Garcia, São Paulo, Melhoramentos, 1948, t. I, pp. 220-1. J. F. de Almeida Prado, *A Bahia e as capitanias do Centro do Brasil* (*1530-1626*), São Paulo, Nacional, 1945, t. I, pp. 264-78. Sérgio Buarque de Holanda (org.), *História geral da civilização brasileira, I — A época colonial — 1 — Do descobrimento à expansão territorial*, São Paulo, Difel, 1960, caps. "O regime das capitanias" e "A instituição do governo geral", pp. 102 e 121. Na *História da colonização portuguesa...*, ver ainda vol. III, cap. V, Pedro Azevedo, "Os primeiros donatários", pp. 203-5.

(2) Peter Burke, *Popular culture in Early Modern Europe*, Londres, Temple Smith, 1978, p. 173 (*A cultura popular na época moderna*, trad., São Paulo, Companhia das Letras, 1988). Para um ótimo estudo da cultura e religiosidade populares no Brasil quinhentista, ver Adriana Romeiro, "Todos os caminhos levam ao céu", dissertação de mestrado apresentada ao IFCH-Unicamp, Campinas, 1991.

(3) Hilário Franco Jr., *Peregrinos, monges e guerreiros — feudo-clericalismo e religiosidade em Castela medieval*, São Paulo, Hucitec, 1990, p. 63. A blasfêmia era citada ao lado do homicídio, do adultério, da prostituição, do furto, da avareza e de outros pecados. A própria besta do apocalipse é descrita como tendo "sete cabeças, dez chifres e nomes de blasfêmia". Caridoso para com pobres e doentes, são Luís mandou "queimar com ferro em brasa os lábios de um burguês parisiense que havia blasfemado contra Cristo". Franco Jr., idem, ibidem.

(4) Gil Vicente, *Obras completas*, pref. e notas prof. Marques Braga, Lisboa, Livraria Sá da Costa Editora, 1942, vol. I, pp. 195-245.

(5) *Primeira Visitação do Santo Ofício às partes do Brasil. Confissões de Pernambuco*, ed. J. A. Gonsalves de Mello, Recife, Universidade Federal de Pernambuco, 1970, p. 143. Ver também José Antonio Gonsalves de Mello, *Gente da nação — cristãos novos e judeus em Pernambuco — 1542-1654*, Recife, Fundação Joaquim Nabuco e Editora Massangana, 1989, p. XVI, onde se reproduz a gravura em questão.

(6) *Segunda Visitação do Santo Ofício às partes do Brasil. Confissões da Bahia*, introd. Eduardo d'Oliveira França e Sonia Siqueira, São Paulo, Anais do Museu Paulista, XVII, p. 170.

(7) Idem, p. 178.

(8) *Primeira Visitação do Santo Ofício às partes do Brasil. Denunciações da Bahia*, introd. Capistrano de Abreu, São Paulo, ed. Paulo Prado, 1925, pp. 170 e 544.

(9) *Segunda Visitação do Santo Ofício às partes do Brasil. Denunciações da Bahia*, introd. Rodolfo Garcia, Rio de Janeiro, Anais da Biblioteca Nacional do Rio de Janeiro, 1927, vol. 49, p. 160.

(10) Idem, p. 148.

(11) *Primeira Visitação do Santo Ofício às partes do Brasil. Confissões da Bahia — 1591-1592*, pref. Capistrano de Abreu, Rio de Janeiro, F. Briguiet, 1935, pp. 58 e 128; *Primeira Visitação... Denunciações da Bahia*, pp. 385-6.

(12) Ver Mikhail Bakhtin, *A cultura popular na Idade Média e no Renascimento*, trad., São Paulo, Hucitec, 1987, p. 128.

(13) Rabelais, *La vie très horrificque du grand Gargantua*, chronologie et avant-propos par V.-L. Saulnier; introduction et lexique par Jean-Yves Pouilloux, Paris, Garnier-Flammarion, 1968, pp. 96-8: "Comment Gargantua paya sa bienvenue es Parisiens et comment il print les grosses cloches de l'eglise Nostre Dame".

(14) Francisco Bethencourt, *O imaginário da magia — feiticeiras, saludadores e nigromantes no século XVI*, Lisboa, Projeto Universidade Aberta, 1987.

(15) Paula de Sequeira e Guiomar de Oliveira foram as mais acusadas destas práticas. Ver *Primeira Visitação... Confissões da Bahia*, pp. 49 e 61.

(16) *Primeira Visitação... Confissões da Bahia*, p. 59.

(17) Gil Vicente, *Farsa chamada auto das fadas, Obras completas*, vol. I, pp. 177-217. Citações respectivamente às páginas 180-1.

(18) *Primeira Visitação... Denunciações da Bahia*, pp. 299-300.

(19) Francisco Bethencourt, *O imaginário da magia*, p. 81. Para o papel da feiticeira no teatro vicentino, ver Maria José Palla, "La sorcière et l'entremetteuse dans le théatre de Gil Vicente", Atas do 115ᵉ Congrès National des Sociétés Savantes, Avignon, 9-15/4/1990, paru sous le titre "Théatre et spectacles hier et aujourd'hui. Moyen-Age et Renaissance", 1991, pp. 165-75.

(20) Arquivo Nacional da Torre do Tombo, ANTT, Inquisição de Lisboa, respectivamente proc. nº 834 e nº 7020.

(21) Um dos poucos sabás portugueses encontrados por Francisco Bethencourt para o século XVI — apresentando, aliás, várias peculiaridades e desvios com relação ao "modelo" — é o de Margarida Lourenço, que, juntamente com outras companheiras, ia ter com o diabo em Val de Cavalinhos, *O imaginário da magia*, pp. 166-7. No século XVIII, alguns negros originários das ilhas atlânticas, da costa oriental da África e do Brasil também se reuniam em Val de Cavalinhos para cultuar o diabo. Laura de Mello e Souza, *O diabo e a terra de Santa Cruz*, São Paulo, Companhia das Letras, 1986, p. 259. Sobre este local, ver ainda o capítulo 8 deste trabalho.

(22) Além de Maria Gonçalves Cajada, também Leonor Martins, a Nóbrega e sua filha Joana teriam familiares. Ver *Primeira Visitação... Denunciações de Pernambuco*, pp. 108-10; *Primeira Visitação... Denunciações da Bahia*, pp. 423-4; e *Primeira Visitação... Confissões da Bahia*, pp. 61-2. Para a especificidade da feitiçaria inglesa, ver Keith Thomas, *Religion & the decline of magic — studies in popular beliefs in XVIth Century England*, 4ª ed., Londres, Weidenfeld and Nicholson, 1980; Robert Rowland, "'Fantasticall and devilishe persons': European witch-beliefs in comparative perspective", in Bengt Ankarloo e Gustav Henningsen (org.), *Early Modern European witchcraft — centres and peripheries*, Oxford, Clarendon Press, 1993, pp. 161-90.

(23) *Primeira Visitação... Denunciações de Pernambuco*, pp. 25-6.

(24) Fernando de Rojas, *La Celestina — tragicomedia de Calisto y Melibea*, ed. Bruno Mario Damiani, 8ª ed., Madri, Ediciones Cátedra, 1980. Gil Vicente, *O velho da horta*, in *Obras Completas*, vol. I, pp. 141-76. Para a conceituação de *feiticeira mediterrânica e da Celestina como arquétipo*, ver Julio Caro Baroja, *Les sorcières et leur monde*, trad., Paris, Gallimard, 1972, pp. 116-20. Para o estereótipo do sabá, ver Norman Cohn, *Los demónios familiares de Europa*, trad., Madri, Alianza Editorial, 1975; Robert Muchembled, "L'autre côté du miroir: mythes sataniques et réalités culturelles aux XVIᵉ et XVIIᵉ siècles", *Annales — ESC*, ano 40, nº 2, mar.-abr. 1985; Carlo Ginzburg, *Storia notturna — una decifrazione del sabba*, Turim, Einaudi, 1989 [trad. *História noturna — decifrando o sabá*, trad., São Paulo, Companhia das Letras, 1991].

(25) No primeiro caso, trata-se dos anseios de certa dona Lianor; no segundo, uma mulher de alcunha a Boca Torta. *Primeira Visitação... Denunciações da Bahia*, pp. 343 e 412.

(26) *Primeira Visitação... Denunciações da Bahia*, p. 295.

(27) ANTT, Inquisição de Lisboa, proc. nº 3382 (''Processo de Maria Barbosa mulher parda casada com João da Cruz Ourives natural da cidade de Évora moradora na da Bahia de todos os santos partes do Brasil presa no cárcere da Inquisição desta cidade de Lisboa'').

(28) *Segunda Visitação... Confissões da Bahia*, pp. 447 e 448.

(29) ''Imquyrycam que ho vigairo...'', pp. 281 e 283 respectivamente.

(30) ANTT, Inquisição de Lisboa, proc. nº 12 231. Apud Sonia Siqueira, *A Inquisição portuguesa e a sociedade colonial*, São Paulo, Ática, 1978, p. 223.

(31) *Primeira Visitação... Confissões da Bahia*, respectivamente pp. 282 e 331.

(32) *Primeira Visitação... Confissões da Bahia*, p. 79. A melhor fonte conhecida para o estudo da Santidade do Jaguaripe é o processo do senhor de engenho Fernão Cabral de Taíde, ANTT, Inquisição de Lisboa, proc. nº 17 065. Quem melhor e mais sistematicamente tem estudado este movimento é Ronaldo Vainfas. Ver ''Idolatrias e milenarismos: a resistência indígena nas Américas'', *Estudos Históricos*, Rio de Janeiro, vol. 5, nº 9, 1992, pp. 29-43, e sobretudo ''Idolatrias luso-brasileiras: 'santidades' e milenarismos indígenas'', in Ronaldo Vainfas (org.), *América em tempo de conquista*, Rio de Janeiro, Jorge Zahar, 1992, pp. 176-97. Cabe registrar o trabalho pioneiro de José Calasans, *Fernão Cabral de Ataíde e a Santidade do Jaguaripe*, Bahia, 1952. A problemática das fontes sobre a Santidade será retomada no capítulo seguinte, ''Por fora do Império: Giovanni Botero e o Brasil''.

(33) Baseio-me aqui no Prefácio de Capistrano de Abreu à *Primeira Visitação... Confissões da Bahia*, pp. I-XXIX. Ver também Ronald Raminelli, ''Tempo de Visitações — cultura e sociedade em Pernambuco e Bahia — 1591-1620'', dissertação de mestrado apresentada ao Departamento de História da FFLCH-USP, São Paulo, 1990, pp. 206 ss.

(34) Para a quantificação das transgressões e uma abordagem sociológica das delações e confissões, ver Ronald Raminelli, op. cit., pp. 69-101.

(35) *Primeira Visitação... Confissões da Bahia*, p. 89.

(36) Idem, p. 167. Foram freqüentes na América os casos de ''mestiçagem cultural'' — que podia ou não coincidir com a étnica — do tipo da de Tomacaúna. Quando Fernando Cortés desembarcou em Cozumel, na costa da península de Yucatán, teve conhecimento da existência de dois náufragos espanhóis, Gerónimo de Aguilar e Gonzalo Guerrero, sobreviventes de um naufrágio ocorrido em 1511. Aguilar conservara a identidade espanhola, mas Guerrero decidiu permanecer como nativo, casado com índia, andando tatuado com brincos de guerreiro nas orelhas. Sobre o episódio, observa Inga Clendinnen: ''What it was that held Aguilar to his Spanish and Christian sense of self, yet allowed Guerrero to identify with native ways, is mysterious'' [São misteriosos os motivos que levaram Aguilar a permanecer identificado com o seu *self* de espanhol e cristão, enquanto Guerrero se identificava com os costumes dos nativos], *Ambivalent conquests — Maya and Spaniards in Yucatan, 1517-1570*, Cambridge University Press, 1991, p. 18.

(37) Por volta de 1606, intensifica-se a prática inquisitorial de enviar degredados para o Brasil. Ela atinge seu ápice em meados do século, e declina no primeiro quartel do século XVIII, quando as ilhas atlânticas passam a ser o local preferido para o degredo. Consultar ANTT, Inquisição de Lisboa, Manuscritos da Livraria, nº 959. Trato do degredo no capítulo 4 deste trabalho.

(38) Discuto aqui, divergindo em alguns aspectos mais de matiz do que de conteúdo, o livro brilhantíssimo e fundamental de Serge Gruzinski, *La colonisation de l'imaginaire — sociétés indigènes et occidentalisation dans le Mexique espagnol — XVI*[e]*-XVIII*[e] *siècles*, Paris, Gallimard, 1988, em que se dá destaque à *ocidentalização* em detrimento da colonização. Inspirada por Inga Clendinnen, acredito que a conquista e colonização da América é processo de mão dupla, o colonizador sendo colonizado também. Ver sua bela análise de Diego de Landa e dos maias em *Ambivalent conquests — Maya and Spaniards in Yucatan, 1517-1570*, Cambridge University Press, 1991.

3. *POR FORA DO IMPÉRIO: GIOVANNI BOTERO E O BRASIL* (pp. 58-88)

Este capítulo não poderia ser escrito sem o concurso de Robert Rowland e Ronaldo Vainfas, colegas de ofício e amigos. Rowland colocou-me em contato com a parte das *Relazioni* de Botero respeitante ao Brasil; Vainfas auxiliou-me no encaminhamento da hipótese quanto às fontes utilizadas por Botero no tocante à Santidade, fornecendo a referência da carta ânua de 1585. Cabe destacar ainda o auxílio de Rodrigo Lacerda, bolsista de Iniciação Científica de um Projeto do tipo Laboratório Integrado de Pesquisa junto ao CNPq, coordenado por Ronaldo Vainfas e do qual também faço parte; sob minha orientação, Rodrigo passou para disquete a parte das *Relazioni* relativa ao Brasil e auxiliou no cotejo entre as passagens de Botero aqui selecionadas e os jesuítas quinhentistas. Apesar, portanto, deste capítulo ser fruto da mencionada bolsa e de ter se beneficiado do trabalho em grupo, sou inteiramente responsável pelas idéias e pelo desenvolvimento da argumentação.

(1) "Minhas obrigações para com a benignidade do ilustríssimo cardeal Borromeu, meu senhor, são infinitas; mas entre as demais, não é de pequena importância esta, que tendo-me Sua Senhoria Ilustríssima (movido pela piedade e zelo que tem da glória e serviço de Deus) imposto que eu descrevesse o estado em que se encontra hoje a religião cristã pelo mundo, proporcionou-me ocasião, para fazê-lo, de lançar quase uma visão geral sobre a Europa, Ásia, África e o novo mundo, e às ilhas espalhadas pelo Oceano e pelo Mare Nostrum", apud Federico Chabod, "Giovanni Botero", in *Escritos sobre el Renacimiento*, trad., México, Fondo de Cultura Económica, 1990, p. 268, nota 179. A estadia romana parece ter sido fundamental para que Botero acumulasse informações acerca do Novo Mundo. Como procurarei mostrar, creio ter sido então que leu as cartas jesuíticas enviadas do Brasil; mas é preciso lembrar ainda o papel desempenhado pela Itália em geral, e por Roma em particular, na veiculação de notícias sobre as viagens. Ver Numa Broc, *La géographie de la Renaissance — 1420-1620*, Paris, Les Éditions du CTHS, 1986, p. 33.

(2) *Enciclopedia cattolica*, Vaticano/Florença, Sansoni, s. d., vol. II, p. 1965.

(3) H. Trevor-Roper, "Religião, reforma e transformação social", in *Religião, reforma e transformação social*, trad., Lisboa, Presença/Martins Fontes, 1972, pp. 39-40.

(4) Ver a respeito Marc Fumaroli, *L'âge de l'éloquence — rhétorique et "res literaria" de la Renaissance au seuil de l'époque classique*, Genebra, Droz, 1980, pp. 635-80. Ver também p. 151.

(5) Ver Carlo Curcio, *Dal Rinascimento alla Controriforma: contributo alla storia del pensiero italiano da Guicciardini a Botero*, Roma, 1934, p. 61, apud William J. Bouwsma, "The secularization of society", in *A usable past — essays in European cultural history*, Berkeley/Los Angeles, University of California Press, 1990, pp. 112-28 e 121, autor das observações sobre secularização.

(6) "Venice and the political education of Europe", in William J. Bouwsma, op. cit., pp. 266-91 e 273.

(7) *Enciclopedia cattolica*, p. 1965.

(8) Em Botero, Chabod nota "reconhecimento do valor e da experiência dos modernos, inclusive perante às doutrinas consagradas pelos antigos mestres da sabedoria". Ver Federico Chabod, "Giovanni Botero", op. cit., p. 249. Frank Lestringant diz que, no oceano, coincidem a experiência concreta do navegador e a teoria cosmográfica; na sua *Cosmographie universelle*, Thevet, por exemplo, não se representa como cosmógrafo diante de seu mapa, mas no seio dele: "Tout ce que je vous discours et recite, ne s'apprend point és escoles de Paris, ou de quelle que ce soit des universitez de l'Europe, ains en la chaize d'un navire, soubz la leçon des vents, et la plume en est le Cadran et Bussole, tenans ordinairement l'Astrolabe devant le cler du Soleil" [Tudo isto que narro e sobre o que discorro não se aprende nas escolas de Paris, ou em qualquer outra universidade da Europa, mas na cátedra de um navio, na aula dos ventos, e a pena são o quadrante e a bússola, observando-se o astrolábio à luz do sol], Frank Lestringant, *L'atelier du cosmographe*, Paris, Albin Michel, 1991, p. 31. Cosmografia e experiência andariam juntas, no século XVI: veja-se a própria definição de Leonardo Fioravanti, bolonhês, em 1564: "A cosmografia é uma ciência que jamais homem nenhum pôde aprender ou conhecer senão por meio da experiência...", *Lo spechio di scienza universale*, Veneza, 1564, apud Frank Lestringant, op. cit., p. 35.

(9) C. Gioda, *La vita e le opere di Giovanni Botero*, Milão, 1894; este trabalho é muito importante e citado com freqüência por Chabod, mas infelizmente não tive, até o momento, condições de consultá-lo; digo o mesmo acerca do trabalho de A. Magnaghi, *Le "Relazioni universali" di G. Botero e le origine della statistiche e della anthropogeografia*, Turim, 1906, no qual se baseiam muitas das considerações de Chabod. Para as modificações introduzidas por Botero entre as sucessivas edições vindas à luz entre 1591 e 1596, ver F. Chabod, "Apéndices de Giovanni Botero", op. cit., pp. 329-30, nota 2.

(10) F. Chabod, "Giovanni Botero", op. cit., p. 277. "Também sucedia que, ao variarem os caracteres das distintas fontes, variava também o tom de seu discurso, ora, guiado por Ludovico Guicciardini, pleno de sentido econômico e geográfico, ora, seguindo José de Acosta, em cores diversas pela aparição do demônio, pretendia caçar com laços os pobres índios da América. A mesma admiração pelos povos novos, que o havia induzido a conferir outro valor aos conceitos de barbárie e civilização, dava lugar com freqüência a um retorno das doutrinas tradicionais, das reminiscências literárias e eruditas, por causa das quais, muitas vezes, o vocábulo de bárbaro voltava a se revestir do significado exclusivamente religioso que tivera na tradição cristã desde a Idade Média", Chabod, "Giovanni Botero", op. cit., pp. 298-9. Esta questão da barbárie será retomada adiante. Ainda sobre o defeituoso da obra de Botero, ver Chabod, pp. 300-1.

(11) *Le "Relazioni universali" di Giovanni Botero Benese divise in quatro parti*, con le Figure, & due copiosissime Tavole, novamente ristampate, e corrette, in Venetia, Apresso Agostino Angelieri, MDCVIII, con licenza de Superiori, p. 71.

(12) Giovanni Botero, op. cit., p. 74.

(13) Para Botero, a "virtude" se assentava na prudência e na vida tranqüila, o autor sendo afeito, em todas as suas obras, à criação de uma "atmosfera de quietismo moral e de renúncia à ação que encontrava seu exemplo mais completo na China, reino tão admirado por Botero sobretudo por ter abdicado da expansão e da luta para prosseguir, a muros fechados, uma vida sossegada e pacífica", Chabod, op. cit.,

p. 271. Sobre o pacifismo de Botero, ver ainda p. 285. Sobre sua sensibilidade ante a diversidade cultural, antepassada, de certa forma, da Ilustração, ver pp. 287-9. Na analogia entre o canibalismo e os desmandos cometidos na Europa, Botero se aproxima de Léry: "on perçoit dans ce tableau une double intention: d'une part, [...] l'anthropophagie tupinamba accuse par comparaison l'extrême barbarie des soi-disant chrétiens de l'Europe. Le comparatisme, [...] implique une condamnation morale" [percebe-se neste quadro uma dupla intenção: por um lado, a antropofagia tupinambá acusa, por comparação, a barbárie extrema dos ditos cristãos da Europa. A comparação [...] implica uma condenação moral], Frank Lestringant, *L'huguenot et le sauvage — l'Amérique et la controverse coloniale en France au temps des guerres de Religion*, Paris, Aux amateurs de livres, 1990, p. 101.

(14) Botero, op. cit., p. 76.

(15) Idem, ibidem, p. 76.

(16) Idem, ibidem, p. 76.

(17) Idem, ibidem, p. 78.

(18) Botero não parece abraçar as teses segundo as quais toda a humanidade, indistintamente, teria tido a possibilidade de conhecer a Fé: daí as atividades de são Tomé como evangelizador da América, consideradas por Sérgio Buarque de Holanda como o único mito lusitano engendrado na conquista e colonização do Novo Mundo. Ver *Visão do Paraíso*, cap. 5, "Um mito luso-brasileiro", pp. 104-25. As aludidas teses tiveram importância basilar na polêmica moderna sobre o jusnaturalismo, da qual o episódio envolvendo a liberdade dos índios americanos — defendidos por Bartolomé de las Casas — é um dos mais conhecidos. Ver os clássicos de Lewis Hanke, *The Spanish struggle for justice in the conquest of America*, 2ª ed., Boston/Toronto, Little, Brown and Co., 1965, e de Sílvio Zavala, *Filosofia de la Conquista*, México, Fondo de Cultura Económica, 1947; ver ainda Mariano Picón-Salas, *De la Conquista a la Independencia*, México, Fondo de Cultura Económica, 1944, cap. 2, "La discussión de la conquista", pp. 35-52.

(19) Chabod relativiza o impacto de possíveis viagens, alardeadas por Botero, sobre suas descrições: "Também Botero, na dedicatória a Carlos Manoel I, falava de 'vastas peregrinações próprias', e sabemos com certeza que suas vastas peregrinações foram sobre livros alheios!", "Apéndices de Giovanni Botero", in *Escritos sobre el Renacimiento*, p. 376, nota 40. Entre os cosmógrafos quinhentistas, colocava-se em termos polêmicos se o cosmógrafo deveria ou não viajar para melhor escrever sua Cosmografia. André Thevet e François de Belleforest, por exemplo, se viram engolfados em tal polêmica. "Outre le plagiat, Thevet semble reprocher à son rival de ne jamais avoir quitté son pays, se contentant de voir 'filer les araignées dans sa chambre' " [Além do plágio, Thevet parece censurar em seu rival o fato de nunca ter deixado seu país, contentando-se em ver "as aranhas tecerem em seu quarto"]. Ver Numa Broc, op. cit., p. 90.

(20) Botero, op. cit., p. 69.

(21) Idem, ibidem, p. 69. Botero era um admirador dos portugueses: "não há nação que eu admire mais do que a portuguesa", diria na quinta parte das *Relazioni*. Apud Chabod, "Giovanni Botero", op. cit., p. 281, nota 185.

(22) No que diz respeito à América, Chabod limitou-se "a analisar tão-somente uma pequena parte, a qual, entretanto, nos proporciona um exemplo típico da influência que, de vez em quando, exerciam sobre Botero os distintos escritores a que se remetia". No caso, o escritor é o jesuíta Acosta. Dele toma não apenas as concepções científicas como notícias e lendas religiosas, "transcritas ao pé da letra ou resu-

midas''. Procedimento análogo ao realizado com o português Manuel da Nóbrega, como mostrarei a seguir. Para a utilização de Acosta, ver F. Chabod, ''Apéndices de Giovanni Botero'', op. cit., pp. 367 e 373.

(23) A presença das cartas jesuíticas entre as leituras de Botero já foi referida, se bem que em termos genéricos: ''Porém estes conhecimentos geográficos, de que já se vêem traços em seu período com são Carlos Borromeu, podem se explicar pensando que, para compilar a epístola ao cardeal Antonio Carafa, *De catholicae religionis vestigiis* etc. (Milão, 1586), Botero havia lido, segundo expressa declaração própria, a coleção de Giovanni Batista Ramusio, as obras de González de Oviedo, de Pedro Mártir de Anguiera, de Francisco López de Gómara, de Francisco López de Castaneda, do mencionado Barros (João de Barros), de Osório, e *cartas dos sacerdotes da Companhia de Jesus*'', F. Chabod, ''Giovanni Botero'', op. cit., p. 279, nota 180 (grifo meu).

(24) Idem, ibidem, p. 69. Na página 285 do ensaio de Chabod, nova consideração sobre a leitura das cartas jesuíticas: ''crescendo dia a dia sua admiração pelos descobrimentos e conquistas recentes, quando se punha a ler as missivas dos sacerdotes da Companhia de Jesus, ou a escutar as relações dos que regressavam, ou inclusive talvez a falar disso com o douto Piero Maffei, familiar da casa Borromeu em Roma''.

(25) José de Anchieta, ''Informação do Brasil e de suas capitanias (1584)'', in *Cartas, informações, fragmentos históricos e sermões*, São Paulo, Itatiaia/Edusp, 1988, pp. 320-1.

(26) Haveria em Nóbrega dois momentos distintos na percepção do selvagem: inicialmente, vê o índio como papel branco, fácil de moldar e de escrever nele; numa segunda fase, entretanto, é a antropofagia que ressalta de seus escritos. Ver Adriana Romeiro, ''Todos os caminhos levam ao céu''; Maria da Gloria Porto Kok, ''Os vivos e os mortos no Brasil colonial'', dissertação de mestrado apresentada ao Departamento de História da FFLCH-USP, São Paulo, 1993, cap. 2, ''Entre a cruz e a água do batismo''. Segundo Gloria, ''a esperança de cristianização limitava-se a partir de 1550 ao círculo dos meninos, pois os adultos eram, na ótica jesuítica, muito inconstantes em relação à doutrina cristã ao mesmo tempo que muito apegados aos costumes tribais'', p. 7 (numeração provisória). A pedagogia jesuítica, voltada para o indiozinho, tem igual inspiração, devendo-se também considerar algumas cartas do padre Anchieta. Ver Mary del Priore, ''O papel branco, a infância e os jesuítas na Colônia'', in Mary del Priore (org.), *História da criança no Brasil*, São Paulo, Contexto, 1991, pp. 10-27.

(27) Botero, op. cit., p. 72.

(28) Manuel da Nóbrega, ''Carta do Brasil (1557)'', in *Cartas do Brasil*, São Paulo, Itatiaia/Edusp, 1988, p. 159.

(29) Anchieta, ''Carta de Piratininga (1554)'', in *Cartas, informações...*, p. 49.

(30) Idem, ''Carta de São Vicente, a 15 de março de 1555'', in *Cartas, informações...*, p. 89.

(31) Botero, op. cit., p. 72

(32) Nóbrega, ''Carta do Brasil (1549)'', op. cit., p. 95.

(33) Botero, op. cit., pp. 75-6.

(34) Anchieta, ''Carta de São Vicente (1560)'', op. cit., pp. 114-5.

(35) O recurso aos *exempla* — ''claro retorno aos velhos hábitos e aos preceitos teóricos da pregação medieval'' — encontra-se documentado em carta de Botero a são Carlos datada de 23 de julho de 1584. Ver F. Chabod, ''Giovanni Botero'', op. cit., p. 245, nota 81. A citação entre aspas encontra-se na página 243.

(36) Botero, op. cit., pp. 77-8.

(37) "Informação do Brasil e de suas capitanias (1584)", op. cit., p. 319.

(38) Anchieta, "Carta de São Vicente (1560)", pp. 167-8.

(39) Na segunda parte das *Relazioni*, Botero repete mecanicamente as considerações de Possevino sobre a Moscóvia. Chabod, "Giovanni Botero", op. cit., p. 280, nota 180. Sobre a pressa, ver Chabod, "Apéndices de Giovanni Botero", op. cit., pp. 352 e 354.

(40) Chabod, "Apéndices de Giovanni Botero", op. cit., pp. 322-8 e 335-41.

(41) Idem, ibidem, p. 375. O maior mérito de Botero talvez residisse, para Chabod, nesse seu traço de compilador, que simultaneamente resumia e divulgava os resultados de "um século de viagens, buscas e relações particularizadas", oferecendo informações a um "público desejoso de saber como eram as coisas na terra"; enfim, "a obra boteriana constitui um bom compêndio de tudo o que se sabia acerca da terra e seus habitantes no final do século XVI", "Apéndices de Giovanni Botero", op. cit., pp. 380 e 381.

(42) Para a influência sobre Montaigne dos textos de Thevet e Léry, e, ainda, da cosmografia, ver "Le Brésil de Montaigne: l'essai 'Des Cannibales' (1580)", in Frank Lestringant, *L'huguenot et le sauvage*, pp. 133-48.

(43) "O conjunto: América diabólica", conclusões.

(44) "O principal objetivo das expedições guerreiras, seja de pequeno ou grande porte, era fazer cativos para serem executados e comidos em praça pública. [...] O cativo [...] tinha um papel central nas relações interaldeãs. [...] A execução do prisioneiro permitia articular, portanto, os grupos locais em unidades maiores — 'conjuntos multicomunitários' —, reafirmando a aliança ou a inimizade. Tratava-se, além disso, de socializar ao máximo a vingança, tornando uma só morte superprodutiva: uma espécie de sobretrabalho ritual. Matar publicamente um inimigo era o evento central da vida social Tupinambá", Carlos Fausto, "Fragmentos de história e cultura tupinambá — da etnologia como instrumento crítico de conhecimento etno-histórico", in Manuela Carneiro da Cunha (org.), *História dos índios no Brasil*, São Paulo, FAPESP/Companhia das Letras/Secretaria Municipal de Cultura, 1992, pp. 381-96, citações à p. 391.

(45) "I have already noted the insistent carnality of Maya metaphors for things vegetable — the 'green blood of my daughter' for the sacred *balche*, for example. Certainly Maya killings, even of warrior victims, were locked into the agricultural cycle, and drew their meaning from it" [Já chamei a atenção sobre a insistente carnalidade das metáforas maias para vegetais — o "sangue verde de minha filha" para o blache sagrado, por exemplo. Algumas das execuções maias, mesmo quando as vítimas eram guerreiros, encerravam-se no ciclo agrícola, e dele extraíam seu significado], Inga Clendinnen, *Ambivalent conquests — Maya and Spaniards in Yucatan, 1517-1570*, Cambridge University Press, 1991, p. 180. Da mesma autora, ver também *Aztecs: an interpretation*, Cambridge University Press, 1991, particularmente cap. 10, "Ritual: the world transformed, the world revealed", pp. 236-63.

(46) *Diálogo sobre a conversão do gentio*, ed. Serafim Leite, Lisboa, Edição Comemorativa do IV Centenário da Fundação de São Paulo, 1954, p. 54.

(47) *Primeira Visitação do Santo Ofício às partes do Brasil. Confissões da Bahia, 1591-1592*, pref. Capistrano de Abreu, Rio de Janeiro, F. Briguiet, 1935, p. 108. Parece-me que Lázaro da Cunha comeu carne humana, a menção à de porco servindo para encobrir tal ingestão.

(48) John L. Phelam, *The millenial kingdom of the Franciscans of the New World*, 2ª ed., Berkeley/Los Angeles, 1970.

(49) Botero, op. cit., p. 70.

(50) Botero, op. cit., p. 72.

(51) Prefácio de Paul Gaffarel a *Histoire d'un voyage faict en la terre du Brésil*, Paris, Alphonse Lemerre, 1880. A obsessão pelas "curiosidades" é bem típica do homem do século XVI, num momento em que ainda não aflorara a idéia do bom selvagem; na verdade, ao leitor de então cabia escolher entre o indígena doce e pacífico e o selvagem monstruoso afeito à antropofagia, sem que as contradições entre um oposto e outro incomodassem. "Il est avide de 'curiosités', de 'singularités' et ne se soucie pas encore d'établir une 'philosophie de la sauvagerie' " [Ele é ávido por "curiosidades", por "singularidades", e ainda não se preocupa em estabelecer uma "filosofia da selvageria"]. Ver Numa Broc, op. cit., p. 35.

(52) Ver a reprodução das gravuras em Manuela Carneiro da Cunha (org.), *História dos índios no Brasil*, pp. 388-9. A grande novidade da edição de viagens de De Bry foram as gravuras, e o impacto que tiveram: "Figures allégoriques ou mythologiques, animaux bizarres ou monstrueux, Indiens impassibles rôtissant leurs ennemis, Européens aux allures théâtrales, batailles sanglantes [...] imposent une certaine vision des Nouveaux Mondes. Cette imagerie naive et brutale, hésitant entre le réalisme et la grandiloquence, est peut-être la plus belle expression de ce qu'on pourrait appeler le 'baroque géographique' " [Figuras alegóricas ou mitológicas, animais bizarros ou monstruosos, índios impassíveis assando seus inimigos, europeus de postura teatral, batalhas sangrentas [...] impõem uma certa visão dos Novos Mundos. Estas imagens ingênuas e brutais, hesitando entre o realismo e a grandiloqüência, constituem talvez a mais bela expressão do que poderíamos chamar o "barroco geográfico"], Numa Broc, op. cit., pp. 40-1. Com base em trabalho exaustivo de levantamento dos títulos sobre a América surgidos na França entre os séculos XVI e XVIII, Mary del Priore relativiza a influência do Novo Mundo no imaginário europeu: "O humanismo parece ter rejeitado o Novo Mundo, e desde a inspiradora obra de Atkinson é lugar-comum dizer que o século XVI apaixonou-se pelos turcos, pelos bárbaros e pelo Oriente, pouco olhando na direção oeste; hipótese que aliás endosso". Mais preocupados com seus "selvagens internos" e com a consolidação do terrível Estado absolutista, os franceses se preocupariam pouco com o que era estrangeiro, transformando-o em figuração nos balés e operetas de corte — os tupinambás enfeitando o Carroussel de Luís XIV em Versalhes etc. Tendo a pensar diferente: que a América foi de grande importância para o reequacionamento de certos aspectos do imaginário europeu, considerando-se, evidentemente, que o atrativo do Oriente continuaria imbatível, mesmo porque milenar. Ver Mary del Priore, "América: leituras e leitores na França Moderna", *Tempo Brasileiro*, nº 110, 1992.

(53) Ver Francisco Iglésias, Prefácio à terceira edição, Rodolfo Garcia, Introdução, e Capistrano de Abreu, Apenso, in padre Fernão Cardim, *Tratados da terra e gente do Brasil*, 3ª ed., introd. e notas Batista Caetano, Capistrano de Abreu e Rodolfo Garcia, São Paulo, Nacional/MEC, 1978, respectivamente pp. 1-5, 7-21 e 249-59.

(54) Ver José Honório Rodrigues, *História da história do Brasil. Primeira parte — Historiografia colonial*, 2ª ed., São Paulo, Nacional, 1979, pp. 436-9.

(55) Gabriel Soares teria levado consigo os manuscritos à Corte para conferir informações: "Obrigado de minha curiosidade fiz, por espaço de dezessete anos que residi no Estado do Brasil, muitas lembranças por escrito, do que me pareceu digno de notar, as quais tirei a limpo nesta Corte em este quaderno, enquanto a dilação de meus requerimentos me deu para isso lugar", in *Tratado descritivo do Brasil em 1587*, São Paulo, Nacional, 1938, p. XIII, apud José Honório Rodrigues, op. cit., p. 438.

(56) ''Informação das terras do Brasil'', in *Cartas do Brasil 1549-1560*, Belo Horizonte/São Paulo, Itatiaia/Edusp, 1988, p. 100.

(57) Thevet, *Les singularitez*, pp. 201-3.

(58) Jean de Léry, *Histoire d'un voyage*, pp. 46-8.

(59) Cardim, op. cit., p. 119.

(60) *Notícia do Brasil*, introd., coment. e notas prof. Pirajá da Silva, São Paulo, Martins, s. d., cap. CLXXII, ''Que trata da festa e aparato que os tupinambás fazem para matarem em terreiro seus contrários'', p. 281, e cap. CLXXIII, ''Que trata de como se enfeita e aparata o matador'', pp. 282-3.

(61) Fiz considerações semelhantes ao rastrear a tradição, fundada com João de Barros, acerca da vitória do diabo no que diz respeito à nomeação do Brasil. Ver ''O conjunto: América diabólica'', sob o título ''A enorme importância do diabo e certos aspectos estruturais da demonologia''. É preciso lembrar a importância do método de Ernst Gombrich para tal tipo de reflexão, sobretudo nos ensaios de *Art and illusion — a study in the psychology of pictorial representation*. Cito pela edição italiana, *Arte e illusione — studio sulla psicologia della rappresentazione pittorica*, Turim, Einaudi, 1965, remetendo à primeira parte, ''I limiti della somiglianza al vero'', pp. 36-111. Veja-se, por exemplo, à p. 42: ''Nem mesmo o artista pode de fato transcrever o que vê; só pode traduzi-lo nos termos próprios aos meios à sua disposição''.

(62) Carta de Léry in *Histoire d'un voyage...*, vol. 1, pp. 191-2. Léry exalta as qualidades de observador de Staden para, mais uma vez, denegrir André Thevet: à verdade de um, opõe-se a mentira do outro.

(63) Botero, op. cit., p. 75.

(64) Botero, op. cit., p. 76.

(65) Apud *Diálogo sobre a conversão do gentio*, ed. Serafim Leite, Lisboa, Edição Comemorativa do IV Centenário da Fundação de São Paulo, 1954, p. 16.

(66) José de Anchieta, *Cartas, informações, fragmentos históricos e sermões*, Belo Horizonte/São Paulo, Itatiaia/Edusp, 1988, p. 339.

(67) É preciso ressaltar que são numerosas as referências jesuíticas à Santidade: as de Anchieta, Pero Correia, Leonardo do Vale, João Azpilcueta, Diogo Jácome. Ver Ronaldo Vainfas, ''Idolatrias luso-brasileiras: 'santidades' e milenarismos indígenas'', in Ronaldo Vainfas (org.), *América em tempo de conquista*, Rio de Janeiro, Jorge Zahar, 1992, p. 181.

(68) Para os processos dos incriminados, ver mais uma vez Ronaldo Vainfas, op. cit., passim.

(69) Serafim Leite, S. I., *História da Companhia de Jesus no Brasil*, t. II, Lisboa/Rio de Janeiro, Livraria Portugália/Civilização Brasileira, 1938, pp. 23-4, nota 2. Ver Pierre du Jarric, *Histoire des choses plus memorables advenues tant en Indes Orientales que autres païs de la decouverte des Portugais*. Bordéus, S. Millanges, Imprimeur ordinaire du Roy. 1608-1610, 2ª parte, livro III, pp. 319-23. Esta referência, como a da Ânua, devo a Ronaldo Vainfas, que tanto colaborou na realização deste capítulo.

(70) Serafim Leite, op. cit, pp. 482 e 490.

(71) Robert Southey, *História do Brasil*, vol. 1, p. 253. Optei pela paráfrase de Southey porque a Ânua de Anchieta, em latim, só me chegou às mãos quando o livro já se encontrava em provas, o que impossibilitou sua inserção. Para um tratamento mais aprofundado da questão, remeto ao futuro trabalho de Ronaldo Vainfas sobre a Santidade do Jaguaripe. Para a ânua de 1585, ver *Annuae Litterae Societatis Iesu*, Roma, Collegio Ieusdem Societatis, 1587, pp. 133-6.

(72) Federico Chabod, ''Giovanni Botero'', op. cit., p. 282.

(73) Idem, ibidem, p. 283, nota 195. A citação de Gómara se encontra na *Historia general de las Indias*, e a de Botero nas *Relazioni*.

(74) ''La nécéssité de bonne formation géographique pour les futurs missionaires est reconnue; elle leur permettra de s'adapter avec souplesse à la diversité des gouvernements, des moeurs, des croyances... En retour, les missionnaires sont tenus d'informer régulièrement leurs supérieurs non seulement des progrès de leur action évangélique, mais encore des particularités des pays où ils opèrent'' [A necessidade de boa formação geográfica para os futuros ministros é reconhecida; ela lhes permitirá adaptar-se com flexibilidade à diversidade dos governos, dos costumes, das crenças... Em troca, os missionários são encarregados de informar regularmente seus superiores não apenas sobre os progressos de sua ação evangélica, mas ainda das particularidades do país em que atuam], Numa Broc, *La géographie de la Renaissance*, p. 201.

4. *POR DENTRO DO IMPÉRIO: INFERNALIZAÇÃO E DEGREDO* (pp. 89-101)

Este capítulo reúne, alterando-as, duas comunicações feitas no I Congresso Luso-Brasileiro sobre Inquisição em 1987, respectivamente seção de Lisboa e do Rio de Janeiro: ''Inquisição e degredo: a infernalização da Colônia'' e ''Notas sobre a vida cotidiana das degredadas da Inquisição no século XVII''. A primeira foi publicada pelas atas do Congresso: *1º Congresso Luso-Brasileiro sobre Inquisição*, Lisboa, 1989, pp. 779-86. A segunda foi publicada em *História: Questões e Debates* (Revista da Associação Paranaense de História), ano 7, nº 13, dez. 1986, pp. 252-8. A atual versão é inédita.

(1) Jacques Le Goff, *La naissance du purgatoire*, Paris, Gallimard, 1981.

(2) Ver especialmente ANTT, Conselho Geral do Santo Ofício, 436. É muito pobre a bibliografia sobre degredo no Brasil. Sem falar nas observações esparsas em obras como a de Gilberto Freyre (*Casa-grande & senzala*), Paulo Prado (*Retrato do Brasil*), Thales de Azevedo (*Povoamento da cidade do Salvador*), só existem dois trabalhos que tratam mais especificamente do degredo: Emília Viotti da Costa, ''Os primeiros povoadores do Brasil'', *Revista de História*, ano VII, vol. XIII, jul.-set. 1956; Geraldo Pieroni, ''Vadios, heréticos e bruxas — os degredados portugueses no Brasil-Colônia'', dissertação de mestrado apresentada ao Mestrado em Ciências Sociais da UFBA, 1991. Este último apresenta um meritório esforço de sistematização e pesquisa documental digna de relevo.

(3) Antes de criar um sistema de degredo nas colônias, Portugal mandava seus elementos indesejáveis para os *coutos de homizios*, terras imunes onde o rei renunciava a cobrar tributos, a autoridade judicial sendo muitas vezes concedida ao vigário. Nessas terras, portanto, os agentes régios não podiam fazer valer as determinações vigentes para o resto do território nacional. Geraldo Pieroni, op. cit., p. 31.

(4) A. de Souza Silva Costa Lobo, *História da sociedade em Portugal no século XV*, Lisboa, 1904. Examino detidamente tal mecanismo em *Desclassificados do ouro — a pobreza mineira no século XVIII*, Rio de Janeiro, Graal, 1982. A partir de 1535, a Coroa passaria a incentivar o degredo para o Brasil: ''essa intenção foi oficializada pelo rei D. João III, o qual ordenou em 1535 que o degredo de São Tomé se mudasse para o Brasil e, em 1549, que também para o Brasil se transferisse o degredo da ilha do Príncipe'', Geraldo Pieroni, op. cit., p. 38.

(5) V. M. de Almeida Melo, *Separata do Boletim dos Institutos de Criminologia*,

comp. e impr. na cadeia penitenciária de Lisboa, s. d., p. 13. Para as relações entre degredo, servidão temporária e montagem do tráfico negreiro, ver Eric Williams, *Capitalismo e escravidão*, trad., Rio de Janeiro, Ed. Americana, 1975, cap. 1. Para a "fundação" da Austrália, inicialmente colônia penal de degredados, ver Robert Hughes, *The fatal shore — the epic of Australia's founding*, Nova York, Alfred A. Knopf, 1987.

(6) Carta do conde ao príncipe de Orange, apud Gaspar Barléu, *História dos feitos recentemente publicados durante oito anos no Brasil e noutras partes sob o governo do ilustríssimo João Maurício Conde de Nassau, etc.*, trad., Rio de Janeiro, MEC, 1940, pp. 45-6.

(7) Alvará de 7 de agosto de 1547: "Que não partam navios para o Brasil sem o saber o Governador da casa do Cível". Apud Geraldo Pieroni, op. cit., p. 76.

(8) Primeiramente cabe citar Foucault: *Histoire de la folie à l'Age Classique*, Paris, Gallimard, 1972; *Surveiller et punir — naissance de la prison*, Paris, Gallimard, 1975; *Histoire de la sexualité — I — La volonté de savoir*, Paris, Gallimard, 1976; Robert Muchembled, em trabalhos diversos, tem desenvolvido a tese da aculturação encetada pelo Estado moderno: *L'invention de l'homme moderne — sensibilités, moeurs et comportements collectifs sous l'Ancien Régime*, Paris, Fayard, 1988; *Sorcière, justice et société aux 16e et 17e siècles*, Paris, Imago, 1987. Ver ainda os trabalhos pioneiros de Norbert Elias, *La civilisation des moeurs*, trad., Paris, Calmann-Lévy, 1973; *La société de cour*, trad., Paris, Flammarion, 1985.

(9) Os processos de degredo que serviram de base a estas considerações encontram-se no ANTT, em Lisboa; classificados sob as seguintes cotas (todas referentes à Inquisiçao de Lisboa): n.os 7579; 11 242; 834; 11 358; 4744; 557; 7611; 7020; 12 616; 9; 74; 7095; 4912; 7840; 6308; 6005; 5723. Em princípio, os degredados para o Brasil não o seriam por tempo inferior a cinco anos, segundo as Ordenações Filipinas, Livro V, Título CXL. "Embora as Ordenações Filipinas tenham estipulado esta cláusula, na realidade pode-se constatar vários degredos para o Brasil pelo tempo de três anos", Geraldo Pieroni, op. cit., p. 106.

(10) Ver a respeito Laura de Mello e Souza, *O diabo e a Terra de Santa Cruz*, São Paulo, Companhia das Letras, 1986, passim.

(11) Roger Bastide, *Les réligions africaines au Brésil*, Paris, PUF, 1960, pp. 199 e 210.

(12) Ver *O diabo e a terra de Santa Cruz*, pp. 194 ss.

(13) Ver Marlyse Meyer, *Maria Padilha e toda a sua quadrilha*, São Paulo, Duas Cidades, 1993.

(14) *Ordenações Filipinas*, Livro V, título CXL, § 8.º. Ver a respeito Geraldo Pieroni, op. cit., p. 107.

(15) ANTT, Inquisição de Lisboa, proc. n.º 7020.

(16) ANTT, Inquisição de Lisboa, proc. n.º 6308.

(17) ANTT, Inquisição de Lisboa, proc. n.º 4565.

(18) Não me estenderei aqui na discussão sobre certos aspectos ambíguos da história das mentalidades, fartamente apontados pelo Prólogo de Carlo Ginzburg a *O queijo e os vermes* (trad., São Paulo, Companhia das Letras, 1987). Acato grande parte de suas críticas sobre o caráter anticlassista do conceito de mentalidade, mas reconheço que, em determinadas circunstâncias, as mentalidades apresentam, inequivocamente, tal caráter, e que, de fato, mudam com velocidade diferente — uma lentidão muito maior — do que a conhecida por outras estruturas. Ver Le Goff, "Les mentalités — une histoire ambigüe", in Jacques Le Goff e Pierre Nora, *Faire de l'histoire — III — Nouveaux objets*, Paris, Gallimard, 1974, pp. 76-94. Philippe Ariès,

"A história das mentalidades", in Jacques le Goff, *A história nova*, trad., São Paulo, Martins Fontes, 1990, pp. 154-76. No tocante à idéia de degredo, portanto, degredados e inquisidores pensavam igual, como, para Le Goff, Júlio Cesar e seu soldado, são Luís e seu camponês, Cristóvão Colombo e seu marinheiro ("Les mentalités: une histoire ambiguë").

(19) O historiador, moralista e poeta português Francisco Manuel de Melo foi degredado para o Brasil por questões amorosas: envolveu-se com uma amante de d. João IV. Detestou o Brasil: "quase do outro mundo vos escrevo, posta entre mim e vós, não só a África inteira e os imensos mares, que dividem a América da Europa, interpostos silêncios, anos, e sucessos, que por larguíssimo intervalo nos apartam...". Olhada de longe, a Metrópole era ainda mais atraente: "Tudo melhor olhado agora de cá, de longe da vida...", Afrânio Peixoto, *Breviário da Bahia*, Rio de Janeiro, Agir, 1946, p. 82. Acerca da atração da metrópole sobre os degredados, ver o ótimo capítulo de Geraldo Pieroni, "No purgatório... Mas o olhar no paraíso", op. cit., pp. 241-57. Ronaldo Vainfas encontrou situações diferentes, marcadas pela preferência dos réus em ser degredados para o Brasil, e não para a África. Ver *Trópico dos pecados — moral, sexualidade e Inquisição no Brasil*, Rio de Janeiro, Campus, 1989.

(20) Apud Paulo Micelli, "O ponto onde estamos", tese de doutorado apresentada ao IFCH-Unicamp, Campinas, 1992, pp. 64 e 103. Para a literatura de naufrágios, ver Giulia Lanciani, *Os relatos de naufrágios na literatura portuguesa dos séculos XVI e XVII*, Lisboa, Instituto de Cultura Portuguesa/Secretaria de Estado da Cultura, 1979. Ver ainda suas excelentes edições críticas, *Santa Maria da Barca — três testemunhos para um naufrágio*, Lisboa, Imprensa Nacional/Casa da Moeda, 1983, e *Naufragi e peregrinazioni americane di Gaspar Afonso*, Milão, Cisalpino/La Goliardica, 1984.

(21) ANTT, Inquisição de Lisboa, proc. nº 4564.

(22) ANTT, Inquisição de Lisboa, proc. nº 7840.

(23) ANTT, Inquisição de Lisboa, proc. nº 5723.

(24) ANTT, Inquisição de Lisboa, proc. nº 6308.

(25) ANTT, Inquisição de Lisboa, proc. nº 11 358.

(26) ANTT, Inquisição de Lisboa, proc. nº 4372.

(27) ANTT, Inquisição de Lisboa, proc. nº 4912.

(28) ANTT, Inquisição de Lisboa, proc. nº 4564. Ver também, para a sentença, Biblioteca Nacional de Lisboa, cx. 216, nº 49. Parecem ter sido comuns os pedidos de "substituição" do degredo externo por degredo interno. "Por corromper alguns oficiais da Inquisição, oferecendo-lhes 'rogos e peitas' para que levassem recados a um preso nos cárceres do Santo Ofício, Miguel Luís foi preso e condenado, em 23 de janeiro de 1583, a três anos de degredo para o Brasil. Sua pena foi comutada, pois, através de petição, Miguel preferiu ser degredado por quatro anos em Castro Marim. Para ele, muito melhor e mais seguro ter um ano inteiro acrescido no seu degredo mas continuar dentro do Reino que partir para uma colônia desconhecida e inóspita", Geraldo Pieroni, op. cit., p. 35. Caso inusitado é o do sodomita nobre Antônio Leite do Amaral, o "Sarambeque" de alcunha, que, alegando ter no Brasil pessoas que o conheciam, pediu para ir purgar a infâmia em paragem desconhecida: nada mais nada menos do que a França de Luís XIV. Geraldo Pieroni credita o fato de o Santo Ofício ter acatado tal pedido à estirpe nobre do "Sarambeque". Op. cit., p. 212.

(29) ANTT, Inquisição de Lisboa, proc. nº 3382.

(30) ANTT, I. L., proc nº 11 242. Utilizo novamente este caso, de forma mais detalhada, no capítulo 8: ver, adiante, "Em torno de um mito: a elipse do sabá".

(31) Ver Antonello Gerbi, *La disputa del Nuevo Mundo*, trad., México, Fondo de Cultura Económica, 1960.

(32) ANTT, Inquisição de Lisboa, proc. nº 4809.

(33) ANTT, Inquisição de Lisboa, proc. nº 11 358.

(34) ANTT, Inquisição de Lisboa, proc. nº 4844. Penitenciada por bigamia, Maria Mendes, a "Cabrinha" de alcunha, foi condenada a cinco anos de degredo para o Brasil; não quis ir, alegando o desamparo em que ficariam os filhos pequenos. "Mencionou ainda ser mulher muito jovem, e corre o risco sua honra havendo-se de embarcar", ANTT, Inquisição de Coimbra, proc. nº 4732. Apud Geraldo Pieroni, op. cit., p. 36.

(35) ANTT, Inquisição de Lisboa, maç. 52, proc. nº 557.

(36) ANTT, Inquisição de Lisboa, proc. nº 4372.

(37) ANTT, Inquisição de Lisboa, proc. nº 4564.

(38) ANTT, Inquisição de Lisboa, proc. nº 4809.

(39) ANTT, Inquisição de Lisboa, mç. 154, proc. nº 1782.

(40) ANTT, Inquisição de Lisboa, proc. nº 4564. Segundo Geraldo Pieroni, o caráter temporário da pena podia se tornar definitivo dada a dificuldade do retorno: "Uma vez na Colônia, era muito difícil para o degredado, caso não possuísse algum bem, conseguir a soma necessária para a viagem de volta. Quando mandado da metrópole, era automaticamente colocado no navio que aportaria no Brasil; encarregava-se o Santo Ofício de pagar as despesas da viagem, mas uma vez cumprida a pena, era o réu que deveria interessar-se e financiar sua viagem de volta", op. cit., p. 255.

(41) ANTT, Inquisição de Lisboa, proc. nº 4372.

(42) ANTT, Inquisição de Lisboa, proc. nº 7840.

(43) André João Antonil, *Cultura e opulência do Brasil por suas drogas e minas*, introd. e notas Alice Piffer Canabrava, São Paulo, Nacional, s. d.

(44) Luís dos Santos Vilhena, *Recopilação de notícias soteropolitanas e brasílicas*, notas Brás do Amaral, Bahia, Imprensa Oficial do Estado, 1922. Ver a respeito Carlos Guilherme Motta, *Atitudes de inovação no Brasil — 1789-1801*, Lisboa, Horizonte, 1970, cap. II, "O viver em colônias", pp. 28-37.

5. *RELIGIÃO POPULAR E POLÍTICA: DO ÊXTASE AO COMBATE* (pp. 105-24)

Este capítulo baseia-se na comunicação apresentada no I Congresso Luso-Brasileiro sobre a Inquisição, em São Paulo, maio 1987, sob o título "Visionárias portuguesas do século XVII: o sagrado e o profano". Foram incorporados os comentários críticos e sugestões então feitos por Marilena Chauí, Luís Mott e Marlyse Meyer, e uma primeira versão do texto foi publicada em *Inquisição — ensaios sobre mentalidade, heresia e arte*, org. A. Novinsky e M. L. Tucci Carneiro, São Paulo, Expressão e Cultura/Edusp, 1992. A todos eles, meu reconhecimento. Bartolomé Bennassar, também presente à sessão, fez-me apenas uma pergunta: "Você acha que essas mulheres e as santas são a mesma coisa?". Respondi que não, mas sem fundamentar. Após refletir por cinco anos, procuro, com esta versão totalmente refeita, responder à questão do grande historiador francês.

(1) Ver Biblioteca Nacional de Lisboa, SMS, cx. 216, nº 49, "Sentença de Luzia de Jesus, Terceira de certa ordem"; ANTT, Inquisição de Lisboa, proc. nº 4564, "Processo de Luzia de Jesus terceira de certa ordem filha de Gaspar Dias Ramalho natural e moradora na cidade de Leiria presa nos cárceres da Inquisição de Lisboa"; ANTT,

Inquisição de Lisboa, proc. nº 11 358, "Processo de Francisca Cotta Beata da Terceira Ordem de São Francisco filha de Diogo Gonçalves de Castilho natural e moradora na Vila de Mazagão"; ANTT, Inquisição de Lisboa, mç. 134, proc. nº 1525, "Processo de Maria do Espírito Santo, solteira, filha de Fernando Velho de Lima que foi barbeiro natural e moradora desta cidade de Lisboa"; ANTT, Inquisição de Lisboa, proc. nº 4372, "Processo de Maria da Cruz que não casou natural da freguesia de Lorida conselho de Boim Arcebispado de Braga moradora nesta de Lisboa presa nos cárceres do Santo Ofício da Inquisição dela"; ANTT, Inquisição de Lisboa, proc. nº 10 198, "Maria Antunes, Terceira de certa ordem"; ANTT, Inquisição de Lisboa, proc. nº 557, "Processo de Joana da Cruz que não casou Terceira de certa ordem filha de Simão Jorge natural do lugar de São Pedro de dous Portos termo de Torres Vedras e moradora nesta cidade de Lisboa presa nos cárceres do Santo Ofício da Inquisição dela".

O fato de quase todas serem terceiras atestaria sua extração social modesta: quando não tinham posses para os dotes exigidos pelos conventos, as mulheres que desejavam se recolher e dedicar a vida a Deus contentavam-se com os votos simples das Ordens Terceiras, tornando-se "monjas domésticas". Ver Jean-Michel Sallmann, "Les malheurs d'Alfonsina Rispoli", in Jean-Michel Sallmann (org.), *Visions indiennes, visions baroques: les métissages de l'inconscient*, Paris, PUF, 1992, p. 74.

(2) Cf. A. H. de Oliveira Marques, *História de Portugal — I — Das origens às revoluções liberais*, 8ª ed., Lisboa, Palas Editores, 1980, p. 422. João Lúcio de Azevedo, *A evolução do sebastianismo*, 2ª ed., Lisboa, Livraria Clássica Editora, 1947, passim. Vitorino Magalhães Godinho, "1580 e a Restauração", in *Ensaios — II — Sobre história de Portugal*, Lisboa, Livraria Sá da Costa, 1968, pp. 255-91. Este autor diz que a profunda ligação econômica entre Portugal e Espanha no século XVI, mesmo antes da União das Coroas, era acompanhada da penetração cultural espanhola no pequeno reino luso, ocorrendo bilingüismo nas camadas dominantes. Para as camadas populares, entretanto, considera que vicejava "declarada hostilidade" ante a Espanha. Acredito que, se havia tal hostilidade, não significa, todavia, que não houvesse sobre o povo influência cultural da Espanha. Ver p. 258.

(3) A expressão é de H. Brémond. Apud Jean Delumeau, *Le catholicisme entre Luther et Voltaire*, Paris, PUF, 1971, p. 95.

(4) Marcel Bataillon, *Erasme et l'Espagne*, Paris, Droz, 1937, p. 748.

(5) Dalila L. Pereira da Costa, *Místicos portugueses do século XVI*, Porto, Lello & Irmão, 1986, p. 350.

(6) Ver Dalila L. Pereira da Costa, op. cit.; Pietro Rossano, *Dizionario dei santi*, Milão, I Dizionari Tea, 1989.

(7) "Quão saudável, quão grato e aprazível é sentar-se na solidão, calar e conversar com Deus!", diria Kempis. Apud Américo Castro, "Supuestos historicos", in *Teresa la Santa y otros ensayos*, Madri, Alianza, 1982, p. 50.

(8) Américo Castro, op. cit., p. 44. Nas páginas 53-4: "La tendencia a poner la Escritura en la lengua de todos es, pues, una señal del nuevo rumbo que tomó la piedad, y su culminación sería la Bíblia alemana de Lutero. Individualismo y secularización iban parejos. Aquella piedad, al fortalecerse, se tornó ascetismo; y éste, en el especial ambiente de España y en almas elegidas, llegaría a la exaltación íntima en busca de la mística unión con la Divinidad. El sentimiento de autonomía e independencia, tan vivo en los comienzos del siglo XVI, tomaría en España una senda religiosa; y por paradojico que a primera vista parezca, el fenómeno místico no puede explicarse sino como fruto de la inquietud individualista de la época renaciente".

(9) Ver ANTT, Inquisição de Lisboa, proc. nº 4372, 4564, 10 198.

(10) ANTT, Inquisição de Lisboa, proc. nº 4372.

(11) ANTT, Inquisição de Lisboa, mç. 52, proc. nº 557; idem, proc. nº 4744.

(12) A demonologia moderna voltava-se para a distinção entre as obras de Deus e as do Diabo no tocante às manifestações sobrenaturais. Dentre os tratados demonológicos, o *Disquisitionum magicarum libri sex* de Martin del Río (publicado em 1599) dedicava parte de sua argumentação aos procedimentos que permitiam distinguir as verdadeiras manifestações do sobrenatural das que eram falsas. Ver Jean-Michel Sallmann, "Théories et pratiques du discernement des esprits", in Jean-Michel Sallmann, op. cit., p. 93. Apesar de não haver estudo sistemático sobre o uso da demonologia pelos inquisidores portugueses, acredito que Del Río foi realmente o mais utilizado deles.

(13) Apud Delumeau, op. cit., p. 88.

(14) *Libro de la vida*, in *Obras completas*, 8ª ed., transcr., introd. e notas Efren de la Madre de Dios, O. C. D., e Otger Steggink, O. Carm., Madri, Biblioteca de Autores Cristianos, 1986, p. 100.

(15) Idem, ibidem, p. 104.

(16) Ver Delumeau, op. cit., cap. III, "Sainteté", pp. 87-109.

(17) Apud Dalila L. Pereira da Costa, op. cit., p. 329.

(18) Dalila L. Pereira da Costa, op. cit., pp. 337 ss.

(19) "Foi também o último motivo o amor que sempre tive a esta gloriosa santa, ainda muito antes de ser beatificada. Este me fez já fazer-lhe o seu ofício pequeno, que corre há anos. E sendo eu prior em o nosso convento de Torres Novas, lhe mandei fazer sua imagem, que se pôs em o altar maior, trazida a ele com uma solene procissão que saiu do convento do Espírito Santo de Religiosas do Patriarca São Francisco, havendo antes soleníssimas vésperas e sermão", *Teresa Militante do Padre Frey Manoel das Chagas Carmelita da observância, natural de Lisboa*, ao illustrissimo, e reverendissimo Senhor Dom Joseph de Mello Arcebispo de Evora Metropolitano, com todas as licenças necessárias, Lisboa, por Matheus Pinheiro, 1630.

(20) Inspiro-me aqui na bela análise de Jacques Le Goff para o mosteiro como espaço privilegiado de inter-relacionamento entre os níveis popular e erudito da cultura: "Aspects savants et populaires des voyages dans l'au-delà au Moyen-Age", in *L'imaginaire médiéval — Essais*, Paris, Gallimard, 1985, pp. 103-19. "On a invoqué la taverne et surtout la place publique, comme des lieux de sociabilité et d'échanges culturels au Moyen-Age. Il faut insister sur le rôle joué à cet égard par les monastères. Non seulement les rapports entre moines 'lettrés' d'une part, membres 'illettrés' de la *familia* monastique et hôtes également 'rustiques' du monastère, mais surtout sans doute les relations entre l''élite' des moines appartenant socialement et culturellement aux couches dominantes (et exerçant les fonctions d'autorité dans le monastère) et 'simples' moines à demi illettrés ont dû fournir un terrain exceptionnellement favorable à ces formes d'acculturation", p. 115 [Lembrou-se da taverna e sobretudo da praça pública como locais de sociabilidade e de trocas culturais na Idade Média. É necessário insistir, nesse sentido, sobre o papel desempenhado pelos mosteiros. Não apenas as relações entre, por um lado, monges "letrados", membros "iletrados" da *familia* monástica e hóspedes igualmente "rústicos" do mosteiro, mas, sem dúvida, sobretudo as relações entre a "elite" dos monges pertencentes social e culturalmente às camadas dominantes (e exercendo as funções de autoridade no mosteiro) e "simples" monges semiletrados devem ter fornecido terreno excepcionalmente favorável a essas formas de aculturação]. Sobre a penetração da cultura religiosa erudita nos conventos, Jean-Michel Sallmann diz que tais mulheres eram analfabetas, mas não ignoran-

tes: "Cette culture approfondie repose sur une acquisition, par les yeux et les oreilles, qui se constitua au fil des prédications, des confessions, des discussions spirituelles qui réunissaient des dévotes et des prêtres, des médiations et des oraisons devant les autels des chapelles décorés de retables historiés" [Essa cultura profunda repousa sobre uma aquisição, por meio dos olhos e dos ouvidos, constituída ao longo das prédicas, das confissões, das discussões espirituais que reuniam devotos e padres, das mediações e das orações diante dos altares das capelas decoradas por retábulos narrativos]. "Les malheurs d'Alfonsina Rispoli", op. cit., p. 73.

(21) A respeito da tendência popular ao "pensamento concreto", ver Peter Burke, *Popular culture in Early Modern Europe*, Londres, Temple Smith, 1978, p. 173: "In eighteenth-century Serbia, the plague was seen as an old woman who could be kept out of the village if the right rituals were performed. Carnival was a fat man: Lent, a thin old woman" [Na Sérvia do século XVIII, a peste era vista como uma mulher velha que poderia ser mantida longe da cidade caso os rituais adequados fossem realizados. Carnaval era um homem gordo; a Quaresma, uma velha negra] (trad. bras.: *A cultura popular na Época Moderna*, São Paulo, Companhia das Letras, 1989).

(22) A expressão é de Delumeau, op. cit., p. 92.

(23) ANTT, Inquisição de Lisboa, cx. 216, proc. nº 49.

(24) ANTT, Inquisição de Lisboa, proc. nº 4372.

(25) ANTT, Inquisição de Lisboa, proc. nº 557.

(26) ANTT, Inquisição de Lisboa, mç. 134, proc. nº 1525. O culto marial, intensificado de forma extraordinária no século XV, tornou-se posteriormente motivo de irritação para os reformadores. Na *Apologia de Heródoto*, Henri Estienne indagaria qual, dentre tantas designações, seria verdadeiramente a Mãe de Deus. Ver Delumeau, "Les réformateurs et la superstition", in *Un chemin d'histoire*, Paris, Fayard, 1981, p. 67.

(27) ANTT, Inquisição de Lisboa, proc. nº 4564.

(28) ANTT, Inquisição de Lisboa, mç. 52, proc. nº 557.

(29) *Le catholicisme entre Luther et Voltaire*, Paris, PUF, 1971, p. 108.

(30) "Inácio de Loyola reúne em si o gosto pela especulação mística e a ciência da organização prática em sua luta contra a heresia", observa Pierre Francastel ao analisar o Barroco como tensão entre ação e contemplação. "A Contra-Reforma e as artes na Itália no fim do século XVI", in *A realidade figurativa*, São Paulo, Perspectiva/Edusp, 1973, pp. 371-421 e 409.

(31) *Libro de la vida*, caps. 11 a 19, pp. 70-108.

(32) Piero Camporesi, "Sugoso, molle e flessibile", in *Le oficine dei sensi*, Milão, Garzanti, 1985, pp. 180-2.

(33) O destino quis que ela fosse ter ao Brasil em circunstâncias totalmente diversas, degredada por bruxaria e destituída de seu cordão de irmã terceira. ANTT, Inquisição de Lisboa, mç. 52, proc. nº 557.

(34) Para as diversas formas de *leitura* de livros, ou melhor, para a multiplicidade de formas que permitia o acesso ao texto escrito, inspiro-me em Roger Chartier, "Stratégies éditoriales et lectures populaires — 1530-1660", in *Lectures et lecteurs dans la France de l'Ancien Régime*, Paris, Seuil, 1987, pp. 87-124.

(35) Apud Delumeau, *Le catholicisme...*, pp. 102-3.

(36) Idem, p. 109.

(37) ANTT, Inquisição de Lisboa, proc. nº 10198.

(38) ANTT, Inquisição de Lisboa, proc. nº 4372.

(39) *Libro de la vida*, in *Obras completas*, cap. 18, p. 102.

(40) *Liricas*, in *Obras completas*, p. 654.

(41) A expressão é de H. Brémond. Apud Delumeau, *Le catholicisme...*, p. 95. Dizia santa Teresa a seu confessor que "as coisas interiores do espírito são difíceis de descrever, e ainda mais difícil é fazê-lo de forma que os outros entendam". Apud Judith Brown, *Atos impuros*, trad., São Paulo, Brasiliense, 1987, p. 127. Nesta obra, há boas páginas sobre a ambigüidade das visões, freqüentemente na fronteira entre santidade e demonismo. Apesar da extensão do fenômeno, as visões se multiplicando no mundo católico do Ocidente, não são muitos os estudos recentes sobre o assunto. Para o México, ver Solange Alberro, *Inquisición y sociedad en México — 1571-1700*, México, Fondo de Cultura Económica, 1988, pp. 490-530, "Tres beatas del siglo XVII". Para a Espanha e México, Geraldine McKendrick e Angus MacKay, "Visionaries and affective spirituality during the first half of the sixteenth century", in Mary Elizabeth Perry e Anne J. Cruz (ed.), *Cultural encounters — the impact of the Inquisition in Spain and the New World*, Berkeley/Los Angeles, University of California Press, 1988, pp. 93-104. Para o Brasil, ultrapassando os limites do visionarismo e aprofundando também a questão devocional feminina, ver o estudo pioneiro de Leila Mezan Algranti, *Honradas e devotas: mulheres da Colônia — um estudo sobre a condição feminina através dos conventos e recolhimentos do Sudeste — 1750-1822*, tese de doutorado apresentada ao Departamento de História da FFLCH-USP, São Paulo, 1992.

(42) Claire Guilhem, "L'Inquisition et la dévaluation des discours féminins", in Bartolomé Bennassar (org.), *L'Inquisition espagnole*, Paris, Hachette, 1979, p. 201. A este respeito, ver também Efren de la Madre de Dios, O. C. D. e Otger Steggink, O. Carm., "Reseña biográfica", in *Obras completas*, p. 11.

(43) *Dizionario dei santi*, p. 212.

(44) Idem, p. 169.

(45) Jacques Le Goff, "Aspects savants et populaires des voyages dans l'au-delà au Moyen-Age", in *L'imaginaire médiéval*, p. 119.

(46) ANTT, Inquisição de Lisboa, proc. nº 10 198.

(47) Mikhail Bakhtin, *A cultura popular na Idade Média e no Renascimento*, trad., São Paulo, Hucitec, 1987. Ver sobretudo caps. 1, "Rabelais e a história do riso"; 2, "O vocabulário da praça pública na obra de Rabelais"; e 5, "A imagem grotesca do corpo em Rabelais e suas fontes".

(48) Idem, p. 68.

(49) ANTT, Inquisição de Lisboa, proc. nº 11 358.

(50) Bakhtin, op. cit., p. 23.

(51) David Hugh Farmer, *The Oxford dictionary of saints*, 2ª ed., Oxford, Oxford University Press, 1987, pp. 282 e 292-4. Uma blasfêmia denunciada por volta de 1590 a Heitor Furtado de Mendoça na *Visitação de Pernambuco* associa mulheres de peito de fora e prostituição: "em Roma andavam as mulheres com os peitos descobertos e que os padres santos concediam indulgências aos homens que com elas dormissem carnalmente, por respeito de com isso divertir aos homens de fazer o pecado nefando", *Primeira Visitação do Santo Ofício às partes do Brasil. Confissões de Pernambuco*, ed. J. A. Gonsalves de Mello, Recife, Universidade Federal de Pernambuco, 1970, p. 27

(52) Bakhtin, op. cit., pp. 163-9. Ver também *Primeira Visitação... Confissões de Pernambuco*, p. 24. Sobre o caráter afetivo da religião, ver Gilberto Freyre, *Casa-grande & senzala — Formação da família brasileira sob o regime de economia patriarcal*, 9ª ed., Rio de Janeiro, José Olympio, 1958, vol. 1, p. 343.

(53) ANTT, Inquisição de Lisboa, mç. 52, proc. nº 557.

(54) Bakhtin, op. cit., p. 195. O conceito de carnavalização aqui adotado é o deste autor.

(55) Bakhtin, op. cit., p. 337.

(56) Para uma análise da relação inquisidor-réu sob uma perspectiva *dialógica*, ver Carlo Ginzburg, *I benandanti — stregoneria e culti agrari tra Cinquecento e Seicento*, Turim, Einaudi, 1966 [trad. bras.: *Os andarilhos do bem — feitiçarias e cultos agrários nos séculos XVI e XVII*, São Paulo, Companhia das Letras, 1988]; *Il formaggio e i vermi — il cosmo di un mugnaio del'500*, Turim, Einaudi, 1976 [*O queijo e os vermes — o cotidiano e as idéias de um moleiro perseguido pela Inquisição*, São Paulo, Companhia das Letras, 1987]; "The inquisitor as anthropologist", conferência proferida no Museu Nacional, Rio de Janeiro, set. de 1989 (edição original: "Inkvisitorn som antropolog", in *Haften for kritiska studier*, ano 21, 1988, nº 3, pp. 2-35). Ginzburg se inspira nas idéias desenvolvidas por Bakhtin em *Problemas da poética de Dostoievski*, trad., Rio de Janeiro, Forense Universitária, 1981.

(57) ANTT, Inquisição de Lisboa, mç. 52, proc. nº 557.

(58) "Como ressaltou o historiador da arte Michael Baxandall, no período renascentista e nos primórdios do período moderno, 'o pintor era um *visualizador profissional das histórias sagradas*'. *Ele dava uma forma externa ao que os devotos já começavam a representar em suas próprias mentes*, e sua função era estimulá-los a ampliar sua devoção interior", Judith Brown, *Atos impuros*, pp. 66-7 (grifo meu).

(59) As imagens da Virgem — como tantas outras do imaginário cristão — saturaram a atmosfera mística da Restauração. D. João IV tornou-se paladino do dogma da Imaculada Conceição, e vários oradores sacros insistiam no culto mariano. Ver a respeito João Francisco Marques, "A tutela do sagrado: a proteção dos santos padroeiros no período da Restauração", in Francisco Bethencourt e Diogo Ramada Curto (org.), *A memória da nação*, Colóquio do Gabinete de Estudos de Simbologia realizado na Fundação Calouste Gulbenkian, 7-9/10/1987, Lisboa, Livraria Sá da Costa Editora, 1991, pp. 267-94.

(60) Lucrécia de Leon, profeta e visionária espanhola que atuou nos anos 80 do século XVI, também se comparava a Joana d'Arc, jactando-se de defender a Espanha contra os inimigos. A santa francesa era então conhecida na Espanha como "la Ponzella de Francia" graças à obra de Allonso de Villegas, *Flos sanctorum, adiciones a la tercera parte*, Toledo, 1588, vida 198. A imagem da donzela guerreira é um motivo típico do Renascimento, aparecendo em obras muito conhecidas como *Los siete libros de Diana*, de Jorge de Montemayor (1599?). Ver a respeito Richard L. Kagan, *Lucrecia's dreams — politics and prophecy in Sixteenth-century Spain*, Berkeley, University of California Press, 1990, pp. 74 e 192, nota 17. Para o mito da donzela guerreira, ver Walnice Nogueira Galvão, "Freqüentação da donzela guerreira", in *Almanaque — Cadernos de Literatura e de Ensaio*, São Paulo, Brasiliense, 1979, pp. 19-31.

(61) ANTT, Inquisição de Lisboa, mç. 52, proc. nº 557.

(62) ANTT, Inquisição de Lisboa, proc. nº 4564.

(63) *Dizionario dei santi*, pp. 39 e 176. Entre muitos outros, Vieira e Duarte Botelho de Lacerda pregaram sermões a santo Antônio: aquele, a 14 de setembro de 1642, e este em 1662. Sobre isto, e ainda para o lugar fundamental ocupado por santo Antônio no imaginário da Restauração, ver João Francisco Marques, "A tutela do sagrado...", pp. 286-8.

(64) *Decimas ao Serenissimo Rey D. Affonso VI. Quando mandou alistar por soldado ao glorioso Santo Antonio de Lisboa*, feitas por Jeronymo Vahia, Lisboa,

na Officina de Henrique Valente de Oliveira, Impressor del Rey nosso Senhor, anno de 1665. Cerca de cinqüenta anos depois, quando os luso-brasileiros expulsaram os franceses do Rio de Janeiro, o mito do santo Antônio guerreiro e patriota foi revivido, conforme atesta uma Consulta do Conselho Ultramarino de 18 de março de 1711: "O Provedor da Fazenda Real da Capitania do Rio de Janeiro, em carta de 13 de novembro do ano passado faz presente a Vossa Majestade, como nas vésperas do assalto que os franceses deram aquela cidade, se achava aquele povo em tanta confusão, vendo tão vizinho um inimigo tão intrépido, *com que fora necessário recorrer também aos santos em cuja ocasião se mandara assentar praça de capitão, tendo-a já de soldado, ao Patriarca Santo Antonio na suposição que haveria Vossa Majestade por bem, ter um oficial no manejo das armas, sendo certo que naquele conflito desempenhou bem o Santo e seus filhos as obrigações de seu posto.* [...]". Do relato natural da atuação guerreira do santo, homem comum entre os homens, passa-se ao reconhecimento do caráter sagrado do soldado, a humanidade voltando a ser recoberta pelos atributos da santidade, agora com um certo afastamento: "Ao Conselho parece, que este Santo em toda a parte do mundo é muito venerado, e este Reino deve tanto à sua proteção, em que muitas praças e no Brasil quase em todas se lhe dão praças de soldado, e na Bahia a logra de capitão, que nesta atenção haja Vossa Majestade por bem, de que se observe com ele o mesmo no Rio de Janeiro, com declaração que a importância destes soldos se aplicará para a festa do glorioso Santo Antonio, e ornato de sua capela, cujos soldos hão de ser os mesmos que se pagam a dinheiro aos mais capitães". Instituto Histórico e Geográfico Brasileiro, Arquivo do Conselho Ultramarino, Consultas do Rio de Janeiro de 1711 a 1717, arq. 1.1.24, "O provedor da Fazenda Real do Rio de Janeiro dá conta de se haver apresentado praça de capitão ao glorioso Santo Antonio na ocasião do assalto que os franceses deram aquela cidade", fls. 19-19v. São Sebastião se atrela à tradição de santos que ajudaram os lusitanos a afirmarem seu poderio imperial, tendo atuado, conforme os relatos, de forma decisiva na expulsão dos franceses da baía de Guanabara ainda no século XVI: "Ficaram os nossos desassombrados, atribuindo o caso a favor de São Sebastião, e muito mais quando depois viram que os Tamoios perguntavam: 'Quem era aquele soldado tão gentil-homem, que andava armado no tempo do conflito, e saltava intrépido em suas canoas, e lhe meteu tal temor que foi a maior causa de fugirem?' ", in D. Manuel de Meneses, "Crônica do muito alto e muito esclarecido Príncipe D. Sebastião décimo sexto Rei de Portugal que contém os sucessos deste Reino e conquistas em sua menoridade", apud Jacinto do Prado Coelho (org.), *O Rio de Janeiro na literatura portuguesa*, Lisboa, Edição da Comissão Nacional de Comemorações do IV Centenário do Rio de Janeiro, 1965, p. 39. Devo estas duas últimas indicações a Maria Fernanda Batista Bicalho, que, sob minha orientação, desenvolve tese de doutorado sobre a cidade do Rio de Janeiro no período colonial.

(65) João Lúcio de Azevedo, *A evolução do sebastianismo*, passim; Eduardo d'Oliveira França, *Portugal na época da Restauração*, São Paulo, 1951, pp. 223 ss. Para a dimensão européia do sebastianismo, Yves-Marie Bercé, *Le roi caché — sauveurs et imposteurs. Mythes politiques populaires dans l'Europe Moderne*, Paris, Fayard, 1990, principalmente cap. 1, "Sébastien de Portugal, le roi perdu", pp. 17-81. Carole A. Myscofski, "Messianic themes in Portuguese and Brazilian literature in the Sixteenth and Seventeenth Centuries", *Luso-Brazilian Review*, XXVIII, 1, 1991, pp. 77-94. Thomas Cohen, "Millenarian themes in the writings of Antonio Vieira", *Luso-Brazilian Review*, XXVIII, 1, 1991, pp. 23-46.

(66) João Lúcio de Azevedo, op. cit., pp. 71 ss.

(67) *Triunfo das armas Portuguezas deduzido de varios versos do insigne poeta Luís de Camões*. Glosados, & reduzidos ao intento por André Rodrigues de Mattos, dedicado ao Excelentissimo Senhor D. Luís de Sousa e Vasconcellos, conde de Castel-Melhor Escrivão da puridade del-Rey Nosso Senhor, &c. Lisboa, com todas as licenças necessarias, na Officina de Antonio Craesbech de Mello, anno 1663. *Panegyrico em a coroação de Sua Magestade o Serenissimo Senor Dom Joam IV. Rey de Portugal & dos Algarves &c*, composto por Francisco Gomes Barbosa, foi impresso em Amsterdam, & agora de nouo nesta cidade, com todas as licenças necessarias, na officina de Lourenço de Anueres.ã custa de Lourenço de Queirós, liureiro da Casa de Bragança, pp. 3, 4, 7. *Applausos Lusitanos da vitoria de Montes Claros que tiveram os Portugueses contra os Castelhanos, em 17 de Junho de 1665, por Leonardo de São José, Cônego regular de Santo Agostinho, Pregador de Sua Magestade*, em Lisboa, com todas as licenças necessarias, por Domingos Carneiro, anno 1665.

(68) João Lúcio de Azevedo, op. cit., pp. 98-9. Ver também Oliveira França, op. cit., p. 232: "É o sebastianismo uma crença eminentemente popular. Foi o povo que o acolheu sem reserva e encontrou nele a consolação e a esperança, projetando para o dia incerto em que numa frota embandeirada chegasse D. Sebastião, o ansiado momento da redenção".

(69) João Lúcio de Azevedo, op. cit., p. 99.

(70) Idem, ibidem, p. 81.

(71) Antônio Vieira, *História do futuro*, in *Obras escolhidas*, VIII, p. 79. Apud Luís Koshiba, "A honra e a cobiça", tese de doutorado apresentada ao Departamento de História da FFLCH-USP, São Paulo, 1988.

(72) ANTT, Inquisição de Lisboa, mç. 52, proc. nº 557. Para a análise das trovas, ver João Lúcio de Azevedo, op. cit., pp. 17 ss.

(73) ANTT, Inquisição de Lisboa, proc. nº 4564.

(74) Para Joana da Cruz, ANTT, Inquisição de Lisboa, mç. 52, proc. nº 557; para Luzia de Jesus, ANTT, I. L., proc. nº 4564, e ainda Biblioteca Nacional de Lisboa, SMS, cx. 216, nº 49. "A previsão dos destinos individuais, naturalmente, não estava desligada da previsão dos destinos coletivos, sobretudo numa época de grande mobilidade social e geográfica, onde a expansão comercial-marítima e a guerra desempenhavam um papel fundamental na organização da vida cotidiana", Francisco Bethencourt, *O imaginário da magia — feiticeiras, saludadores e nigromantes no século XVI*, Lisboa, Projeto Universidade Aberta, 1987, p. 41.

(75) Curiosamente, também na Espanha vizinha houve, na mesma época, manifestações milenaristas e proféticas. Ver Richard L. Kagan, "Politics, prophecy and the Inquisition in Late Sixteenth-Century Spain", in Mary Elizabeth Perry e Anne J. Cruz (ed.), *Cultural encounters*, pp. 105-24.

(76) ANTT, Inquisição de Lisboa, mç. 52, proc. nº 557. Na descrição detalhada e quase realista da batalha de Montes Claros feita pelo cônego d. Leonardo de São José, em que o sangue tinge de púrpura campos e flores, enquanto aves de rapina sobrevoam, ávidas, os cadáveres, fica dito que a vitória definitiva dos portugueses se devia, também, aos desígnios divinos: "E vós, Lusitanos,/ Dignos de imortal fama, & nome eterno,/ As armas suspendei, que os Castelhanos/ Por decreto divino, & sempiterno,/ A Portugal não tornam, nem é crível/ Que passem os limites do possível", *Applausos Lusitanos da vitoria de Montes Claros*, p. 88.

(77) "Culture ecclésiale et culture folklorique au Moyen-Age: saint Marcel de Paris et le dragon." Ver também "Culture cléricale et traditions folkloriques dans la civilisation mérovingienne", in Jacques Le Goff, *Pour un autre Moyen-Age — temps,*

travail et culture en Occident, Paris, Gallimard, 1979, respectivamente pp. 236-79 e 223-35.

(78) Carlo Ginzburg, *Il formaggio e i vermi*.

6. *AMBIGÜIDADE AMOROSA: DE SANTAS A MULAS-SEM-CABEÇA* (pp. 125-46)

Este capítulo foi originalmente apresentado no Simpósio Nacional Família — Mulher — Sexualidade e Igreja, promovido pelo CEDHAL-USP e pela CEHILA, em agosto de 1990, sofrendo, posteriormente, muitas modificações. Na forma atual, é inédito.

(1) Jean Delumeau, *La peur en Occident*, Paris, Fayard, 1978 [trad. bras.: *História do medo no Ocidente — 1300-1800*, São Paulo, Companhia das Letras, 1989].

(2) Assumindo a fluidez de fronteiras entre divino e demoníaco, Joseph Klaits vê na demonização crescente ocorrida a partir do século XV uma explicação possível para a predominância da imagem da bruxa no imaginário moderno: ''Events that before and after the seventeenth century were seen as signs of mystical union with God came to be viewed as expressions of the demonic. Thus, the claims of young girls to have heard supernatural voices led to the career of Joan of Arc in the early 1400s and to the Great Awakening in eighteenth-century New England. But the identical claim, voiced at Salem in 1692 and in many other places in the era of the witch craze, produced accusations of bewitchment'' [Ocorrências que antes e depois do século XVII foram vistas como indícios de união mística com Deus passaram a ser tidas como expressões do demoníaco. Desta forma, as alegações de jovens que tinham ouvido vozes sobrenaturais conduziram, no início do século XV, à carreira de Joana d'Arc e, na Nova Inglaterra do século XVIII, ao Great Awakening. Entretanto, alegações idênticas expressadas em Salem em 1692 e em muitos outros lugares produziram, na era da caça às bruxas, acusações de enfeitiçamento], Joseph Klaits, *The servants of Satan — the age of the witch-hunts*, Bloomington, Indiana University Press, 1985, p. 108.

(3) Sobre este ciclo de gravuras de Baldung, ver Linda Hults, ''Baldung and the witches of Freiburg: the evidence of images'', *Journal of Interdisciplinary History*, XVIII: 2, outono 1987, pp. 249-76. O protótipo dos sabás de Baldung Grien teria sido o *Sabbat* de Altdorfer, desenhado em 1506 e pertencente ao acervo do Louvre (nº inv. 18 867). Ver, a respeito, Jacqueline Kadaner-Leclercq, ''Typologie des scènes de sorcellerie au Moyen-Age et à la Renaissance. Esquisse d'une évolution'', in Vários autores, *Magie, sorcellerie, parapsychologie*, Éditions de l'Université de Bruxelles, 1984, pp. 39-59.

(4) Entre 1487 e 1590, o tratado de feitiçaria de U. Molitor teve quinze edições; contando com uma série de ilustrações sobre diferentes cenas das atividades das bruxas, *Der neue Laienspegel* foi editado mais de onze vezes entre 1509 e 1527; a *Historia de gentibus septentrionalibus*, de Olaf Magnus, conheceu no mínimo nove edições entre 1555 e 1570. Alguns desses livros eram menos ilustrados do que os outros, mas nunca apresentavam menos do que duas vinhetas sobre o tema; levando-se em conta que uma tiragem, no final do século XV, compreendia uma média de quatrocentos/quinhentos exemplares e que, iniciando o século seguinte, tal número praticamente dobrou, pode-se ter uma idéia da extensão da influência exercida por estes livros sobre o imaginário dos leitores. Ver J. Kadaner-Leclercq, op. cit. Lucien Febvre e H. J. Martin, *L'apparition du livre*, Paris, Albin Michel, 1958, p. 329. Para uma abordagem do tratamento dado por Goya à feitiçaria, ver Julio Caro Baroja, ''La

sorcellerie dans l'art et la littérature'', in *Les sorcières et leur monde*, trad., Paris, Gallimard, 1972, pp. 241-51. Para uma iconografia da feitiçaria, ver Roland Villeneuve, *Le Diable — érotologie de Satan*, Paris, Jean-Jacques Pauvert Éditeur, 1963; ver ainda Jean-Michel Sallmann, *Les sorcières fiancées de Satan*, Paris, Découvertes Gallimard, 1989. Para a necessidade de se levarem em conta códigos pictóricos vigentes na época a fim de melhor compreender as representações da feitiçaria — os significados nem sempre estão onde são procurados —, ver Machteld Lowensteyn, ''Picturing the pagan pandemonium. Images of witches' sabbats in the Netherlands (1450-1650)'', comunicação apresentada no Colóquio International Le sabbat des sorciers en Europe (XVème-XVIIIème siècles), Saint-Cloud, nov. 1992.

(5) Guardando as ressalvas importantes de Stuart Clark quanto a certas análises de mentalidades que supervalorizam a impotência do homem ante o mundo que o rodeia, remeto novamente ao trabalho de Delumeau, *La peur en Occident*, lembrando ainda os clássicos de Huizinga e Norbert Elias: *El otoño de la Edad Media*, trad., Buenos Aires, Revista de Occidente Argentina, 1947, principalmente cap. 1, ''El tono de la vida'', pp. 11-43; *La civilisation des moeurs*, trad., Paris, Calmann-Lévy, 1973, passim. Para Stuart Clark, ver ''French historians and Early Modern popular culture'', *Past and Present*, nº 100, ago. 1983, pp. 62-99.

(6) ''Ainsi dans les danses macabres les plus anciennes, c'est à peine si la mort touchait le vif pour l'avertir et le désigner. Dans la nouvelle iconographie du XVIe siècle, elle le viole'' [Nas danças macabras mais antigas, visando apenas adverti-lo e designá-lo, a morte mal tocava o vivo. Na nova iconografia do século XVI, ela o viola], *Éssais sur l'histoire de la mort en Occident du Moyen-Age à nos jours*, Paris, Seuil, 1975, pp. 46-7. Para um equacionamento geral da problemática, ver ainda Alberto Tenenti, *Il senso della morte e l'amore della vita nel Rinascimento* (*Francia e Italia*), 2ª ed., Turim, Einaudi, 1989, principalmente cap. V, ''La sensibilità macabra'', pp. 121-47.

(7) Jacques Solé, *L'amour en Occident à l'Epoque Moderne*, Paris, Albin Michel, 1976, p. 128. Kadaner-Leclercq tem interpretação análoga para as relações entre maneirismo e macabro, erotismo e sadismo, op. cit., p. 58.

(8) Ver Robert Muchembled, *Le temps des supplices — de'obéissance sous les rois absolus. XVe-XVIIIe siècle*, Paris, Armand Colin, 1992, passim. Apesar de superficial e contestável, o trabalho do autor tem o mérito de procurar ler, em perspectiva histórica e com sólida pesquisa empírica, o fenômeno importantíssimo que o gênio de Michel Foucault examinou de forma livre: *Surveiller et punir — Naissance de la prison*, Paris, Gallimard, 1975.

(9) Museu Memling, Hospital São João, Bruges.

(10) O quadro de David está no Museu Groeninge, Bruges; o de Rembrandt, no Rijksmuseum de Amsterdam, nº 2018.

(11) Galerie Dutuit, Petit Palais, sem número de inventário.

(12) Museu Groeninge, Bruges.

(13) Petit Palais, prato do ateliê de M. G. Andreoli, cerca de 1540, inv. Dutuit 1109.

(14) Petit Palais, prato do ateliê de Francesco Xanto Avelli, 1538, inv. Dutuit 1081.

(15) Judith e Holofernes, Petit Palais, prato de Urbino, 1530, inv. Dutuit 1081.

(16) Museu Groeninge, Bruges.

(17) Estas observações sobre a iconografia européia maneirista e barroca foram feitas com base em pesquisa desenvolvida em museus europeus (Kunsthistorische Museum e a Academia, em Viena; Louvre e Petit Palais, em Paris; Museu Memling e Museu Groeninge, em Bruges; Rijksmuseum, em Amsterdam) e financiada pela CAPES

e pelo CNPq em 1988, e pela CAPES e pela FAPESP, em 1992. A estas agências deixo aqui registrado o meu agradecimento.

(18) *O homem e o mundo natural*, trad., São Paulo, Companhia das Letras, 1988, principamente cap. III, ''Homens e animais'', e cap. IV, ''A compaixão pelas criaturas brutas'', pp. 61-169.

(19) Rijksmuseum, Amsterdam, inv. SK A 1669.

(20) Rijksmuseum, Amsterdam, inv. SK A 4646.

(21) *Natureza-morta com peixes*, Museu Groeninge, Bruges.

(22) Museu do Louvre, sem número de inventário do museu.

(23) Rijksmuseum de Amsterdam, nº 657.

(24) Gaston Duchet-Suchaux e Michel Pastoureau, *La Bible et les saints — guide iconographique*, Paris, Flammarion, 1990, p. 223.

(25) Ver a respeito o trabalho já citado de Machteld Lowensteyn e ainda Charles Zika, ''Body parts, Saturn and canibalism: visual representations of the witches' assemblies in the Sixteenth Century'', igualmente apresentado no Colóquio Internacional Le sabbat des sorciers en Europe, Saint-Cloud, 4-7/11/92, texto mimeo. esperando a publicação das atas.

(26) Apud Dalila L. Pereira da Costa, *Místicos portugueses do século XVI*, Porto, Lello e Irmão, 1986, p. 245.

(27) Apud Judith Brown, *Atos impuros*, trad., São Paulo, Brasiliense, 1987, p. 104.

(28) Santa Teresa de Jesús, *Libro de la Vida*, in *Obras completas*, transcr., introd. e notas Efren de la Madre de Dios, O. C. D., e Otger Steggink, O. Carm., 8ª ed., Madri, Biblioteca de Autores Cristianos, 1986, pp. 93-4.

(29) Idem, ibidem, pp. 101-2.

(30) Efren de la Madre de Dios e Otger Steggink, ''Reseña biográfica'', in Santa Teresa de Jesús, *Obras completas*, p. 5.

(31) Piero Camporesi, *Il pane selvaggio*, Bolonha, Il Mulino, 1980, pp. 11-3.

(32) H. R. Trevor-Roper, *The European witch-craze of the Sixteenth and Seventeenth Centuries*, Londres, Penguin, 1988, pp. 50-1.

(33) R. Mandrou, *Magistrats et sorciers en France au XVIIe siècle*, Paris, Plon, 1968. Descomprometida com a pesquisa documental mais acadêmica mas, no entanto, útil, é a síntese de Michel Carmona sobre o período das possessões conventuais: *Les diables de Loudun — sorcellerie et politique sous Richelieu*, Paris, Fayard, 1988.

(34) Francisco de Encinas, ''Un ejemplo de falso misticismo'', in Jesus Imirizaldu (org.), *Monjas y beatas embaucadoras*, Madri, Editora Nacional, 1977, p. 38.

(35) ''Carta dando relación sobre Madalena de la Cruz'', op. cit., p. 47; ''Sentencia de Magdalena de la Cruz'', op. cit., p. 53.

(36) ''Relación sobre Teresa de la Concepción'', op. cit., pp. 268-72.

(37) A esse respeito, ver meu artigo ''Do êxtase ao combate: visionárias portuguesas do século XVII'', in *Inquisição — ensaios sobre mentalidade, heresia e arte*, São Paulo, Expressão e Cultura/Edusp, 1992, pp. 762-84, que ampliado e reescrito constitui o capítulo anterior deste trabalho. Para uma tipologia das visões e sua filiação a dois sistemas básicos de taxionomia — o de Ricardo de São Vitor e o de santo Agostinho, posteriormente reelaborado por santo Tomás e por Jean Gerson, ver Jean-Michel Sallmann, ''Théories et pratiques du discernement des esprits'', in Jean-Michel Sallmann (org.), *Visions indiennes, visions baroques: les métissages de l'inconscient*, Paris, PUF, 1992, pp. 91-116, principalmente pp. 98-100.

(38) ANTT, Inquisição de Lisboa, proc. nº 10 198. ''Maria Antunes, Terceira de certa ordem.''

(39) ANTT, Inquisição de Lisboa, proc. nº 10 198.

(40) ANTT, Inquisição de Lisboa, mç. 134, proc. nº 1525. "Processo de Maria do Espírito Santo, solteira, filha de Fernando Velho de Lima que foi barbeiro natural e moradora desta cidade de Lisboa."

(41) ANTT, Inquisição de Lisboa, mç. 134, proc. nº 1525.

(42) "Ces récits nous introduisent dans une autre dimension de l'univers visionnaire: son climat particulier, empreint de luxe et de beauté. La vision, comme reflet de la réalité divine, ne peut être marquée du sceau de la quotidienneté, de la grisaille et de la laideur de la vie terrestre. Chez une personne d'humble extraction sociale comme l'était Alfonsina, la vision devient un moment idéal où la jeune femme pauvre peut accéder, pour un moment très fugitif, à un monde de richesse très eloigné de celui qu'elle connaît habituellement" [Tais narrativas nos introduzem numa outra dimensão do universo visionário: seu clima especial, cheio de luxo e beleza. Sendo reflexo da realidade divina, a visão não pode trazer a marca do cotidiano, da insipidez e da feiúra da vida terrestre. Para alguém de extração social humilde como Alfonsina, a visão se torna o momento ideal por meio do qual a jovem pobre pode ter acesso, de forma fugaz, a um mundo de riqueza muito distante daquele que ela conhece], Jean-Michel Sallmann, "Les malheurs d'Alfonsina Rispoli", in Jean-Michel Sallmann (org.), op. cit., p. 67.

(43) ANTT, Inquisição de Lisboa, proc. nº 631. "Processo de Marcelina Maria mulher preta filha de Antonio e Luzia pretos escravos, natural do Rio de Janeiro e moradora nesta cidade em casa de seu senhor João Eufrásio de Figueiredo."

(44) ANTT, Inquisição de Lisboa, proc. nº 628. "Processo de Catarina Maria mulher preta, escrava do Beneficiado José Machado, natural dos matos do Reino de Angola, e moradora na cidade de Lisboa Oriental."

(45) ANTT, Inquisição de Coimbra, proc. nº 7235. "Processo de Catarina Fernandes solteira filha de Pedro Fernandes Severo de alcunha Lavrador natural do lugar de Mairos termo da Vila de Monforte bispado de Miranda." Curiosamente, a sentença deste processo se encontra em outro cartório, o de Lisboa, sob a forma de outro processo: Inquisição de Lisboa, nº 16 516.

(46) Sobre os efeitos da devassidão materna sobre os rebentos, e sobre bebês monstruosos em geral, ver Mary del Priore, *Ao sul do corpo — condição feminina, maternidades e mentalidades no Brasil colonial*, Rio de Janeiro, José Olympio, 1993, cap. "Pesadelos do útero".

(47) Biblioteca Nacional de Lisboa, SMS, Coleção Moreira, Sentenças da Inquisição, t. 2, fls. 295 309. Apud Yvonne Cunha Rego (org.), *Feiticeiros, profetas e visionários — textos antigos portugueses*, Lisboa, Imprensa Nacional/Casa da Moeda, s. d., "Sentença da Inquisição de Lisboa contra Soror Maria do Rosário, religiosa conversa, etc...", pp. 103-37. As citações do texto se encontram nas páginas 106, 108, 109, 118, 113, 122.

(48) *Constituições Primeiras do Arcebispado da Bahia. Feitas e ordenadas pelo Ilustríssimo e Reverendíssimo Senhor Dom Sebastião Monteiro da Vide em 12 de junho de 1707*. São Paulo, 1853.

(49) ANTT, Inquisição de Lisboa, proc. nº 3723. "Processo de Frei Luís de Nazaré religioso professo de Nossa Senhora do Carmo colado da Província da Bahia e morador na mesma cidade." A esse respeito, ver meu artigo "O padre e as feiticeiras", in Ronaldo Vainfas (org.), *História da sexualidade no Brasil*, Rio de Janeiro, Graal, 1987, pp. 9-18. No capítulo seguinte deste trabalho, volto a analisar o caso de frei Luís, agora sob ótica distinta e dando destaque ao exorcismo.

(50) Arquivo Eclesiástico da Arquidiocese de Mariana, Livro de Autos de Querelas (1764-92), armário-arquivo 1, 3ª gaveta, Livro, fls. 12v-4v.

7. *MENTES E CORPOS: OS ASSALTOS DO DIABO* (pp. 147-59)

No que diz respeito ao estudo do caso de frei Luís de Nazaré, este capítulo incorpora uma ou outra passagem de "O padre e as feiticeiras", que integrou coletânea organizada por Ronaldo Vainfas: *História e sexualidade no Brasil*, Rio de Janeiro, Graal, 1987, pp. 9-18. Em *O diabo e a Terra de Santa Cruz*, dou tratamento bastante diverso ao episódio, praticamente ignorando a questão dos exorcismos. Ver pp. 180-3. Tirando assim a *incorporação* de frei Luís, este capítulo é totalmente inédito. A Rodrigo Lacerda, que sob minha orientação tem bolsa de Iniciação Científica do CNPq, devo a transcrição em disquete do documento do "Tesouro Encuberto".

(1) No tocante à licença para exorcizar — referindo-se, no caso, aos *exorcismos solenes*, cabíveis nas possessões —, não eram muitos os que a conseguiam: "L'Église ne confie le soin de se mesurer au démon qu'à des prêtres que leur haute valeur *morale* met à l'abri de tout danger, et dont la *science* et le *jugement* mettent à même de porter sur les cas qui leur sont soumis, un *jugement sûr*" [A Igreja só confia a tarefa de enfrentar o demônio aos padres cujo alto valor moral os põe a salvo de qualquer perigo, e que, por sua *ciência* e *discernimento*, são capazes de formar um *juízo seguro* sobre os casos que lhes são submetidos], F. X. Maquart, "L'exorciste devant les manifestations diaboliques", in Vários autores, *Satan*, s. l., Les Études Carmelitaines chez Desclée de Brouwer, 1948, pp. 328-48, citação nas páginas 328-9 (grifo meu).

(2) D. Luís Álvares de Figueiredo tomou posse como arcebispo a 17 de setembro de 1725, falecendo dez anos depois. Sucedeu a d. Sebastião Monteiro da Vide, o autor das *Constituições Primeiras do Arcebispado da Bahia* e organizador do primeiro sínodo havido em terras coloniais. Varnhagen, *História geral do Brasil antes de sua separação e independência de Portugal*, 3ª ed., São Paulo, Melhoramentos, s. d., t. V, p. 378. São inúmeras as queixas de contemporâneos contra o clero colonial, e o sínodo de 1707, com a conseqüente publicação das *Constituições*, é um divisor de águas neste sentido, correspondendo ao primeiro grande passo da Igreja no sentido de firmar sua institucionalização. Ver Caio Boschi, "As visitas diocesanas e a Inquisição na Colônia", *Revista Brasileira de História*, vol. 7, nº 4, mar.-ago. 1987. Ver também Fernando Torres Londoño, "Público e escandaloso — Igreja e concubinato no antigo bispado do Rio de Janeiro", tese de doutorado apresentada ao Departamento de História da FFLCH-USP, São Paulo, 1992, pp. 176-7 e 183.

(3) Todas estas informações estão contidas no processo de frei Luís: ANTT, Inquisição de Lisboa, proc. nº 3723. Não citarei a fonte a cada transcrição porque este processo, como muitos outros, não tem as páginas adequadamente numeradas.

(4) ANTT, Inquisição de Lisboa, proc. nº 3723.

(5) Examino tais relações em *O diabo e a Terra de Santa Cruz*, p. 182. Para o poder das secreções orgânicas, ver Jean Delumeau, *Le catholicisme entre Luther et Voltaire*, Paris, PUF, 1971, p. 243.

(6) Há bastante semelhança entre o caso de frei Luís e o de frei Antônio Leão, mercedário de origem portuguesa que se ordenou no estado do Maranhão. Quando era chamado para exorcizar, procurava manter cópula com as pacientes, e a uma delas recomendara que abrisse "cinco frangões" e os pusesse, ainda vivos, sobre o ventre. Em outra ocasião, exorcizando certa Maria Joaquina, "em meio a seus costumei-

ros tocamentos, disse que ela 'padecia tantas queixas porque não casava nem tinha ajuntamento carnal com homem' e que 'queria ter cópula com ela'. Diante do espanto da moça, tranqüilizou-a dizendo que 'assim fazia a todas as benzidas, que assim lhe ensinavam os seus livros' ''. Apud Lana Lage da Gama Lima, ''A confissão pelo avesso — o crime da solicitação no Brasil colonial'', tese de doutorado apresentada ao Departamento de História da FFLCH-USP, São Paulo, 1990, pp. 636-8.

(7) Nos casos de Santena, no Piemonte, analisados por Giovanni Levi, recorria-se muitas vezes ao médico para, depois, recorrer ao exorcista: os próprios médicos aconselhavam que se procurasse o exorcista, uma vez impotentes na cura do mal: ''Não houve guerra entre medicina e exorcismo, pelo menos na prática cotidiana do mundo camponês e citadino, mas uma forte solidariedade de autojustificação''. Ver o trabalho modelar de Levi, marco na micro-história, e que me inspirou na concepção de várias passagens deste capítulo: *Le pouvoir au village — histoire d'un exorciste dans le Piémont du XVIIe siècle*, trad., Paris, Gallimard, 1985, p. 46 (em italiano: *L'eredità immateriale. Carriera di un esorcista nel Piemonte del seicento*, Turim, Einaudi, 1985).

(8) Inspiro-me nas considerações de Gilberto Velho em ''Indivíduo e religião na cultura brasileira — sistemas cognitivos e sistemas de crenças'', *Novos Estudos Cebrap*, nº 31, out. 1991, pp. 121-9. Na página 125: ''[...] não se trata de defender a tese da existência de uma vasta e indiferenciada 'religião popular' onde a crença em espíritos constituiria a base e eixo definidores, fazendo com que as particularidades se diluíssem. Pelo contrário, as diferentes formas de definir, classificar, representar e identificar as relações com o mundo dos espíritos, guias, santos, orixás expressam fronteiras cuja importância é enfatizada pelos grupos em pauta''. E mais adiante: ''[...] o transe, a possessão, a mediunidade criaram um espaço social com valores culturais de conotação específica. Obviamente não surgem do nada, de um vácuo absoluto. Estão coladas a outras experiências que podem se articular ao que chamamos de *sistema cultural*''.

(9) Certeau usa a expressão referindo-se à problemática bastante particular da mística: a ''violência selvagem do desejo'' é o que se imiscui, em meados do século XVII, na já existente distinção entre os motivos e a ação, por si só tradicional no campo da espiritualidade: ''Les bonnes actions et l'observance des règles se décollent, comme une 'apparence', d'une 'réalité' intérieure qu'une attention aiguisée découvre avec horreur et inquiétude: la violence sauvage du désir'' [As boas ações e a observância das regras se despreendem, como ''aparências'', de uma ''realidade'' interior que uma atenção aguçada descobre com horror e inquietação: a violência selvagem do desejo], Michel de Certeau (org. e coment.), *La possession de Loudun*, 2ª ed., Paris, Gallimard-Julliard, 1990, p. 147.

(10) Estudando a incidência do crime de solicitação no Brasil colonial, Lana Lage da Gama Lima viu que, entre o clero regular, o segundo posto era ocupado pelos frades carmelitas (26,40%), que só perdiam para os franciscanos (39,89%). Entretanto, mais do que os membros das ordens, foram os padres seculares os grandes solicitadores de mulheres no ato da confissão (58,1%). Ver ''A confissão pelo avesso'', pp. 490 e 492.

(11) D. frei José Delgarte chegou ao Maranhão em 1717, falecendo em 1724. Varnhagen, op. cit., p. 386.

(12) Biblioteca da Ajuda (BA), ''Notícia que dá o Ilustríssimo Bispo do Maranhão Dom Frei José Delgarte Padre Vigário da Ordem da Santíssima Trindade, de uma célebre energúmena a que assistiu na Inquisição da Corte de Lisboa'', ''Tesouro

Encuberto'', vol. I, 51-II-29, fls. 266-7. O Sínodo Nacional de Reims de 1583 ajuda a compreender por que frei Delgarte gozava de posição privilegiada para contar a história de Mariana: ''Devant que le Prêtre entreprenne d'exorciser, il doit diligemment s'enquérir de la vie du possédé, de sa condition, de sa renommée, de sa santé et autres circonstances; et en doit communiquer avec quelques gens sages, prudents et bien avisés, car souventes fois les trop crédules sont trompés et souvent des mélancoliques, lunatiques et ensorcelés trompent l'exorciste [...]'' [Antes de começar a exorcizar, o padre deve diligentemente informar-se acerca da vida do possesso, de sua condição, de sua fama, de sua saúde e de outras circunstâncias; e tudo comunicar a algumas pessoas sábias, prudentes e bem avisadas, pois muitas vezes os demasiadamente crédulos são enganados e amiúde os melancólicos, lunáticos e enfeitiçados levam o exorcista a se enganar], F. X. Maquart, ''L'exorciste devant les manifestations diaboliques'', op. cit., p. 330.

(13) A juventude de Mariana vai contra a visão popular da bruxa velha, desmistificada por De Lancre, por exemplo: ''C'est un conte de dire que toutes les sorcières soient vieilles...'' [É balela dizer que todas as feiticeiras sejam velhas...], Pierre de Lancre, *L'incrédulité et Mescréance du sortilège plainement convaincue...*, Paris, 1622, p. 41.

(14) BA, ''Tesouro Encuberto'', fls. 251-6.

(15) *Compêndio narrativo do Peregrino da América (1728)*, 6ª ed., Rio de Janeiro, Publicação da Academia Brasileira, 1929. Sobre a relação entre diabo e ator, Piero Camporesi, ''Calcagnantes, trufatores et malagentes. La famiglia di Margutte'', in *Il paese della fame*, Bolonha, Il Mulino, 1985, pp. 52-4. Para a condenação jesuítica ao teatro, G. D. Ottonelli, *Della christiana moderatione del theatro*, Florença, Alle Scale di Badia, 1652, IV, pp. 438-9: ''il primo che trovò l'arte del ciarlatano fu il diavolo, quando nel paradiso terrestre fece cinque cose; la prima si mascherò, prendendo la forma del serpente; la seconda salí sull'arbore; la terza disse gran bugia *Nequaquam moriemini*; la quarta ingannò i primi genitori nostri con quell'avviso *Eritis sicut Dii*; e la quinta tendé loro il pomo da Dio vietato. E queste cinque condizioni esprimono i ciarlatani tristi, come seguaci del diavolo, poiché si mascherano, salgono in banco, dicono bugie, ingannano i semplici e vendono mercanzia'' [o primeiro que descobriu a arte do charlatão foi o diabo, quando no paraíso terrestre fez cinco coisas; a primeira, se mascarou, tomando a forma da serpente; a segunda, subiu na árvore; a terceira, disse grande patranha *Nequaquam moriemini*; a quarta, enganou nossos primeiros pais com aquele aviso *Eritis sicut Dii*; e a quinta, deu-lhes o pomo por Deus proibido. E estas cinco condições revelam os charlatães tristes, como sequazes do diabo, pois se mascaram, sobem no banco, dizem patranhas, enganam os simples e vendem mercadoria].

(16) ''Des noms propres créent des repères et découpent des régions dans l'anonymat neutre du diabolique'' [Os nomes próprios criam referências e delimitam regiões no seio do anonimato neutro do diabólico], Michel de Certeau, op. cit., p. 62. Sendo sempre sete, os demônios de madre Joana dos Anjos, a superiora do convento de Loudun acossado pelo Inimigo entre 1632 e 1634, variaram no tempo; em um documento, aparecem os seguintes nomes: Astaroth, Zabulon, Cham, Nephtalon, Achas, Allix e Uriel; já nas ''Listas'' sobre as possessas — que Certeau chama de ''Atlas diabólico'' — são diversas as designações: Leviatã, Amã, Isacaron, Balam, Asmodeu, Behemoth (o sétimo demônio não consta da lista). Nas aludidas Listas, são inúmeros os nomes dados aos demônios, sendo poucos os que aparecem mais de uma

vez: Behemoth, Cérbero, Asmodeu. Para os nomes de diabos, ver Certeau, op. cit., pp. 34-5; 61-2; 136-40.

(17) BA, "Tesouro Encuberto", fl. 265.

(18) BA, "Tesouro Encuberto", fls. 256-7.

(19) "La langue du diable est une *autre* langue, où l'on ne s'introduit pas grâce à un apprentissage. De ces mots, on doit être 'possédé', sans les entendre" [A língua do diabo é uma outra língua, na qual não é possível ser iniciado por meio de um aprendizado. Por essas palavras, deve-se ser "possuído", sem compreendê-las]. Ver Certeau, op. cit., p. 64. As possessas de Loudun chegam a falar tupi! "Elles ont aussi répondu en langage topinambou que leur parla Monsieur de Launay Razilly..." [Elas responderam também em língua tupinambá, na qual se dirigiu a elas Monsieur de Launay Razilly...]. Apud p. 179, Lettre du docteur Seguin à M. Quentin, 14/10/1634; a carta foi publicada no *Mercure françois*, 1634. Durante os exorcismos, diz Certeau, a linguagem é ao mesmo tempo o *lugar* e o *objeto* do combate. Acreditava-se que os melancólicos tinham especial aptidão em falarem línguas desconhecidas. Ver Jean Céard, "Folie et démonologie au XVIe siècle", in *Folie et déraison à la Renaissance*, Colloque international tenu en novembre 1973 sous les auspices de la Fédération Internationale des Instituts et Sociétés pour l'Étude de la Renaissance, Bruxelas, Éditions de l'Université de Bruxelles, 1976, pp. 129-47. Na página 141, cita L. Lemnius, *Les secrets miracles de nature*, trad. de A. Du Pinet, Lyon, Jean Frellon, 1566: "Que les mélancoliques, maniaques, phrenetiques, et qui par quelque autre cause sont espris de fureur, parlent quelquefois un language estrange qu'ils n'ont jamais aprins, et toutefois ne sont poinct demoniaques" [Que os melancólicos, maníacos, frenéticos, e quem quer que por outro motivo estando tomado de furor, fale às vezes uma língua estranha que eles nunca tenham aprendido, e apesar disso não são demoníacos]. A relação entre melancolia, doença mental e bruxaria era fundamental na época; ver, a respeito, Sidney Anglo, "Witchcraft and melancholia: the debate between Wier, Bodin and Scott", in *Folie et déraison à la Renaissance*, pp. 209-28.

(20) "Et lorsqu'on lui fit dire: 'Mon Dieu, prenez possession de mon âme et de mon corps', le diable par trois fois la prit à la gorge, lorsqu'elle voulut dire: 'De mon corps', la faisant hurler, grincer les dents, tirer la langue" [E quando fizeram-na dizer: "Meu Deus, tomai possessão de minha alma e de meu corpo", o diabo por três vezes a tomou pela garganta, quando ela quis dizer: "De meu corpo", fazendo-a urrar, ranger os dentes, botar a língua]. Apud Certeau, op. cit., p. 30.

(21) "En un sens, c'est aussi un un dehors du language commun, tout comme le latin ou l'hébreu. Il s'inscrit dans le courant plus large qui oppose à l'intellectualité reçue l'inventaire d'un nouveau monde, 'baroque' si l'on veut, celui des sens, celui des frémissements et des sueurs, des surfaces changeantes de la peau et des mouvements contradictoires du geste. Cette géographie reçoit, dans la littérature et l'expérience, le même rôle que celle des continents inconnus décrits par les explorateurs. Les cartes du corps ou les 'théatres' de l'Amérique s'opposent également aux cosmologies ou aux 'géographies' traditionnelles. Un savoir naît de la pratique, contestataire, exploratoire mais codifié, lui aussi" [Num certo sentido, é também uma exterioridade ante a linguagem comum, exatamente como o latim ou o hebraico. Inscreve-se na corrente mais ampla que opõe, à intelectualidade recebida, o inventário de um mundo novo, "barroco" se quisermos chamá-lo assim, o dos sentidos, dos frêmitos e dos suores, das superfícies cambiantes da pele e dos movimentos contraditórios do gesto. Esta geografia assume, na literatura e na experiência, o mesmo papel que a dos continentes desconhecidos descritos pelos exploradores. Os mapas do corpo ou os "tea-

tros'' da América se opõem igualmente às cosmologias e às ''geografias'' tradicionais. Um saber nasce da prática, contestadora, exploratória mas, ela também, codificada]. Certeau, op. cit., p. 68.

(22) BA, ''Tesouro Encuberto'', fl. 273.

(23) Ver, entre outros, Norman Cohn, *Los demónios familiares de Europa*, trad., Madri, Alianza Editorial, 1975.

(24) BA, ''Tesouro Encuberto'', fls. 259. O problema da platéia é central na sociedade de Antigo Regime, constitutivo do ''homem público'' que as ''tiranias da intimidade'' baniram no século XIX, com o advento da sociedade e da cultura industrial. Ver o trabalho sugestivo de Richard Sennet, *O declínio do homem público — as tiranias da intimidade*, trad., São Paulo, Companhia das Letras, 1988, sobretudo ''O mundo público antes do Antigo Regime'', pp. 65-155.

(25) ''La tragédie démoniaque n'atteint que la religion publique'', Certeau, op. cit., p. 131. Para relação entre piedade e publicidade, ver p. 311. Para uma bela análise das relações complexas e complementares entre a possessa e a assistência, ver o caso de Elizabeth Knapp, desencadeado em 1672 na Nova Inglaterra: a possessa queria ir para Boston, ''o maior palco que a Nova Inglaterra lhe podia oferecer''. John Putnam Demos, *Entertaining Satan — witchcraft and the culture of Early New England*, Oxford University Press, s. d., cap. 4, ''A diabolical distemper'', pp. 97-131.

(26) BA, ''Tesouro Encuberto'', fl. 251. Para a hierarquia dos sentidos na Época Moderna, ver Lucien Febvre, *Le problème de l'incroyance au XVIe siècle — La religion de Rabelais*, Paris, Albin Michel, 1947, pp. 471-3. Para Febvre, há um ''atraso'' da visão no século XVI, o principal sentido sendo a audição. Robert Mandrou endossa a posição de Febvre: *Introduction à la France Moderne — 1500-1640*, Paris, Albin Michel, 1974, pp. 76-82.

(27) BA, ''Tesouro Encuberto'', citações respectivamente nas folhas 254 e 261. É o olhar atento quem capta as mudanças fisionômicas da possessa: ''Ce qui est encore surprenant et fait voir que ce changement provient d'une cause intérieure de possession, c'est que, durant qu'il dure, la possédée ne fait aucune grimace, mais son visage demeurant en son état naturel semble néanmoins tout autre, par le moyen des yeux dont la couleur et la lumière sont changées en un instant'' [O que é ainda surpreendente e permite ver que tal mudança advém de uma causa interior de possessão é que, enquanto dura, a possessa não faz nenhuma careta, mas seu rosto, conservando sua expressão natural, parece todavia diferente devido aos olhos cuja cor e cujo luzir mudaram num átimo]. Carta de 26 de julho de 1634; Paris, Bibliothèque de l'Arsenal, ms. 4824, fl. 17, apud Certeau, op. cit., p. 141.

(28) BA, ''Tesouro Encuberto'', fl. 264.

(29) Idem, ibidem, fl. 278.

(30) Idem, ibidem, fls. 264-5.

(31) Idem, ibidem, fl. 277.

(32) Idem, ibidem, fls. 288-9.

(33) Idem, ibidem, fl. 270.

(34) Para a relação entre demonologia e reflexão sobre a causalidade, ver Stuart Clark, ''The scientific status of demonology'', in Brian Vickers (org.), *Occult & scientific mentalities in the Renaissance*, Cambridge University Press, 1984, pp. 351-74.

(35) ''Le tentateur subtil, qui multiplie les ruses et les habiletés de sa dialectique pour séduire un Faust diffère du diable des possédés autant que le Lucifer orgueilleux qui entreprend avec ses démons la lutte contre Dieu. Les diables des possédés sont puls familiers et plus vulgaires. Ils restent à la mesure de l'homme'' [O tentador sutil,

que multiplica os estratagemas e as habilidades de sua dialética para seduzir um Fausto, difere do diabo dos possessos tanto quanto o Lúcifer orgulhoso que, com seus demônios, empreende a luta contra Deus. Os diabos dos possessos são mais comezinhos e mais vulgares. Eles permanecem na medida do homem], Jean Vinchon, "Les aspects du diable à travers les divers états de possession", in *Satan*, pp. 464-71.

(36) BA, "Tesouro Encuberto", vol. I, 51-II-29, fls. 266-7.

(37) Proclamada pelo sínodo e concílio de Constantinopla em 543 e 553, a eternidade das penas foi reafirmada pelo IV Concílio de Latrão, em 1215; mas foi com santo Tomás de Aquino que, ao colocar um ponto final na elaboração teológica do inferno, tal questão ganhou destaque. Georges Minois, *Histoire des enfers*, Paris, Fayard, 1991, pp. 199, 200, 207.

(38) Teresa de Ávila representa um marco na história dos infernos, sua visão se caracterizando pelo despojamento, sobriedade e ênfase no tormento interno, e não físico. "L'enfer thérésien n'est pas un spectacle; il est intérieur à l'âme; le moi éclate et suffoque dans un instant éternel; comme si la conscience était figée pour toujours au moment de la dernière fraction de seconde avant la noyade ou l'écrasement. Personne n'ira plus loin dans le sens de l'horreur absolue" [O inferno teresiano não é um espetáculo; ele está no interior da alma; o eu explode e sufoca num instante eterno; como se a consciência se imobilizasse para sempre no momento da última fração de segundo que antecede o afogamento ou o aniquilamento. Ninguém irá mais longe no sentido do horror absoluto], Georges Minois, *Histoire des enfers*, p. 237.

(39) Na Itália, a superposição entre suspeitos de feitiçaria e de possessão diabólica foi característica da atuação inquisitorial e eclesiástica na época da Reforma católica. Ver Giovanni Romeo, *Inquisitori, esorcisti e streghe nell'Italia della Controriforma*, Florença, Sansoni, 1990.

(40) Para a microfísica do poder, ver Michel Foucault, *Microfísica do poder*, trad., org. e introd. Roberto Machado, 2ª ed., Rio de Janeiro, Graal, 1981; *A verdade e as formas jurídicas*, trad., Rio de Janeiro, Cadernos da PUC, 1974. Para a *pedagogia do medo*, ver Bartolomé Bennassar, "L'Inquisition ou la pédagogie de la peur", in Bartolomé Bennassar (org.), *L'Inquisition Espagnole — XVe-XIXe siècle*, Paris, Hachette, 1979, pp. 105-41.

(41) "[...] on serait tenté d'opposer deux types de sociétés: celles qui pratiquent l'anthropofagie, c'est à dire, qui voient dans l'absorption de certains individus détenteurs de forces redoutables, le seul moyen de neutraliser celles-ci et même de les mettre à profit; et celles qui, comme la nôtre, adoptent ce qu'on pourrait appeler l'anthropoémie (du grec émein, vomir); placées devant le même problème, elles ont choisi la soultion inverse, consistant à expulser ces êtres rédoutables hors du corps social en les tenant temporairement ou définitivement isolés, sans contact avec l'humanité, dans des établissements destinés à cet usage" [[...] seria tentador opor dois tipos de sociedades: as que praticam a antropofagia, ou seja, que vêem na absorção de certos indivíduos, detentores de forças temíveis, o único meio de neutralizá-las e inclusive aproveitá-las; e as que, como a nossa, adotam o que poderíamos chamar de antropoemia (do grego émein, vomitar); colocadas diante do mesmo problema, escolheram a solução inversa, consistindo em expulsar esses seres temíveis para fora do corpo social e mantê-los temporária ou definitivamente isolados, sem contato com a humanidade, em estabelecimentos destinados a este fim], Claude Lévi-Strauss, *Tristes tropiques*, Paris, Plon, 1955, p. 418.

(42) ANTT, Inquisição de Lisboa, proc. nº 3723, "Confissão", fl. 26.

(43) Ver Robert Mandrou, *Magistrats et sorciers en France au XVIIe siècle*, Pa-

ris, Plon, 1968, sobretudo a segunda parte, "La crise du satanisme: les procès scandaleux", pp. 193-363. Michel Carmona, *Les diables de Loudun — sorcellerie et politique sous Richelieu*, Paris, Fayard, 1988; Michel de Certeau (org.), *La possession de Loudun*.

(44) Paul Boyer e Stephen Nissenbaum, *Salem possessed — the social origins of witchcraft*, Harvard University Press, 1974. Chadwick Hansen, *Witchcraft at Salem*, Londres, Arrow Books, 1988. Enders A. Robinson, *The devil discovered — Salem witchcraft, 1692*, Nova York, Hippocrene Books, 1991.

(45) Remeto mais uma vez à análise de Gilberto Velho: "Transe, possessão e mediunidade são fenômenos religiosos recorrentes na sociedade brasileira", op. cit., p. 124. Fundamentais na construção da identidade e da noção de indivíduo, esses fenômenos são igualmente responsáveis pela construção do que Clifford Geertz chamou de "rede de significados", Velho, op. cit., p. 126. Para Geertz, ver *A interpretação das culturas*, trad., Rio de Janeiro, Guanabara, 1989.

(46) Endosso aqui a argumentação de Giovanni Levi, op. cit., pp. 46-7. Nos sistemas naturalistas, explica-se a doença em termos impessoais, como se os elementos físicos que compõem o corpo se encontrassem em situação de desordem, de equilíbrio perturbado, e como se a causa de tal situação fosse totalmente explicável em termos naturais. Nos sistemas personalistas, a doença pode ser o efeito da intervenção, mais ou menos ativa ou intencional, de um agente dotado de sentido (seja divino, sobrenatural ou humano), a pessoa doente sendo vista como objeto de uma agressão (e às vezes de auto-agressão) e de uma punição que a consideram como pessoa específica: estes sistemas se ocupam do *doente* e do *porquê*, e não apenas do *como* (p. 42). As formulações do autor são muito interessantes, indo em sentido diverso ao de Keith Thomas em *Religion and the decline of magic — studies in popular beliefs in Sixteenth and Seventeenth Century England*, 4ª ed., Londres, Weidenfeld and Nicholson, 1980 (trad. *Religião e o declínio da magia*, São Paulo, Companhia das Letras, 1991): o declínio do elemento mágico na explicação das doenças não foi conseqüência da difusão das práticas e conhecimentos médicos; teria antes havido um longo período de coexistência e reforço recíprocos explícitos, ao menos no plano ideológico, entre cuidados naturais e cuidados sobrenaturais. "Tal coexistência não se deu apenas numa fase inicial confusa, mas também ao longo do período em que se isolavam as explicações de tipo naturalista da nova cosmologia médica produzida pelo racionalismo" (p. 45) — caso curioso de evolução lenta e não conflituosa da inovação, diferente das rupturas bruscas que seriam características, posteriormente, às transformações técnicas (p. 46).

8. *EM TORNO DE UM MITO: A ELIPSE DO SABÁ* (pp. 160-80)

Parte deste capítulo foi apresentada no Congresso Internacional *Le sabbat des sorciers en Europe*, Saint-Cloud, 4-7/11/92; na forma final, entretanto, é inédito.

(1) São incontáveis os trabalhos sobre feitiçaria na Época Moderna, portanto destacarei apenas os que julgo mais significativos para o estudo do sabá e suas variações. O mais recente e sofisticado deles é o de Carlo Ginzburg, *Storia notturna — una decifrazione del sabba*, Turim, Einaudi, 1989. Fez época o livro de Margareth Murray, defensora da filiação do sabá aos cultos de fertilidade: *The witch-cult in Western Europe*, Londres e Oxford, 1921. Balanços historiográficos gerais mas elucidativos encontram-se em Robert Muchembled, "Satan ou les hommes? La chasse aux

sorcières et ses causes'', in Marie-Sylvie Dupont-Bouchat et alii, *Prophètes et sorciers dans les Pays-Bas — XVIe-XVIIIe siècles*, Paris, Hachette, 1978, pp. 1-38, e também em Gustav Henningsen, *The witches' advocate — Basque witchcraft and the Spanish Inquisition (1609-1614)*, Reno, University of Nevada Press, 1990, estudo alentado que fornece ainda elementos importantes para a análise do sabá. Uma visão mais geral do fenômeno sabático se encontra em Julio Caro Baroja, *Les sorcieres et leur monde*, trad., Paris, Gallimard, 1972. De Norman Cohn é o belo *Los demónios familiares de Europa*, trad., Madri, Alianza Editorial, 1975. Para diversas interpretações instigantes, numa vasta área geográfica, ver os seguintes trabalhos: Eva Pócs, ''Popular foundations of the devil's pact and sabbath in South Eastern Europe'', comunicação apresentada no Congresso Witch beliefs and witch hunting in Central and Eastern Europe, org. pelo Ethnographical Institute of the Hungarian Academy of Sciences e Eotvos Loránd University, Budapeste, 6-9/9/1988; Margareth M. McGowan, ''Pierre de Lancre's *Tableau de l'inconstance des mauvais anges et des démons*: the sabbat sensationalised'', in Sidney Anglo (ed.), *The damned art: essays in the literature of witchcraft*, Londres, 1977, pp. 122-201; Stuart Clark, ''Inversion, misrule and the meaning of witchcraft'', *Past & Present*, nº 87, maio 1980, pp. 98-127; Gustav Henningsen, ''The ladies from outside: the sicilian fairy cult as a prototype of the witches' sabbath'', ex. datilografado. Para a idéia da perseguição e do sabá como produto da demonologia e do pavor das elites letradas, ver Robert Muchembled, ''L'autre côté du miroir: mythes sataniques et réalités culturelles aux XVIe et XVIIe siècles'', *Annales, ESC*, ano 40, nº 2, mar.-abr. 1985. Para a compreensão das peculiaridades da feitiçaria inglesa, ver o trabalho incomparável de Keith Thomas, *Religion and the decline of magic — studies in popular beliefs in Sixteenth and Seventeenth Century England*, 4ª ed., Londres, Weidenfeld and Nicholson, 1980. Para a especificidade das assembléias de bruxas na Escócia, Christina Larner, *Enemies of God — The witchhunt in Scotland*, Londres, Basil Blackwell, 1983; da mesma autora, ver a instigante coletânea *Witchcraft and religion — the politics of popular belief*, Londres, Basil Blackwell, 1985, notadamente os artigos ''*Crimen exceptum*: the crime of witchcraft in Europe'', pp. 35-67, ''Witch beliefs and accusations in England and Scotland'', pp. 70-8 e ''Witchcraft past and present'', pp. 79-91. Para o fenômeno no contexto italiano, ver Giovanni Romeo, *Inquisitori, esorcisti e streghe nell'Italia della Controriforma*, Florença, Sansoni, 1990, sobretudo o capítulo 1, ''1588: un addio al sabba?'', pp. 3-24.

(2) Ver ''O conjunto: América diabólica'', sob o título ''A aproximação com o modelo sabático''.

(3) André Thevet, *Les singularitez de la France Antarctique*, ed. Paul Gaffarel, Paris, Maisonneuve & Cie, 1878, p. 146.

(4) Idem, ibidem, p. 169.

(5) Idem, ibidem, pp. 172-3.

(6) Carta do padre Azpilcueta Navarro aos jesuítas de Coimbra, 28/3/1550. In padre Serafim Leite, *Monumenta Brasiliae*, Roma, Ed. Monumenta Historica Societatis Jesu, 1956, vols. 1 a 4, p. 178.

(7) Michel de Certeau, ''Ethno-graphie: l'oralité, ou l'espace de l'autre: Léry'', in *L'écriture de l'histoire*, Paris, Gallimard, 1975, pp. 215-48. Ver sobretudo pp. 243-4. Na nota 40, diz: ''La littérature du voyage n'a malheureusement pas encore été systématiquement étudiée comme un immense complément et déplacement de la démonologie. Les mêmes structures s'y retrouvent pourtant'' [A literatura de viagem infelizmente ainda não foi sistematicamente estudada como um imenso complemento e

deslocamento da demonologia. Apesar disso, as mesmas estruturas estão presentes em ambas].

(8) "Le haut mal" é a designação dada à epilepsia: Léry será provavelmente um dos primeiros a fazer a associação entre ritos ameríndios e manifestações epilépticas. Mais um ponto de aproximação com a feitiçaria e com o sabá: a partir do século XVII, tal associação será feita com freqüência pelos ilustrados europeus. Ver R. Mandrou, *Magistrats et sorciers en France au XVIIe siècle*, Paris, Plon, 1968.

(9) Jean de Léry, *Histoire d'un voyage faict dans la terre du Brésil*, ed. Paul Gaffarel, Paris, Alphonse Lemerre Éditeur, 1880, 2 vols., vol. 2, pp. 67-73.

(10) Michel Foucault, *Histoire de la sexualité — I — La volonté de savoir*, Paris, Gallimard, 1976, pp. 78-83.

(11) A alusão à erva defumada e aspirada num contexto de demonização dos ritos indígenas reflete a repulsa e o pânico europeu ante as experiências americanas com alucinógenos. Ao lado do canibalismo e dos sacrifícios humanos, elas foram as grandes responsáveis por uma interpretação demoníaca das culturas do Novo Mundo. Ver, a respeito, as páginas brilhantes de Serge Gruzinski, "La capture du surnaturel chrétien", in *La colonisation de l'imaginaire — sociétés indigenes et occidentalisation dans le Méxique espagnol — XVIe-XVIIIe siècle*, Paris, Gallimard, 1988, pp. 263-97. Na página 282, diz: "Ils [os europeus] reprochaient aux hallucinogènes d'être l'instrument de Satan mais aussi de conduire à la déraison, à la folie passagère ou définitive, à l'équivalent de l'ivresse alcoolique et même à la luxure" [eles [os europeus] condenavam os alucinógenos por serem instrumentos de Satã mas igualmente por conduzirem à desrazão, à loucura, passageira ou definitiva, ao equivalente da embriaguez alcoólica e até à luxúria].

(12) A edição de Léry usada por mim é a segunda, a de 1580, impressa em Genebra por Antoine Chuppin e tomada como base por Paul Gaffarel para a sua edição de 1880. Ver Paul Gaffarel, "Notice Bibliographique" a *Histoire d'un voyage...*, p. XIV ss. Nas edições posteriores, como na terceira, de 1585, Léry tornaria ainda mais explícita a associação entre os ritos tupis e o sabá, incorporando a polêmica demonológica ocorrida entre Jean Bodin — cuja obra, *Démonomanie des sorciers*, se publicara em 1580 — e Jean Wier. Diz Léry: "j'ai conclut, que le maistre des unes estoit le maistre des autres: assavoir, que les femmes Bresiliennes et les Sorcieres par-deçà estoyent conduites d'un mesme esprit de Satan: sans que la distance des lieux, ny le long passage de la mer empesche ce pere de mensonge d'opperer ça et là en ceux qui luy sont livrez par le juste jugement de Dieu" [concluí que o senhor de uns era o mesmo que o dos outros: ou seja, que as mulheres brasileiras e as feiticeiras daqui conduziam-se segundo um mesmo espírito de Satã; sem que a distância dos lugares, nem a longa travessia do mar impedisse tal pai da mentira de agir aqui e lá sobre os que lhe foram entregues pelo justo julgamento de Deus]. Apud Frank Lestringant, *L'huguenot et le sauvage*, Paris, Aux amateurs de livres, 1990, p. 50, nota 21. Lestringant observa muito a propósito que o capítulo XVI de Léry — onde se faz a analogia entre ritos tupis e sabá — contrasta fortemente com o tom do resto da obra. Ver *L'huguenot et le sauvage*, pp. 49-50.

(13) A respeito, ver o meu *O diabo e a terra de Santa Cruz*, São Paulo, Companhia das Letras, 1986. Mais recentemente, o capítulo 1 deste trabalho.

(14) Francisco Bethencourt, *O imaginário da magia — feiticeiras, saludadores e nigromantes no século XVI*, Lisboa, Projeto Universidade Aberta, 1987, sobretudo pp. 165 ss. Laura de Mello e Souza, "Witchcraft, sabbath and popular beliefs in Colonial Brazil", comunicação apresentada no Congresso acima citado, ex. datilografado.

(15) Refiro-me aos casos de Simão Pinto e Margarida Lourenço, registrados nos processos nº 8206 da Inquisição de Évora e 11 642 da Inquisição de Lisboa, ambos no Arquivo Nacional da Torre do Tombo, apud op. cit., pp. 165-9. Ver também Francisco Bethencourt, "Witchcraft and Inquisition in Portugal", ex. datilografado.

(16) Penso em particular no caso de Clara Signorini analisado por Ginzburg em "Feitiçaria e piedade popular: notas sobre um processo modenense de 1519", in *Mitos, emblemas, sinais. Morfologia e história*, trad., São Paulo, Companhia das Letras, 1ª reimpr. 1990, pp. 15-39. Para Ana Antônia do Boco, ver ANTT, Inquisição de Lisboa, proc. nº 11 242.

(17) A gestualidade da invocação demoníaca lusitana era marcada, no caso das mulheres, pela nudez e pelos cabelos soltos. Ver, a respeito, o capítulo 2 deste trabalho.

(18) ANTT, Inquisição de Lisboa, proc. nº 11 242.

(19) ANTT, Inquisição de Lisboa, proc. nº 3559. Luís Mott utiliza este processo em contexto diverso. Ver *Escravidão, homossexualidade e demonologia*, São Paulo, Ícone, 1988, pp. 132-3.

(20) A referência a velas é constante nos processos que aludem ao sabá. No "plumitif" (espécie de resumo) de interrogatório de Giles Cochet, em 1606, há esta referência: "Et apres on a presenté à chacun une chandelle noire allumée, et apres, chacun laissa sa chandelle à ceste beste [um cavalo], et puis chacun s'en alloit". Archives Nationales, X2A 968, 14 jul. 1606. Apud Alfred Soman, "Le sabbat des sorciers: preuve juridique", comunicação apresentada no Congresso Internacional Le sabbat des sorciers en Europe XVème-XVIIIème siècles, Saint-Cloud, 4-7/11/92, texto datilografado esperando a publicação das atas, p. 17. Se no episódio de Leonor Fernandes as velas são azuladas e recendem enxofre, nesta citação, como em grande parte de outras descrições, as velas são negras. Tal coloração, assim como o enxofre, remete ao Diabo, e à inversão da missa — onde se acendem velas aos santos e a Deus.

(21) Para uma tipologia do sabá, ver Gustav Henningsen, op. cit., cap. 5, "The witchcult", pp. 69-94.

(22) "Quand donc les sorcieres disent en leur confessions qu'elles se sont muées en corbeaux, pies, loups, pourceaux, chats, souris et serpens, ou autres semblables animaux, et qu'estans soubs la forme d'un corbeau elles ont volé, croacé, soubs la forme d'un serpent, rampé, et soubs la forme d'un chat sont entrées par des trous petits et seulement proporcionnez à la grosseur du corps d'un vray chat..." [Quando pois as feiticeiras dizem nas suas confissões que se transformaram em corvos, pegas, lobos, porcos, gatos, ratos e serpentes, ou outros animais semelhantes, e que estando na forma de corvo elas voaram, grasnaram, na forma de serpente rastejaram, e na forma de gato entraram em buracos pequenos e proporcionados apenas ao tamanho do corpo de um gato verdadeiro...], Jean de Nynauld, *De la lycantropie, transformation et extase des sorciers — 1615*, édition critique augmentée d'études sur les lycantropes et les loups-garous, Paris, Frénésie Éditions, 1990, p. 67.

(23) ANTT, Inquisição de Lisboa, proc. nº 3559, Sentença. Pude ler este documento graças à generosidade do etno-historiador Luís Mott, que me franqueou seu arquivo particular de documentos inquisitoriais. Sobre a frialdade do coito, o seguinte depoimento de presumida feiticeira lorena, Chretienne, filha de Jean Parmentier, l'Estraye, em 1624: "Dit qu'il l'auroit cognu une fois seulement en un lieu dit en champs de Champaignes proche du Thillot demeurant lors au losgis de Nicolas Godel le jeune, qu'il luy auroit faict grand mal, sentante un grand froid et de grandes douleurs, comme si il luy eust mis des espines entre les jambes, tellement qu'elle en fut malade quinze jours" [Disse que ele a conheceu uma única vez em um determinado lugar

em campos de Champaignes próximo do Thillot, morando então na casa de Nicolas Godel o jovem, e lhe teria feito muito mal, sentindo uma grande frialdade e grandes dores, como se lhe tivessem posto espinhos entre as pernas, de tal forma que ela ficou quinze dias doente] (A. D. M-et M B 2583 nº 1). Cito conforme transcrição feita por Robin Briggs e distribuída durante sua comunicação "Le sabbat des sorciers en Lorraine", que teve lugar no Congresso Internacional Le sabbat des sorciers en Europe (XVème-XVIIIème siècles), Saint-Cloud, 4-7/11/92.

(24) Os réus dos seis processos a que aludi são os seguintes: Manuel da Piedade, José Francisco Pedroso, José Francisco Pereira, Josefa de Jesus, Catarina Dias e Josefa Maria, adequadamente citados mais adiante.

(25) ANTT, Inquisição de Lisboa, proc. nº 9972.

(26) ANTT, Inquisição de Lisboa, proc. nº 11 774.

(27) Piero Camporesi, "Carnevale al sabba", in *Il paese della fame*, Bolonha, Il Mulino, 1985, pp. 185-6.

(28) Em minha tese de doutorado, dediquei algumas páginas a este episódio, analisando-o, entretanto, de forma diversa e menos relacionada à demonologia. *O diabo e a terra de Santa Cruz*, pp. 259-60 e 316-9. Luís Mott também alude ao episódio em "Etnodemonologia: aspectos da vida sexual do diabo no mundo ibero-americano (séculos XVI ao XVIII)", in *Escravidão, homossexualidade e demonologia*, pp. 126 e 128-31.

(29) A persistência de Val de Cavalinhos como local de sabá é bastante curiosa, e demandaria um estudo específico. Em comentário à minha apresentação de parte deste texto no Colóquio de Saint Cloud, Claude Gaignebet sugeriu analogia entre a designação de Cavalinhos e o hábito carnavalesco de montar cavalinhos de pau em pândegas. Caberia verificar se tal hábito tem enraizamento português. Para a França, ver Jean-Claude Schmitt, " 'Jeunes' et danse des chevaux de bois — le folklore méridional dans la littérature des 'exempla' (XIIIe-XIVe siècles", *Cahiers de Fanjeaux*, nº 11, 1976, pp. 127-58. De qualquer forma, outros lugares, como Campos da Cotovia, permanecem igualmente constantes durante três séculos como local de ocorrência de sabá.

(30) ANTT, Inquisição de Lisboa, proc. nº 11 767.

(31) Ver Pierre de Lancre, *Tableau de l'inconstance des mauvais anges et des démons*, introd. crít. e notas Nicole Jacques-Chaquin, Paris, Aubier, 1982. Na página 142: "elle l'a vu souvent en forme d'homme, tantôt rouge, tantôt noir". Ver também Julio Caro Baroja, *Les sorcieres et leur monde*, trad., Paris, Gallimand, 1972, cap. 12, "Les grand procès du pays basque au début du XVIIe siècle", principalmente p. 188: "Satan sous la forme d'un bouc est assis sur un trône doré; il porte cinq cornes dont une est enflammée et sert à allumer tous les feux de la réunion".

(32) Danças e instrumentos musicais — os pandeirinhos de Leonor Fernandes, as castanholas de Maria de Jesus — são uma constante nos processos de feitiçaria que aludem ao sabá. Na Lorena estudada por Robin Briggs, Alisson de Monteigneiz, de Badonvillier, dizia em 1561 que no sabá por ela freqüentado "il avoit des menestrez avec pfiff tabourins et instrument qui les faisoient dansser et quant elle retournoient incontinent se trouvoyent en leurs maisons", A. D. Vosges G 706; Ysabeau, viúva de Nicolas Demenge Richard, de Aydoilles depunha, em 1615, "qu'audit sabat tous dansoient au son d'un tambour et d'une flute qui estoient sonnez par deux particuliers d'entre eux...". Cito, mais uma vez, conforme transcrição feita pelo historiador britânico e distribuída durante sua comunicação no supracitado congresso.

(33) ANTT, Inquisição de Lisboa, proc. nº 2279. Foi Luís Mott quem me permitiu a leitura deste documento. Há analogia curiosa entre os afazeres domésticos da negra Maria de Jesus e os de outra escrava, Marcelina Maria, que em 1734 diz ter contado com a ajuda do diabo para amassar "dois alqueires de pão de trigo", "e em meia hora o tal pão se amassou e levedou [...] fazendo grande bulha, como que era bem amassado...". ANTT, I. L., proc. nº 631. Mas, branca e portuguesa, Catarina Fernandes também se valia dos préstimos do diabo para serviços domésticos em geral: em trajes de donzela, "lhe ajudava a fazer o serviço da casa", ANTT, Inquisição de Coimbra, proc. nº 7235.

(34) É Alfred Soman quem, numa interpretação brilhante, vê o sabá como discurso que se banaliza e que, no decorrer do século XVII, acaba se tornando mera curiosidade. Conforme diminui a pena de morte para a feitiçaria — conforme ela se descrimina —, aumentam as descrições de sabá. Ver "Le sabbat des sorciers: preuve juridique", pp. 14, 15 e 16. Para o estudo da descriminação da feitiçaria francesa, ver Alfred Soman, *Sorcellerie et justice criminelle* (*16e-18e siècles*), Bath, Variorum, 1992.

(35) ANTT, Inquisição de Lisboa, proc. nº 4964.

(36) Para analogias, em outro contexto, entre bruxaria e vampirismo, ver "The decline of witches and the rise of vampires under the Eighteenth-century Habsburg Monarchy", in Gábor Klaniczay, *The uses of supernatural powers — the transformation of popular religion in Medieval and Early-Modern Europe*, Princeton University Press, 1990, pp. 168-88.

(37) Ver *O diabo e a terra de Santa Cruz*, passim. Ver, entre outros, Raoul Manselli, *La religion populaire au Moyen-Age — problèmes de méthode et d'histoire*, Montréal-Paris, Publications de l'Institut d'Études Médiévales Albert le Grand, 1975; Jean Delumeau, *Le catholicisme entre Luther et Voltaire*, Paris, PUF, 1971.

(38) ANTT, Inquisição de Lisboa, proc. nº 11 163.

(39) A crença de que o espírito se desprendia do corpo durante o sono é central no caso dos *benandanti* estudados por Carlo Ginzburg, *I benandanti — stregoneria e culti agrari tra Cinquecento e Seicento*, Turim, Einaudi, 1966. Encontra-se também nos *kresniks* e *táltos* eslavos e húngaros. Ver Gábor Klaniczay, "Shamanistic elements in European Witchcraft", op. cit., pp. 129-50.

(40) Notar aqui a similitude do papel de instrumentos musicais, mais exatamente de percussão, no desencadeamento dos êxtases tupis relatados por Léry e no dos de Luzia, africanos na origem. Cabe ressaltar que, nos ritos de umbanda e candomblé contemporâneos, tal papel ainda se conserva. Mário de Andrade chamou atenção para o papel exorcizador dos instrumentos de percussão, diferentes, por exemplo, dos de sopro, que são antes invocadores. Ver *Música de feitiçaria no Brasil*, São Paulo, Martins, s. d., pp. 36-8.

(41) ANTT, Inquisição de Lisboa, proc. nº 252, mç. 26.

(42) A respeito das discussões sobre separação entre alma e corpo, ver Nicole Jacques-Chaquin, "Nynauld, Bodin et les autres: les enjeux d'une métamorphose textuelle", in *De la lycanthropie — transformation et extase des sorciers — 1615*, pp. 11 ss.

(43) ANTT, Inquisição de Lisboa, proc. nº 11 974. Mais uma vez, devo a leitura deste documento à generosidade de Luís Mott.

(44) ANTT, Inquisição de Lisboa, proc. nº 4222.

(45) ANTT, Inquisição de Lisboa, Manuscritos da Livraria nº 959. Cabe dizer aqui que ambos os executados eram reincidentes. A Inquisição costumava ser mais dura com estes, mas conheço outros casos de reincidentes que não foram queimados,

e sim degredados: Domingos Álvares (ANTT, Inquisição de Évora, mç. 803, proc. nº 7759), Maria Barbosa (ANTT, Inquisição de Lisboa, proc. nº 3382), Antônia Maria (ANTT, Inquisição de Lisboa, proc. nº 1377).

(46) Tal quadro se encontra no Museu Nacional das Janelas Verdes, em Lisboa; alguns atribuem-no a Jorge Afonso, que o teria pintado por volta de 1550. Numa Broc, *La géographie de la Renaissance*, Paris, Les Éditions du CTHS, 1986, p. 208. Este autor afirma ter sido fraco o impacto da descoberta da América sobre a "grande pintura" européia, registrando, entretanto, fecundações; dentre estas, destaca as verificadas em meio português: "On signale pourtant dès 1505, une *Adoration des mages* de l'école portugaise dont un des protagonistes, coiffé de plumes et portant une flèche tupinamba, serait le premier Indien d'Amérique figurant sur une peinture européenne..." (p. 208) [Registra-se uma *Adoração dos magos* da escola portuguesa, já em 1505, onde um dos protagonistas, com cocar de plumas e trazendo flecha tupinambá, seria o primeiro índio da América a figurar em um quadro europeu...]; "Finalement, le seul pays européen dont l'art reflète partiellement l'aventure d'outre-mer est le petit Portugal qui pendant près d'un siècle a eu le sentiment d'être le centre du monde" (p. 210) [Finalmente, o único país europeu cuja arte reflete parcialmente a aventura ultramarina é o pequeno Portugal, que durante quase um século teve o sentimento de ser o centro do mundo]. Os exemplos dados pelo autor são os painéis de Nuno Gonçalves em São Vicente de Fora e o manuelino em geral, com destaque para a célebre janela do convento de Tomar (p. 210).

(47) Ver Stuart Clark, "Inversion, misrule and the meaning of witchcraft", *Past & Present*, nº 87, maio 1980, pp. 98-127.

(48) Francisco Bethencourt, "Witchcraft and Inquisition in Portugal", ex. datilografado. Maria Cristina A. S. Corrêa de Mello, "Feiticeiras ou feiticeiros? Bruxos e feiticeiros processados pela Inquisição de Évora", in Anita Novinsky e Maria Luiza Tucci Carneiro (orgs.), *Inquisição: ensaios sobre mentalidade, heresias e arte*, São Paulo, Edusp/Expressão e Cultura, 1992, pp. 750-61.

(49) Para fazer esta consideração, interpreto livremente o estudo sugestivo de Gustav Henningsen acerca das *duas vias* da evangelização na América: a "positiva" e a "negativa", ou seja, a que transplanta para o Novo Continente os ensinamentos do Cristo e a que traz, para ele, a idéia ocidental de Diabo. Henningsen mostra ainda como certos hábitos americanos — mais especificamente o uso do alucinógeno peiote — acabaram penetrando no universo dos espanhóis que residiam no México. "The diffusion of magic in colonial America", in *Clashes of culture: essays in honour of Niels Steensgaard*, ed. Jens Christian V. Johansen, Erling Ladewig Petersen e Henrik Stevnsborg, Odense University Press, 1992, pp. 160-78.

(50) Apesar de raízes antiqüíssimas, que não cabe aqui analisar, o pacto parece ter maior parentesco com as formas eruditas de ver as questões do diabo e da feitiçaria do que o mito do sabá. Num estudo detalhado e erudito, a renomada folclorista húngara Eva Pócs constatou que, alheio ao universo popular das crenças sobre bruxas na Europa do Sudeste, o pacto acabou se misturando a elas por influência erudita: "The notion of the devil's pact can be regarded as the obvious influence of the Orthodox demonology and the legend literature". Ver "Popular foundations of the devil's pact and sabbath in South Eastern Europe", comunicação apresentada ao congresso Witch beliefs and witch hunting in Central and Eastern Europe, org. Ethnographical Institute of the Hungarian Academy of Sciences e Eotvos Loránd University, Budapeste, 6-9/9/1988, p. 16, ex. mimeo. esperando a publicação das atas.

(51) Empirismo e pobreza imaginadora seriam respectivamente as linhas mes-

tras das interpretações de Joaquim Barradas de Carvalho em *A la recherche de la spécificité de la Renaissance Portugaise — Le Esmeraldo de Situ Orbis de Duarte Pacheco Pereira et la littérature des voyages à l'époque des grandes découvertes: contribution à l'étude des origines de la pensée moderne*, Paris, 1963, e Sérgio Buarque de Holanda em *Visão do Paraíso — os motivos edênicos no descobrimento e colonização do Brasil*, 2ª ed., São Paulo, Nacional, 1969. O problema do ceticismo pode encobrir situação bastante complexa. À semelhança de outros europeus, talvez os portugueses não acreditassem no caráter concreto de ações das bruxas como o vôo e a metamorfose, atribuindo-as a ilusões demoníacas, e se aferrassem mais ao pacto, que confusamente poderia aparecer, ora como concreto, ora como ilusório também. Inspiro-me aqui na leitura da demonologia batava feita por Marcel Gielis, "The Netherlandic theologians' views of witchcraft and the devil's pact", in Marijke Gijswijt-Hofstra e Willem Frijhoff, *Witchcraft in the Netherlands from the Fourteenth to the Twentieth Century*, s. l., Universitaire Pers Rotterdam, 1991, pp. 37-52. Nos Países Baixos, a demonologia filiada ao *Malleus* não encontrou seguidores, vigorando as concepções agostinianas e tomistas no tocante às coisas do diabo. Seguidor do *Malleus* e publicando seu *Disquisitionum Magicarum Libri Sex* (*1599-1600*) na Holanda, Martín del Rio não convenceu neste país. Entretanto, é preciso não esquecer que, ao que tudo indica, foi Del Rio o autor preferido dos inquisidores portugueses. No estágio atual dos estudos, fica, portanto, suspensa esta questão: qual a crença efetiva dos juízes do Santo Ofício no tocante ao caráter real ou ilusório dos atos mágicos e, sobretudo, do pacto?

Epílogo: PERSISTÊNCIAS ÍNFERAS (pp. 181-95)

(1) Olavo Bilac, "O Diabo", in *Conferências literárias*, Rio de Janeiro/ São Paulo/ Belo Horizonte, Francisco Alves, 1912, pp. 131-69, 150 e 152.

(2) Antonio Candido, *Formação da literatura brasileira — momentos decisivos*, 4ª ed., São Paulo, Martins, s. d., 2 v., vol. 2, p. 237.

(3) Ver reprodução à p. 179.

(4) Ver Carlo Ginzburg, *Storia notturna — una decifrazione del sabba*, Turim, Einaudi, 1989, passim (trad. *História noturna — decifrando o sabá*, São Paulo, Companhia das Letras, 1991).

(5) Ver a respeito o capítulo 8 deste trabalho, "Em torno de um mito: a elipse do sabá".

(6) Além da já citada *Storia notturna*, ver também *I benandanti — stregoneria e culti agrari tra Cinquecento e Seicento*, 3ª ed., Turim, Einaudi, 1979, cap. II, "Le processioni dei morti" (trad. *Os andarilhos do bem — feitiçarias e cultos agrários nos séculos XVI e XVII*, São Paulo, Companhia das Letras, 1988).

(7) Para uma análise brilhante da *linguagem dos contrários*, ver Stuart Clark, "Inversion, misrule and the meaning of witchcraft", *Past & Present*, nº 87, maio 1980, pp. 98-127.

(8) Ver, no capítulo 8 deste trabalho ("Em torno de um mito: a elipse do sabá"), a descrição feita por Léry das cerimônias tupis. Para os significados da cabaça na Santidade do Jaguaripe, ver Ronaldo Vainfas, "Idolatrias luso-brasileiras: 'santidades' e milenarismos indígenas", in Ronaldo Vainfas (org.), *América em tempo de conquista*, Rio de Janeiro, Jorge Zahar, 1992, pp. 176-97.

(9) "Stradelli crê o cateretê indígena. Artur Ramos, africano. Ezequiel, citado

por Teófilo Braga, deduziu-o como a dança do século XVI que se chamou *carretera* em Portugal'', Luís da Câmara Cascudo, *Dicionário do folclore brasileiro*, Rio de Janeiro, INL, 1954, p. 163.

(10) Luís da Câmara Cascudo, op. cit., pp. 627-8. Do mesmo autor, ver também *Made in Africa* (*pesquisas e notas*), Rio de Janeiro, Civilização Brasileira, 1965, pp. 132-44, onde diz ter a umbigada sido introduzida no Brasil pelos bantos ocidentais, sendo, no século XIX, incorporada até pelos índios; Cascudo ressalta ainda sua relação com ritos propiciatórios.

(11) Essas palavras foram utilizadas pelo autor devido ao caráter genuinamente brasileiro, e delas anotou o significado, explicando-o: de jirau, por exemplo, disse: ''é uma palavra brasileira que significa um leito grosseiro de pau, armado entre os ramos das árvores''. Ver *Poesias completas de Bernardo Guimarães*, org., introd., cron. e notas Alphonsus de Guimaraens Filho, Rio de Janeiro, MEC-INL, 1959, p. 478.

(12) Julio Caro Baroja, *Les sorcières et leur monde*, trad., Paris, Gallimard, 1972, cap. ''La sorcellerie dans l'art et la littérature'', pp. 241-51, citações nas páginas 243, 247 e 248.

(13) Ver a relação das águas-fortes em Caro Baroja, op. cit., p. 247, nota 4.

(14) Robert Mandrou, *Magistrats et sorciers en France au XVIIe siècle*, Paris, Plon, 1968, pp. 539-64.

(15) Para o interesse ilustrado pela cultura popular, ver a boa síntese de Peter Burke, *Popular culture in Early Modern Europe*, Londres, Temple Smith, 1978, cap. 1, ''The discovery of the people'', pp. 3-22. Para a formulação de Lynn Thorndike, ver *A history of magic and experimental science*, Nova York, 1929-34, 4 vols.

(16) Ver Caro Baroja, op. cit., cap. XVI, ''A grande crise'', e cap. XVII, ''O século das Luzes'', onde, na página 235, se encontra a consideração sobre monsieur Oufle.

(17) Voltaire, *Dictionaire philosophique*, Paris, 1821, IV, pp. 343-4, verbete ''Bouc''.

(18) Para a mania da sociedade francesa pelos contos de fadas, ver Philippe Ariès, *L'enfant et la vie familiale sous l'Ancien Régime*, Paris, Seuil, 1973, pp. 95-9. Na página 99, diz o autor: ''Ainsi les vieux contes que tous écoutaient à l'époque de Colbert et de Mme. de Sévigné, ont été peu à peu abandonnés par les gens de qualité, puis par la bourgeoisie, aux enfants et au peuple des campagnes. Celui-ci les délaissa à son tour quand le *Petit Journal* remplaça la *Bibliothèque Bleue*; les enfants devinrent alors leur dernier public...'' [Assim, os velhos contos que todos ouviam na época de Colbert e de Mme. de Sévigné foram, aos poucos, abandonados pelos nobres, depois pela burguesia, às crianças e à gente dos campos. Estes, por sua vez, os abandonaram quando o *Petit Journal* substituiu a *Bibliothèque Bleue*; as crianças se tornaram então o seu último público...].

(19) Victor Hugo, *Odes et ballades*, Paris, 1862, Balada XIV, pp. 356-61 (a obra é de 1823-8); Théophile Gautier, ''Albertus'', in *Poésies completes*, Paris, 1896, I, pp. 177-83, estrofes CVIII-CXX. Caro Baroja, op. cit., p. 249. J. W. Goethe, *Fausto*, trad. Agostinho d'Ornellas, introd. Paulo Quintella, Lisboa, Clássicos Relógio d'Água, s. d., ''Noite de Walpurgis'', pp. 179-91, e ''Sonho da noite de Walpurgis ou as áureas núpcias de Oberon e Titânia'', pp. 193-9. Para uma tradução mais livre, mas sem dúvida mais bela, *Fausto*, trad. Antonio Feliciano de Castilho, Lisboa, Livraria Clássica Editora, 1919, ''Noite de Santa Valburga'', pp. 357-87; ''Áureas núpcias de Alberon e Titânia ou os Cincoenta anos de casados'', pp. 393-406.

(20) Ver Antonio Candido, ''A poesia pantagruélica'', in *O discurso e a cidade*, São Paulo, Duas Cidades, 1993. Neste ensaio, o autor vê a ''poesia pantagruélica''

dos paulistanos de meados do século passado como manifestação do ''anfiguri'', caracterizado, na definição utilizada, como ''composição em prosa ou verso, de sentido absurdo ou disparatado''.

(21) Para os temas do erotismo e da sexualidade, ver o livro pioneiro de Mario Praz, *La carne, la morte e il diavolo nella letteratura romantica*, 3ª. ed. aum., Florença, Sansoni, 1948.

FONTES E BIBLIOGRAFIA

FONTES MANUSCRITAS

Arquivo Nacional da Torre do Tombo

PROCESSOS

Inquisição de Lisboa

n.ºs 9; 74; 557; 631; 628; 834; 1377; 2279; 3723; 3382; 3559; 4222; 4372; 4564; 4565; 4744; 4809; 4844; 4912; 4964; 5723; 6005; 6308; 7020; 7095; 7579; 7611; 7840; 8821; 9972; 10 198; 11 163; 11 242; 11 358; 11 774; 11 974; 12 231; 12 616; 16 516; 252, mç. 26; mç. 52, proc. n.º 557; mç. 134, n.º 1525; mç. 154, n.º 1782; cx. 216, n.º 49.

Inquisição de Coimbra

proc. n.º 7235.

Inquisição de Évora

mç. 803, n.º 7759.

MANUSCRITOS DA LIVRARIA

n.º 959.

Biblioteca Nacional de Lisboa

SMS, cx. 216, n.º 49.

Biblioteca da Ajuda

"Notícia que dá o Ilustríssimo Bispo do Maranhão Dom Frei José Delgarte Padre Vigário da Ordem da Santíssima Trindade, de uma célebre energúmena a que assistiu na Inquisição da Corte de Lisboa". "Tesouro Encuberto", vol. I, 51-II-29, fls. 266-7.

Arquivo Eclesiástico da Arquidiocese de Mariana

Livro de Autos de Querelas (1764-92), armário-arquivo 1, 3.ª gaveta, Livro, fls. 12v-4v.

Instituto Histórico e Geográfico Brasileiro

Arquivo do Conselho Ultramarino. Consultas do Rio de Janeiro de 1711 a 1717, arq. 1.1.24, "O provedor da Fazenda Real do Rio de Janeiro dá conta de se haver apresentado praça de capitão ao glorioso Santo Antonio na ocasião do assalto que os franceses deram aquela cidade", fls. 19-19v.

FONTES IMPRESSAS

Anchieta, José de. *Cartas, informações, fragmentos históricos e sermões.* Belo Horizonte, São Paulo, Itatiaia/Edusp, 1988.

Annuae Litterae Societatis Iesu, Roma, Collegio Ieusdem Societatis, 1587.

Antonil, André João. *Cultura e opulência do Brasil por suas drogas e minas.* Introd. e notas Alice Piffer Canabrava. São Paulo, Nacional, s. d.

Applausos Lusitanos da vitoria de Montes Claros que tiveram os Portugueses contra os Castelhanos, em 17 de Junho de 1665, por Leonardo de São José, Cônego regular de Santo Agostinho, Pregador de Sua Magestade. Em Lisboa, com todas as licenças necessárias. Por Domingos Carneiro, anno 1665.

Barléu, Gaspar. *História dos feitos recentemente publicados durante oito anos no Brasil e noutras partes sob o governo do ilustríssimo João Maurício Conde de Nassau, etc.* Trad. Rio de Janeiro, MEC, 1940, pp. 45-6.

Barros, João de. *Ásia — primeira década.* 4ª ed. rev. e pref. Antonio Baião. Lisboa, Imprensa Nacional/ Casa da Moeda, reimpr. 1988, Livro I.

Cardim, padre Fernão. *Tratados da terra e gente do Brasil.* Introd. e notas Batista Caetano, Capistrano de Abreu e Rodolfo Garcia. 3ª ed. São Paulo, Nacional/ MEC, 1978.

Constituições Primeiras do Arcebispado da Bahia. Feitas e ordenadas pelo Ilustríssimo e Reverendíssimo Senhor Dom Sebastião Monteiro da Vide em 12 de junho de 1707. São Paulo, 1853.

Decimas ao Serenissimo Rey D. Affonso VI. Quando mandou alistar por soldado ao glorioso Santo Antonio de Lisboa, feitas por Jeronymo Vahia. Lisboa, Na Officina de Henrique Valente de Oliveira, Impressor del Rey nosso Senhor. Anno de 1665.

Discurso Histórico e Político sobre a sublevação que nas Minas houve no ano de 1720 — No fim do qual se explicam as razões que o excelentíssimo senhor conde general teve para proceder sumariamente ao castigo. Publ. Xavier da Veiga, J. P. *A revolta de 1720 em Vila Rica.* Ouro Preto, Imprensa Oficial de Minas Gerais, 1898.

Evreux, Yves d'. *Voyage au Nord du Brésil fait en 1613 et 1614.* Ed. Hélène Clastres. Paris, Payot, 1985.

Gândavo, Pero de Magalhães. *História da província Santa Cruz.* Rio de Janeiro, Edição do Anuário do Brasil, s. d.

Jarric, Pierre du. *Histoire des choses plus memorables advenues tant en Indes Orientales que autres Païs de la decouverte des Portugais.* Bordéus, S. Millanges, Imprimeur ordinaire du Roy, 1608-1610.

Lanciani, Giulia (ed.). *Santa Maria da Barca — três testemunhos para um naufrágio.* Lisboa, Imprensa Nacional/Casa da Moeda, 1983.

_____ *Naufragi e peregrinazioni americane di Gaspar Afonso*. Milão, Cisalpino/La Goliardica, 1984.

Lancre, Pierre de. *Tableau de l'inconstance des mauvais anges et des démons où il est amplement traité des sorciers et de la sorcellerie*. Introd. crít. e notas Nicole Jacques-Chaquin. Paris, Aubier, 1982.

Le Relationi universali di Giovanni Botero Benese divise in quatro parti. Con le Figure, & due copiosissime Tavole. Novamente ristampate, e corrette. In Venetia, Apresso Agostino Angelieri. MDCVIII. Con licenza de' Superiori.

Léry, Jean de. *Histoire d'un voyage faict dans la terre du Brésil*. Ed. Paul Gaffarel. Paris, Alphonse Lemerre Éditeur, 1880. 2 vols.

Nóbrega, Manuel da. *Diálogo sobre a conversão do gentio*. Ed. Serafim Leite. Lisboa, Edição Comemorativa do IV Centenário da Fundação de São Paulo, 1954.

_____ *Cartas do Brasil 1549-1560*. Belo Horizonte/São Paulo, Itatiaia/Edusp, 1988.

Nynauld, Jean de. *De la lycantropie, transformation et extase des sorciers — 1615*. Édition critique augmentée d'études sur les lycantropes et les loups-garous. Paris, Frénésie Éditions, 1990.

Ottonelli, G. D. *Della christiana moderatione del theatro*. Florença, Alle Scale di Badia, 1652.

Panegyrico em a coroação de Sua Magestade o Serenissimo Senor Dom Joam IV. Rey de Portugal & dos Algarves &c. Composto por Francisco Gomes Barbosa. Foi impresso em Amsterdam, & agora de nouo nesta cidade, com todas as licenças necessarias, na officina de Lourenço dc Anueres.ã custa de Lourenço de Queirós, livreiro da Casa de Bragança.

Pereira, Nuno Marques. *Compêndio narrativo do Peregrino da América*. 6ª ed. Rio de Janeiro, Publicação da Academia Brasileira, 1929.

Pita, Sebastião da Rocha. *História da América portuguesa*. 2ª ed. rev. e anot. J. G. Goes. Lisboa, Editor Francisco Artur da Silva, 1880.

Salvador, frei Vicente do. *História do Brasil — 1500-1627*. 3ª ed. rev. Capistrano de Abreu e Rodolfo Garcia. São Paulo, Melhoramentos, s. d.

Sousa, Gabriel Soares de. *Notícia do Brasil*. Introd., coment. e notas prof. Pirajá da Silva. São Paulo, Martins, s. d.

Staden, Hans. *Duas viagens ao Brasil*. Trad. Edusp/Itatiaia, 1974.

Teresa de Ávila. *Obras completas*. 8ª ed. Transcr., introd. e notas Efren de la Madre de Dios, O. C. D., e Otger Steggink, O. Carm. Madri, Biblioteca de Autores Cristianos, 1986.

Teresa Militante do Padre Frey Manoel das Chagas Carmelita da observância, natural de Lisboa. Ao illustrissimo, e reverendissimo Senhor Dom Joseph de Mello Arcebispo de Evora Metropolitano. Com todas as licenças necessárias. Lisboa. Por Matheus Pinheiro, 1630.

Thevet, André. *Les singularitez de la France Antarctique*. Ed. Paul Gaffarel. Paris, Maisonneuve & Cie, 1878.

Triunfo das armas Portuguezas deduzido de varios versos do insigne poeta Luís de Camões. Glosados, & reduzidos ao intento por André Rodrigues de Mattos. Dedicado ao Excelentissimo Senhor D. Luís de Sousa e Vasconcellos, conde de Castel-Melhor Escrivão da puridade del-Rey Nosso Senhor, &c. Lisboa. Com todas as licenças necessárias. Na Officina de Antonio Craesbech de Mello, anno 1663.

Vilhena, Luís dos Santos. *Recopilação de notícias soteropolitanas e brasílicas*. Notas Brás do Amaral. Bahia, Imprensa Oficial do Estado, 1922.

Visitações do Santo Ofício

Primeira Visitação do Santo Ofício às partes do Brasil. Confissões de Pernambuco. Ed. J. A. Gonsalves de Mello. Recife, Universidade Federal de Pernambuco, 1970.
Primeira Visitação do Santo Ofício às partes do Brasil. Denunciações da Bahia — 1591-1593. Introd. Capistrano de Abreu, São Paulo, ed. Paulo Prado, 1925.
Primeira Visitação do Santo Ofício às partes do Brasil. Confissões da Bahia — 1591-1592. Pref. de Capistrano de Abreu. Rio de Janeiro, F. Briguiet, 1935.
Segunda Visitação do Santo Ofício às partes do Brasil. Livro das Confissões e Ratificações da Bahia — 1618-1620. Introd. Eduardo d'Oliveira França e Sonia Siqueira. São Paulo, Anais do Museu Paulista, XVII.
Segunda Visitação do Santo Ofício às partes do Brasil. Denunciações da Bahia (1618 — Marcos Teixeira). Introd. Rodolfo Garcia. Anais da Biblioteca Nacional do Rio de Janeiro, vol. 49, 1927.

COLEÇÕES DE DOCUMENTOS

Imirizaldu, Jesus (org.). *Monjas y beatas embaucadoras.* Madri, Editora Nacional, 1977.
Leite, Serafim S. I. (org.). *Cartas dos primeiros jesuítas do Brasil.* São Paulo, Comissão do IV Centenário da Cidade de São Paulo, 1954, t. I.
______ (org.). *Novas cartas jesuíticas (de Nóbrega a Vieira).* São Paulo, Nacional, 1940.
______ *Monumenta Brasiliae.* Roma, Ed. Monumenta Historica Societatis Jesu, 1956.
Rego, Yvonne Cunha (org.). *Feiticeiros, profetas e visionários — textos antigos portugueses.* Lisboa, Imprensa Nacional/Casa da Moeda, s. d.
Suess, Paulo. *A conquista espiritual da América espanhola — 200 documentos — século XVI.* Petrópolis, Vozes, 1992.
Toríbio Medina, J. T. *Historia del Tribunal del Santo Oficio de la Inquisición de Lima (1569-1820).* Santiago, Imprenta Gutemberg, 1887.

BIBLIOGRAFIA

Literatura

Camões, Luís de. *Os lusíadas.* Belo Horizonte, Itatiaia/Edusp, 1980.
Goethe, J. W. *Fausto.* Trad. Agostinho d'Ornellas, introd. Paulo Quintella. Lisboa, Clássicos Relógio d'Água, s. d.
______ *Fausto.* Trad. Antonio Feliciano de Castilho. Lisboa, Livraria Clássica Editora, 1919.
Poesias completas de Bernardo Guimarães. Org., introd., cron. e notas Alphonsus de Guimaraens Filho, Rio de Janeiro, MEC-INL, 1959.
Rabelais. *La vie tres horrificque du grand Gargantua.* Chronologie et avant-propos par V.-L. Saulnier; introduction et lexique par Jean-Yves Pouilloux. Paris, Garnier-Flammarion, 1968.
Rojas, Fernando de. *La Celestina — tragicomedia de Calisto y Melibea.* Ed. Bruno Mario Damiani. 8ª ed. Madri, Ediciones Cátedra, 1980.
Vicente, Gil. *Obras.* Ed. Mendes dos Remédios. Coimbra, França Amado, 1912, t. II.

_____ *Obras completas*. Pref. e notas prof. Marques Braga. Lisboa, Livraria Sá da Costa Editora, 1942, vol. I.

Obras de referência

Almeida, Fortunato de. *História da Igreja em Portugal*. Ed. Damião Peres. Porto, Portucalense Editora, 1967, 4 vols.

Bosi, Alfredo. *História concisa da literatura brasileira*. São Paulo, Cultrix, 1970.

Coelho, Jacinto do Prado (org.). *O Rio de Janeiro na literatura portuguesa*. Lisboa, Edição da Comissão Nacional de Comemorações do IV Centenário do Rio de Janeiro, 1965.

Dias, Carlos Malheiro (org.). *História da colonização portuguesa do Brasil*. Porto, Litografia Nacional, 1924, 3 vols.

Duchet-Suchaux, Gaston, e Pastoureau, Michel. *La Bible et les saints — guide iconographique*. Paris, Flammarion, 1990.

Farmer, David Hugh. *The Oxford dictionary of saints*. 2ª ed. Oxford, Oxford University Press, 1987.

Holanda, Sérgio Buarque de (org.). *História geral da civilização brasileira. I — A época colonial — 1 — Do descobrimento à expansão territorial*. São Paulo, Difel, 1960.

Leite, Serafim, S. I. *História da Companhia de Jesus no Brasil*. Lisboa/Rio de Janeiro, Livraria Portugália/Civilização Brasileira, 1938, 10 vols.

Rodrigues, José Honório. *História da história do Brasil. Primeira parte — Historiografia colonial*. São Paulo, Nacional, 1979.

Rossano, Pietro. *Dizionario dei santi*. Milão, I Dizionari Tea, 1989.

Sallman, Jean-Michel. *Les sorcières fiancées de Satan*. Paris, Découvertes Gallimard, 1989.

Southey, Robert. *História do Brasil*. Trad., Belo Horizonte/São Paulo, Itatiaia/Edusp, 1981, 3 vols.

Varnhagen, F. A. *História geral do Brasil antes de sua separação e independência de Portugal*. 4ª ed. rev. e notas Rodolfo Garcia. São Paulo, Melhoramentos, 1948, 5 vols.

Villeneuve, Roland. *Le Diable — érotologie de Satan*. Paris, Jean-Jacques Pauvert Éditeur, 1963.

Historiografia geral

Alberro, Solange. *Inquisición y sociedad en México — 1571-1700*. México, Fondo de Cultura Económica, 1988.

Anglo, Sidney (ed.). *The damned art: essays in the litterature of witchcraft*. Londres, 1977.

Ankarloo, Bengt, e Henningsen, Gustav. *Early Modern European witchcraft — centres and peripheries*. Oxford, Clarendon Press, 1993.

Ariès, Philippe. "A história das mentalidades". In Le Goff, Jacques (org.). *A história nova*. Trad., São Paulo, Martins Fontes, 1990, pp. 154-76.

_____ *Essais sur l'histoire de la mort en Occident du Moyen-Age à nos jours*. Paris, Seuil, 1975.

_____ *L'enfant et la vie familiale sous l'Ancien Régime*. Paris, Seuil, 1973.

Azevedo, João Lúcio de. *A evolução do sebastianismo*. 2ª ed., Lisboa, Livraria Clássica Editora, 1947.

Bakhtin, Mikhail. *A cultura popular na Idade Média e no Renascimento*. Trad., São Paulo, Hucitec, 1987.

______ *Problemas da poética de Dostoievski*. Trad., Rio de Janeiro, Forense/Universitária, 1981.

Baroja, Julio Caro. *Los sorcières et leur monde*. Trad., Paris, Gallimard, 1972.

Bataillon, Marcel. *Erasme et l'Espagne*. Paris, Droz, 1937.

Bennassar, Bartolomé (org.). *L'Inquisition espagnole — XVe-XIXe siècle*. Paris, Hachette, 1979.

Bercé, Yves-Marie. *Le roi caché — sauveurs et imposteurs. Mythes politiques populaires dans l'Europe Moderne*. Paris, Fayard, 1990.

Bethencourt, Francisco. *O imaginário da magia — feiticeiras, saludadores e nigromantes no século XVI*. Lisboa, Projeto Universidade Aberta, 1987.

______ "Witchcraft and Inquisition in Portugal". Ex. datilografado, no prelo.

Bouwsma, William J. *A usable past — essays in European cultural history*. Berkeley/Los Angeles, University of California Press, 1990.

Boyer, Paul, e Nissenbaum, Stephen. *Salem possessed — the social origins of witchcraft*. Harvard University Press, 1974.

Broc, Numa. *La géographie de la Renaissance — 1420-1620*. Paris, Les Éditions du CTHS, 1986.

Brown, Judith. *Atos impuros*. Trad., São Paulo, Brasiliense, 1987.

Burke, Peter. *Popular culture in Early Modern Europe*. Londres, Temple Smith, 1978.

Camporesi, Piero. *Le oficine dei sensi*. Milão, Garzanti, 1985.

______ *Il pane selvaggio*. Bolonha, Il Mulino, 1980.

______ *Il paese della fame*. Bolonha, Il Mulino, 1985.

Carlés, Maria Tausiet. "Le sabbat dans les traités espagnols sur la superstition et la sorcellerie aux XVIe et XVIIe siècles". Comunicação apresentada no Colóquio Internacional Le sabbat des sorciers en Europe (XVème-XVIIIème siècles), org. École Normale Supérieure de Fontenay-Saint-Cloud, Saint-Cloud, 4-7/11/92, texto mimeo. esperando a publicação das atas.

Carmona, Michel. *Les diables de Loudun — sorcellerie et politique sous Richelieu*. Paris, Fayard, 1988.

Carvalho, Joaquim Barradas de. *A la recherche de la spécificité de la Renaissance Portugaise — Le Esmeraldo de Situ Orbis de Duarte Pacheco Pereira et la littérature des voyages à l'époque des grandes découvertes: contribution à l'étude des origines de la pensée moderne*. Paris, 1963.

Castro, Américo. *Supuestos historicos in Teresa la Santa y otros ensayos*. Madri, Alianza, 1982.

Certeau, Michel de. "Travel narratives of the French to Brazil: Sixteenth to Eighteenth Centuries". *Representations*, "The New World", nº 33, 1991.

______ (org. e coment.). *La possession de Loudun*. 2ª ed. Paris, Gallimard-Julliard, 1990.

______ "Ethno-graphie: l'oralité, ou l'espace de l'autre: Léry". In *L'écriture de l'histoire*. Paris, Gallimard, 1975, pp. 215-48.

Chabod, Federico. "Giovanni Botero". In *Escritos sobre el Renacimiento*. Trad., México, Fondo de Cultura Económica, 1990.

Chartier, Roger. "Stratégies éditoriales et lectures populaires — 1530-1660". In *Lectures et lecteurs dans la France de l'Ancien Régime*. Paris, Seuil, 1987, pp. 87-124.

Clark, Stuart. "The scientific status of demonology". In Vickers, Brian (org.). *Occult & scientific mentalities in the Renaissance*. Cambridge University Press, 1984.

______ "Inversion, misrule and the meaning of witchcraft". *Past and Present*, nº 87, maio 1980.

______ "French historians and Early Modern popular culture". *Past and Present*, nº 100, ago. 1983, pp. 62-99.

Clendinnen, Inga. *Ambivalent conquests — Maya and Spaniards in Yucatan, 1517-1570*. Cambridge University Press, 1991.

______ *Aztecs: an interpretation*. Cambridge University Press, 1991.

Cohn, Norman. *Los demónios familiares de Europa*. Trad., Madri, Alianza Editorial, 1975.

Costa, Dalila L. Pereira da. *Místicos portugueses do século XVI*. Porto, Lello & Irmão, 1986.

Delumeau, Jean. "Les réformateurs et la superstition". In *Un chemin d'histoire*. Paris, Fayard, 1981.

______ *Le catholicisme entre Luther et Voltaire*. Paris, PUF, 1971.

______ *La peur en Occident*. Paris, Fayard, 1978.

Demos, John Putnam. *Entertaining Satan — witchcraft and the culture of Early New England*. Oxford University Press, s. d.

Dias, J. S. Silva. *Os descobrimentos e a problemática cultural do século XVI*. Coimbra, Universidade de Coimbra, 1973.

Dupont-Bouchat, Marie-Sylvie, et alii. *Prophètes et sorciers dans les Pays-Bas — XVIᵉ-XVIIIᵉ siècles*. Paris, Hachette, 1978.

Dupront, Alphonse. "Espace et humanisme". *Bibliothèque d'Humanisme et Renaissance*, 8 (1946).

Duviols, Pierre. *La lutte contre les religions autochtones dans le Pérou colonial — l'extirpation de l'idolâtrie entre 1532 et 1660*. Lima, Institut Français d'Études Andines, s. d.

Elias, Norbert. *La civilisation des moeurs*. Trad., Paris, Calmann-Lévy, 1973.

______ *La société de cour*. Trad., Paris, Flammarion, 1985.

Farris, Nancy. *Maya society under colonial rule — the collective enterprise of survival*. Princeton University Press, 1984.

Febvre, Lucien. *Le problème de l'incroyance au XVIᵉ siècle — la religion de Rabelais*. Paris, Albin Michel, 1947.

______ "O homem do século XVI". *Revista de História*, vol. 1, 1950.

______ e Martin, H. J. *L'apparition du livre*. Paris, Albin Michel, 1958.

Folie et déraison à la Renaissance. Colloque international tenu en novembre 1973 sous les auspices de la Fédération Internationale des Instituts et Sociétés pour l'étude de la Renaissance. Bruxelas, Éditions de l'Université de Bruxelles, 1976.

Foucault, Michel. *Microfísica do poder*. Trad., org. e introd. Roberto Machado. 2ª ed. Rio, Graal, 1981.

______ *A verdade e as formas jurídicas*. Trad., Rio de Janeiro, Cadernos da PUC, 1974.

______ *Histoire de la folie à l'Age Classique*. Paris, Gallimard, 1972.

______ *Histoire de la sexualité — I — La volonté de savoir*. Paris, Gallimard, 1976.

______ *Surveiller et punir — naissance de la prison*. Paris, Gallimard, 1975.

França, Eduardo d'Oliveira. *Portugal na época da Restauração*. São Paulo, 1951.

Francastel, Pierre. "A Contra-Reforma e as artes na Itália no fim do século XVI". In *A realidade figurativa*. São Paulo, Perspectiva/Edusp, 1973, pp. 371-421.

Franco Jr., Hilário. *Peregrinos, monges e guerreiros — feudo-clericalismo e religiosidade em Castela medieval*. São Paulo, Hucitec, 1990.

Fumaroli, Marc. *L'âge de l'eloquence — rhétorique et "res literaria" de la Renaissance au seuil de l'époque classique*. Genebra, Droz, 1980.

Geertz, Clifford. *A interpretação das culturas*. Trad., Rio de Janeiro, Guanabara, 1989.

Gerbi, Antonello. *La disputa del Nuevo Mundo*. Trad., México, Fondo de Cultura Económica, 1960.

Giard, Luce. "Epilogue: Michel de Certeau's heterology and the New World". *Representations*, "The New World", 1991, pp. 212-21.

Gielis, Marcel. "The Netherlandic theologians' views of witchcraft and the devil's pact". In Gijswijt-Hofstra, Marijke, e Frijhoff, Willem. *Witchcraft in the Netherlands from the Fourteenth to the Twentieth Century.*, s. l., Universitaire Pers Rotterdam, 1991, pp. 37-52.

Ginzburg, Carlo. *I benandanti — stregoneria e culti agrari tra Cinquecento e Seicento*. 3ª ed., Turim, Einaudi, 1979. (Trad. *Os andarilhos do bem — feitiçarias e cultos agrários nos séculos XVI e XVII*. São Paulo, Companhia das Letras, 1988.)

______ *Il formaggio e i vermi — il cosmo di un mugnaio del '500*. Turim, Einaudi, 1976. (Trad. *O queijo e os vermes*. São Paulo, Companhia das Letras, 1987.)

______ *Mitos, emblemas, sinais. Morfologia e história*. Trad. 1ª reimpr. São Paulo, Companhia das Letras, 1990.

______ "Sur les origines du sabbat". Comunicação apresentada no Colóquio Internacional Le sabbat des sorciers en Europe, (xvème-xviiième siècles), org. École Normale Supérieure de Fontenay-Saint-Cloud, Saint-Cloud, 4-7/11/92, texto mimeo. esperando a publicação das atas.

______ *Storia notturna — una decifrazione del sabba*. Turim, Einaudi, 1989. (Trad. *História noturna — decifrando o sabá*. São Paulo, Companhia das Letras, 1991.)

Godinho, Vitorino Magalhães. "1580 e a Restauração". In *Ensaios — II — Sobre história de Portugal*. Lisboa, Livraria Sá da Costa, 1968, pp. 255-91.

Gombrich, Ernst. *Arte e illusione — studio sulla psicologia della rappresentazione pittorica*. Trad. italiana, Turim, Einaudi, 1965.

Gruzinski, Serge. *La colonisation de l'imaginaire — sociétés indigènes et occidentalisation dans le Mexique espagnol — XVIe-XVIIIe siècle*. Paris, Gallimard, 1988.

Hanke, Lewis. *The Spanish struggle for justice in the Conquest of America*. 2ª ed., Boston/Toronto, Little Brown & Co., 1965.

Hansen, Chadwick. *Witchcraft at Salem*. Londres, Arrow Books, 1988.

Henningsen, Gustav. *The witches' advocate — Basque witchcraft and the Spanish Inquisition (1609-1614)*. Reno, University of Nevada Press, 1990.

______ "The ladies from outside: the sicilian fairy cult as a prototype of the witches' sabbath". Ex. datilografado.

______ "The diffusion of magic in colonial America". In *Clashes of culture: essays in honour of Niels Steensgaard*. Ed. Jens Christian V. Johansen, Erling Ladewig Petersen e Henrik Stevnsborg. Odense University Press, 1992, pp. 160-78.

Houdard, Sophie. "Frontière et altérité dans le *Tableau de l'inconstance des mauvais anges et des démons* de Pierre de Lancre". *Frénésie — Histoire — Psychiatrie — Psychanalyse: Sorcelleries*, nº 9, 1990.

______ *Les sciences du diable — quatre discours sur la sorcellerie*. Paris, Cerf, 1992.

Hughes, Robert. *The fatal shore — the epic of Australia's founding*. Nova York, Alfred A. Knopf, 1987.

Huizinga, J. *El otoño de la Edad Media*. Trad. esp., Buenos Aires, Revista de Occidente, 1947.

Hults, Linda. ''Baldung and the witches of Freiburg: the evidence of images''. *Journal of Interdisciplinary History*, XVIII:2, outono 1987, pp. 249-76.

Jacques-Chaquin, Nicole. ''Nynauld, Bodin et les autres: les enjeux d'une métamorphose textuelle''. In *De la lycanthropie — transformation et extase des sorciers — 1615*. Édition critique augmentée d'études sur les lycanthropes et les loups-garous. Paris, Frénésie Éditions, 1990.

______ ''Feux sorciers — quelques réflexions sur l'imaginaire démonologique (XVe-XVIIe siècles)''. *Terrain*, n.º 19, out. 1992, pp. 5-16.

Jean Bodin. Atas do Colóquio Interdisciplinar de Angers (24-27 maio 1984), Angers, 1985.

Kadaner-Leclercq, Jacqueline. ''Typologie des scènes de sorcellerie au Moyen-Age et à la Renaissance. Esquisse d'une évolution''. In Vários autores. *Magie, sorcellerie, parapsychologie*. Bruxelas, Éditions de l'Université de Bruxelles, 1984, pp. 39-59.

Kagan, Richard L. *Lucrecia's dreams — politics and prophecy in sixteenth-century Spain*. Berkeley, University of California Press, 1990.

Klaits, Joseph. *The servants of Satan — the age of the witch-hunts*. Bloomington, Indiana University Press, 1985.

Klaniczay, Gábor. *The uses of supernatural powers — the transformation of popular religion in Medieval and Early-Modern Europe*. Princeton University Press, 1990.

Lanciani, Giulia. *Os relatos de naufrágios na literatura portuguesa dos séculos XVI e XVII*. Lisboa, Instituto de Cultura Portuguesa/Secretaria de Estado da Cultura, 1979.

______ ''O maravilhoso como critério de diferenciação entre sistemas culturais''. *Revista Brasileira de História*, São Paulo, ANPUH/Marco Zero, 1991.

Larner, Christina. *Witchcraft and religion: the politics of popular belief*. Londres, Basil Blackwell, 1985.

______ *Enemies of God — the witch-hunt in Scotland*. Londres, Basil Blackwell, 1983.

Le Goff, Jacques. ''Aspects savants et populaires des voyages dans l'au-delà au Moyen-Age''. In *L'imaginaire médiéval — essais*. Paris, Gallimard, 1985, pp. 103-19.

______ *Pour un autre Moyen-Age — temps, travail et culture en Occident*. Paris, Gallimard, 1979.

______ *La naissance du purgatoire*. Paris, Gallimard, 1981.

______ ''Les mentalités — une histoire ambigue''. In Le Goff, Jacques, e Nora, Pierre. *Faire de l'histoire — III — Nouveaux objets*. Paris, Gallimard, 1974, pp. 76-94.

Lestringant, Frank. *L'atelier du cosmographe*. Paris, Albin Michel, 1991.

______, e Jacob, Christian (org.). *Arts et légendes d'espaces — figures du voyage et rhétoriques du monde*. Paris, PENS, 1981.

______ *L'huguenot et le sauvage — l'Amérique et la controverse coloniale en France au temps des guerres de Religion*. Paris, Aux amateurs de livres, 1990.

______ *Écrire le monde à la Renaissance*. Paris, Paradigme, 1993.

Levi, Giovanni. *Le pouvoir au village — histoire d'un exorciste dans le Piémont du XVIIe siècle*. Trad. Paris, Gallimard, 1985. (Em italiano: *L'eredità immateriale. Carriera di un esorcista nel Piemonte del seicento*. Turim, Einaudi, 1985.)

Lévi-Strauss, Claude. *Tristes tropiques*. Paris, Plon, 1955.

Lobo, A. de Souza Silva Costa. *História da sociedade em Portugal no século XV*. Lisboa, 1904.

Lowensteyn, Machteld. "Picturing the pagan pandemonium. Images of witches' sabbats aux Pays-Bas (1450-1650)". Comunicação apresentada no Colóquio Internacional Le sabbat des sorciers en Europe (XVème-XVIIIème siècles), org. École Normale Supérieure de Fontenay-Saint-Cloud, Saint-Cloud, nov. de 1992, texto mimeo. esperando a publicação das atas.

MacCormack, Sabine. "Demons, imagination and the Incas". *Representations*, "The New World", 1991, pp. 121-46.

Mandrou, Robert. *Magistrats et sorciers en France au XVIIe siècle*. Paris, Plon, 1968.

______ *Introduction à la France Moderne — 1500-1640*. Paris, Albin Michel, 1974.

Manselli, Raoul. *La religion populaire au Moyen-Age — problèmes de méthode et d'histoire*. Montréal-Paris, Publications de l'Institut d'Études Médiévales Albert le Grand, 1975.

Maquart, F. X. "L'exorciste devant les manifestations diaboliques". In Vários autores. *Satan*, s. l., Les Études Carmelitaines chez Desclée de Brouwer, 1948, pp. 328-48.

Marques, A. H. de Oliveira. *História de Portugal — I — Das origens às revoluções liberais*. 8ª ed. Lisboa, Palas Editores, 1980.

Marques, João Francisco. "A tutela do sagrado: a proteção dos santos padroeiros no período da Restauração". In Bethencourt, Francisco, e Curto, Diogo Ramada (org.). *A memória da nação*. Colóquio do Gabinete de Estudos de Simbologia realizado na Fundação Calouste Gulbenkian, 7-9/10/1987, Lisboa, Livraria Sá da Costa Editora, 1991, pp. 267-94.

Marx, Karl. *O capital*. Trad., Rio de Janeiro, Civilização Brasileira, s. d.

Mello, Maria Cristina A. S. Corrêa de. "Feiticeiras ou feiticeiros? Bruxos e feiticeiros processados pela Inquisição de Évora". In Novinsky, Anita, e Carneiro, Maria Luiza Tucci (org.). *Inquisição: ensaios sobre mentalidade, heresias e arte*. São Paulo, Edusp/Expressão e Cultura, 1992, pp. 750-61.

Melo, V. M. de Almeida. Separata do Boletim dos Institutos de Criminologia. Comp. e impr. na cadeia penitenciária de Lisboa, s.d.

Merlin, Hélène. "Le devenir démoniaque du corps politique sous les guerres de Religion". *Frénésie*. Revue de La Société Internationale d'Histoire de la Psychiatrie et de la Psychanalyse — Sorcelleries, nº 9, 1990, pp. 57-75.

Minois, Georges. *Histoire des enfers*. Paris, Fayard, 1991.

Muchembled, Robert. "L'autre côté du miroir: mythes sataniques et réalités culturelles aux XVIe et XVIIe siècles". *Annales — ESC*, ano 40, nº 2, mar.-abr. 1985.

______ *L'invention de l'homme moderne — sensibilités, moeurs et comportements collectifs sous l'Ancien Régime*. Paris, Fayard, 1988.

______ *Sorcière, justice et société aux 16e et 17e siècles*. Paris, Imago, 1987.

______ *Le temps des supplices — de l'obéissance sous les rois absolus. XVe-XVIIIe siècle*. Paris, Armand Colin, 1992.

Murray, Margareth. *The witchcult in Western Europe*. Londres e Oxford, 1921.

Palla, Maria José. "La sorcière et l'entremetteuse dans le théatre de Gil Vicente". Actas do 115e Congrès National des Sociétés Savantes, Avignon, 9-15/4/1990, paru sous le titre "Théatre et spectacles hier et aujourd'hui. Moyen-Age et Renaissance", 1991, pp. 165-75.

Panofsky, Erwin et alii. *Saturne et la Mélancolie*. Trad., Paris, Gallimard, 1992.

Perry, Mary Elizabeth, e Cruz, Anne J. (ed.). *Cultural encounters — the impact of the Inquisition in Spain and the New World*. Berkeley/Los Angeles, University of California Press, 1988.

Phelam, John L. *The millenial kingdom of the Franciscans of the New World*. 2ª ed., Berkeley/Los Angeles, 1970.

Pócs, Eva. "Popular foundations of the devil's pact and sabbath in South Eastern Europe". Comunicação apresentada no Congresso Witch beliefs and witch hunting in Central and Eastern Europe, org. Ethnographical Institute of the Hungarian Academy of Sciences e Eotvos Loránd University, Budapeste, 6-9/9/1988. Ex. mimeo. esperando a publicação das atas.

Praz, Mario. *La carne, la morte e il diavolo nella letteratura romantica*. 3ª ed. aum. Florença, Sansoni, 1948.

Ragon, Pierre. "Démonolâtrie et démonologie dans les recherches sur la civilisation mexicaine au XVIᵉ siècle". *Revue d'Histoire Moderne et Contemporaine*, t. XXXV, abr.-jun. 1988, pp. 163-81.

Ricard, Robert. La conquête spirituelle du Mexique. Essai sur l'apostolat et les méthodes missionaires des ordres mendiants en Nouvelle Espagne de 1523-1524 à 1572. Paris, Institut d'Ethnologie, 1933 (trad. esp.: *La conquista espiritual de Mexico*. México, Fondo de Cultura Económica, 1986).

Robinson, Enders A. *The devil discovered — Salem witchcraft 1692*. Nova York, Hippocrene Books, 1991.

Romeo, Giovanni. *Inquisitori, esorcisti e streghe nell'Italia della Controriforma*. Florença, Sansoni, 1990.

Salas, Mariano Picón. *De la conquista a la Independencia*. Mxíco, Fondo de Cultura Económica, 1944.

Sallmann, Jean-Michel (org.). *Visions indiennes, visions baroques: les métissages de l'inconscient*. Paris, PUF, 1992.

Schmitt, Jean-Claude. " 'Jeunes' et danse des chevaux de bois — le folklore méridional dans la littérature des 'exempla' (XIIIᵉ-XIVᵉ siècles)". *Cahiers de Fanjeaux*, nº 11, 1976, pp. 127-58.

Sennet, Richard. *O declínio do homem público — as tiranias da intimidade*. Trad., São Paulo, Companhia das Letras, 1988.

Silverblatt, Irene. *Moon, sun and witches — gender ideologies and class in Inca and colonial Peru*. Princeton University Press, 1987.

Solé, Jacques. *L'amour en Occident à l'Époque Moderne*. Paris, Albin Michel, 1976.

Soman, Alfred. "Le sabbat des sorciers: preuve juridique". Comunicação apresentada no Colóquio Internacional Le sabbat des sorciers en Europe (XVᵉ-XVIIIᵉ siècles), org. École Normale Supérieure de Fontenay-Saint-Cloud, Saint-Cloud, 4-7/11/92, texto datilografado esperando a publicação das atas.

______ *Sorcellerie et justice criminelle (16ᵉ-18ᵉ siècles)*. Bath, Variorum, 1992.

Tenenti, Alberto. *Il senso della morte e l'amore della vita nel Rinascimento (Francia e Italia)*. 2ª ed. Turim, Einaudi, 1989.

Thomas, Keith. *O homem e o mundo natural*. Trad., São Paulo, Companhia das Letras, 1988.

______ *Religion and the decline of magic — studies in popular beliefs in Sixteenth and Seventeenth Century England*. 4ª ed. Londres, Weidenfeld and Nicholson, 1980 (trad. *Religião e o declínio da magia*, São Paulo, Companhia das Letras, 1991).

Thorndike, Lynn. *A history of magic and experimental science*. Nova York, 1929-34, 4 vols.

Trevor-Roper, H. *Religião, reforma e transformação social*. Trad., Lisboa, Presença/Martins Fontes, 1972.

Trevor-Roper, H. *The European Witch-craze of the Sixteenth Centuries*. Londres, Penguin, 1988.

Vários. *Satan*. Études Carmelitaines, Desclée de Brouwer, s. l., 1948.

Williams, Eric. *Capitalismo e escravidão*. Trad., Rio de Janeiro, Ed. Americana, 1975.

Zavala, Sílvio. *Filosofía de la Conquista*. México, Fondo de Cultura Económica, 1947.

Zika, Charles. "Body parts, Saturn and cannibalism: visual representations of witches' assemblies in the Sixteenth Century". Comunicação apresentada no Colóquio Internacional Le sabbat des sorciers en Europe (XVème-XVIIIème), org. École Normale Supérieure, de Fontenay-Saint-Cloud, Saint-Cloud, 4-7/11/92, texto mimeo. esperando a publicação das atas.

Brasil

Abreu, J. Capistrano de. "Atribulações de um donatário". In *Caminhos antigos e povoamento do Brasil*, Ed. Sociedade Capistrano de Abreu. Livraria Briguiet, 1930, pp. 35-50.

Algranti, Leila Mezan. "Honradas e devotas: mulheres da Colônia — um estudo sobre a condição feminina através dos conventos e recolhimentos do Sudeste — 1750-1822". Tese de doutorado apresentada ao Departamento de História da FFLCH-USP, São Paulo, 1992.

Andrade, Mário de. *Música de feitiçaria no Brasil*. São Paulo, Martins, s. d.

Bastide, Roger. *Les réligions africaines au Brésil*. Paris, PUF, 1960.

Bilac, Olavo. "O Diabo". In *Conferências literárias*. Rio de Janeiro/São Paulo/Belo Horizonte, Francisco Alves, 1912, pp. 131-69.

Boschi, Caio. "As visitas diocesanas e a Inquisição na Colônia". *Revista Brasileira de História*, vol. 7, nº 4, mar.-ago. 1987.

Calasans, José. *Fernão Cabral de Ataíde e a Santidade do Jaguaripe*. Bahia, 1952.

Candido, Antonio. *Formação da literatura brasileira — momentos decisivos*. 4ª ed. São Paulo, Martins, s. d. 2 v., vol. 2.

______ "A poesia pantagruélica". In *O discurso e a cidade*, São Paulo, Duas Cidades, 1993.

Cascudo, Luís da Câmara. *Dicionário do folclore brasileiro*. Rio de Janeiro, INL, 1954.

______ *Made in Africa (pesquisas e notas)*. Rio de Janeiro, Civilização Brasileira, 1965.

Cohen, Thomas. "Millenarian themes in the writings of Antonio Vieira". *Luso-Brazilian Review*, XXVIII, 1, 1991, pp. 23-46.

Costa, Emília Viotti da. "Os primeiros povoadores do Brasil". *Revista de História*, ano VII, vol. XIII, jul.-set. 1956.

Cunha, Manuela Carneiro da (org.). *História dos índios no Brasil*. São Paulo, FAPESP/Companhia das Letras/Secretaria Municipal de Cultura, 1992.

Faoro, Raimundo. *Os donos do poder*. 2ª ed. Porto Alegre, Globo, 1975.

Freyre, Gilberto. *Casa-grande & senzala — Formação da família brasileira sob o regime de economia patriarcal*. 9ª ed. Rio de Janeiro, José Olympio, 1958.

Galvão, Walnice Nogueira. "Freqüentação da donzela guerreira". In *Almanaque — Cadernos de Literatura e de Ensaio*. São Paulo, Brasiliense, 1979, pp. 19-31.

Holanda, Sérgio Buarque de. *Visão do Paraíso — os motivos edênicos no descobrimento e colonização do Brasil*. 2ª ed. São Paulo, Nacional, 1969.

Kok, Maria da Gloria Porto. "Os vivos e os mortos no Brasil colonial". Dissertação de mestrado apresentada ao Departamento de História da FFLCH-USP. São Paulo, 1993.

Koshiba, Luís. "A honra e a cobiça". Tese de doutorado apresentada ao Departamento de História da FFLCH-USP. São Paulo, 1988.

Lima, Lana Lage da Gama. "A confissão pelo avesso — o crime da solicitação no Brasil colonial". Tese de doutorado apresentada ao Departamento de História da FFLCH-USP. São Paulo, 1990.

Londoño, Fernando Torres. "Público e escandaloso — igreja e concubinato no antigo bispado do Rio de Janeiro". Tese de doutorado apresentada ao Departamento de História da FFLCH-USP. São Paulo, 1992.

Maia, Patrícia Albano. "Do paraíso ao purgatório: a antiutopia de Nuno Marques Pereira no *Compêndio narrativo do Peregrino da América*". Comunicação apresentada ao Congresso América 92: Raízes e Trajetórias, São Paulo, ago. 1992.

Mello, José Antonio Gonsalves de. *Gente da nação — Cristãos novos e judeus em Pernambuco — 1542-1654*. Recife, Fundação Joaquim Nabuco e Editora Massangana, 1989.

Meyer, Marlyse. *Maria Padilha e toda a sua quadrilha*. São Paulo, Duas Cidades, 1993.

Micelli, Paulo. "O ponto onde estamos". Tese de doutorado apresentada ao IFCH-Unicamp. Campinas, 1992.

Mott, Luís. *Escravidão, homossexualidade e demonologia*. São Paulo, Ícone, 1988.

Motta, Carlos Guilherme. *Atitudes de inovação no Brasil — 1789-1801*. Lisboa, Horizonte, 1970.

Myscofski, Carole A. "Messianic themes in Portuguese and Brazilian literature in the Sixteenth and Seventeenth Centuries". *Luso Brazilian Review*, XXVIII, 1, 1991, pp. 77-94.

Novais, Fernando A. *Portugal e Brasil nos quadros do antigo sistema colonial — 1777-1808*. São Paulo, Hucitec, 1979.

Peixoto, Afrânio. *Breviário da Bahia*. Rio de Janeiro, Agir, 1946.

Pieroni, Geraldo. "Vadios, heréticos e bruxas — os degredados portugueses no Brasil-Colônia". Dissertação de mestrado apresentada ao Mestrado em Ciências Sociais da UFBa. Bahia, 1991.

Prado, Décio de Almeida. "O teatro como instrumento de catequese". *Nossa América*, maio-jun. 1989, pp. 73-88.

Prado, J. F. de Almeida. *A Bahia e as capitanias do Centro do Brasil (1530-1626)*. São Paulo, Nacional, 1945, t. I.

Priore, Mary del. "O papel branco, a infância e os jesuítas na Colônia". In Priore, Mary del (org.). *História da criança no Brasil*. São Paulo, Contexto, 1991, pp. 10-27.

______ "América: leituras e leitores na França Moderna". *Tempo Brasileiro*, nº 110, jul.-set. 1992.

______ *Ao sul do corpo — condição feminina, maternidades e mentalidades no Brasil colonial*. Rio de Janeiro, José Olympio, 1993.

Raminelli, Ronald. "Tempo de Visitações — cultura e sociedade em Pernambuco e Bahia — 1591-1620". Dissertação de mestrado apresentada ao Departamento de História da FFLCH-USP. São Paulo, 1990.

Romeiro, Adriana. "Todos os caminhos levam ao céu". Dissertação de mestrado apresentada ao IFCH-Unicamp. Campinas, 1991.

Siqueira, Sonia. *A Inquisição portuguesa e a sociedade colonial*. São Paulo, Ática, 1978.

Souza, Laura de Mello e. *Desclassificados do ouro — a pobreza mineira no século XVIII*. Rio de Janeiro, Graal, 1982.

______ *O diabo e a Terra de Santa Cruz*. São Paulo, Companhia das Letras, 1986.

Souza, Laura de Mello e. "The devil in Brazilian history". *Portuguese Studies*, vol. 6, 1990, pp. 85-93.

______ "O padre e as feiticeiras". In Vainfas, Ronaldo (org). *História da sexualidade no Brasil*. Rio de Janeiro, Graal, 1987, pp. 9-18.

______ "Do êxtase ao combate: visionárias portuguesas do século XVII". In Novinsky, Anita, e Carneiro, M. Luiza Tucci (org.). *Inquisição — ensaios sobre mentalidade, heresia e arte*. São Paulo, Expressão e Cultura/Edusp, 1992, pp. 762-84.

Vainfas, Ronaldo. "Idolatrias e milenarismos: a resistência indígena nas Américas". *Estudos Históricos*, Rio de Janeiro, vol. 5, nº 9, 1992, pp. 29-43.

______ "Idolatrias luso-brasileiras: 'santidades' e milenarismos indígenas". In Vainfas, Ronaldo (org.). *América em tempo de conquista*. Rio de Janeiro, Jorge Zahar, 1992, pp. 176-97.

______ *Trópico dos pecados — moral, sexualidade e Inquisição no Brasil*. Rio de Janeiro, Campus, 1989.

Velho, Gilberto. "Indivíduo e religião na cultura brasileira — sistemas cognitivos e sistemas de crenças". *Novos Estudos Cebrap*, nº 31, out. 1991, pp. 121-9.

ESTA OBRA FOI COMPOSTA PELA TYPELASER DESENVOLVIMENTO EDITORIAL EM ENGLISH TIMES E IMPRESSA PELA GRÁFICA EDITORA HAMBURG EM OFF-SET PARA A EDITORA SCHWARCZ EM NOVEMBRO DE 1993.

ILUSTRAÇÕES

Páginas em preto e branco

Páginas em cores
(entre as pp. 68 e 69)